上冶镇志

临沂市费县上冶镇志编纂委员会 编

方志出版社
Publishing House of Local Records

图书在版编目（C I P）数据

上冶镇志 / 临沂市费县上冶镇志编纂委员会编. --
北京 ：方志出版社，2017.12
ISBN 978-7-5144-2891-9

I. ①上… II. ①临… III. ①乡镇-地方志-费县
IV. ①K295.25

中国版本图书馆 CIP 数据核字（2018）第 001190 号

上冶镇志

编　　者：临沂市费县上冶镇志编纂委员会
责任编辑：范静
出 版 人：冀祥德
出 版 者：方志出版社
地址　北京市朝阳区潘家园东里9号（国家方志馆4层）
邮编　100021
网址　http://www.fzph.org
发　　行：方志出版社图书经销中心
电话（010）67110500
经　　销：各地新华书店
印　　刷：济南黄氏印务有限公司
开　　本：787×1092　　1/16
印　　张：26.75
字　　数：437千字
版　　次：2017年12月第1版　　2017年12月第1次印刷
印　　数：0001～2000册
ISBN 978-7-5144-2891-9　　定价：198.00元

齐鲁名镇名村志丛书编纂委员会

《上冶镇志》编纂委员会

总序

地方志为一方之全史，横陈百科、包罗万象。绵延不断的地方志编修是中华民族特有的文化基因，作为服务当代、垂鉴后世的重要文化事业，在赓续传统、传承文明、资政育人等方面具有重要作用。近年来，在省委、省政府的正确领导和中指组的精心指导下，山东省史志事业围绕一个目标、提高两个站位、突破三个重点、落实“六全”任务，促进山东史志事业实现创新发展、持续发展、领先发展。在省市县三级志书编修走在全国前列的基础上，山东的修志工作不断拓展领域，逐步向乡镇（街道）、村（社区）等基层延伸。

齐鲁大地素有“孔孟之乡、礼仪之邦”的美誉，是中华民族古老文明的重要发祥地之一。在山东，不仅孕育了以孔子、孟子为代表对中华文明甚至是世界文明都产生深远影响的儒家文化，还形成了东夷文化、齐文化、鲁文化、莒文化以及泰山文化、黄河文化、海洋文化、运河文化等地域性特色文化。源远流长、异彩纷呈的不同文化融汇发展，熔铸形成了博大精深、独具特色的齐鲁文化。文化是支撑经济社会发展的软实力。近四十年来，改革开放的时代思想不断吸纳优秀传统文化，在山东的城镇、乡村谱写出时代华章。山东的新型城镇化建设不断取得新成绩，朝着城乡一体化发展新格局阔步迈进。深化乡镇行政管理体制改革，逐步培育新生中小城市和特色小镇；以美丽乡村标准化建设为抓手，新农村建设提档升级，出现一批宜居宜业宜游的新农村；深化城乡精神文明创建，乡村文明行动深入推进，移风易俗广泛开展，乡村特色文化呈现出勃勃生机。

齐鲁大地自古就有重视修志的传统。经济文化的繁荣昌盛，既使乡镇村志编修成为广大人民群众的精神需求，又为之奠定了坚实的物质基础。在当前全力推进新型城镇化建设的新形势下，如何做好乡镇村志编修与经济文化建设结合的文章，成为史志工作面临的一大课题。目前，乡镇村志编修在全省蓬勃开展，渐成燎原之势，累计出版 1000 多部。正确引导和规范管理乡镇村志编修工作，全省各级史志机构责无旁贷。山东的新型城镇化和新农村建设走在全国前列，史志工作走在全国前列，名镇名村志编修也理应走在全国前列。正是在这种背景下，省史志办制定印发了《齐鲁名镇名村志文化工程实施方案》，以传承和弘扬齐鲁优秀传统文化，更好地服务新型城镇化和新农村建设。齐鲁名镇名村是全省 1826 个乡镇（街道）、7 万多个村庄（社区）的典型代表，编修齐鲁名镇名村志系列丛书，对传承乡村文脉、重塑文化特色，展示乡村发展脉络、探索乡村发展经验，丰富史志工作内容、完善史志成果体系具有重要意义。这是提升新型城镇化和新农村建设历史文化内涵的重要举措，也是促进史志事业转型升级的创新性工程。

新时代开启新征程，新气象孕育新希望，新作为遵循新思想。习近平总书记在十九大报告中强调指出："深入挖掘中华优秀传统文化蕴含的思想观念、人文精神、道德规范，结合时代要求继承创新，让中华文化展现出永久魅力和时代风采。"十九大报告提出的"实施乡村振兴战略"，要求"加强农村基层工作，健全自治、法治、德治相结合的乡村治理体系。"齐鲁名镇名村志丛书的编纂工作，坚持深入贯彻党的十九大精神，以习近平新时代中国特色社会主义思想为指引，牢固树立"四个自信"，切实增强"四个意识"，坚持辩证唯物主义和历史唯物主义的立场、观点和方法，全面、客观、系统地记述全省新型城镇化进程和社会主义新农村建设取得的伟大成就。讲好新时代的乡村故事，传承中华优秀传统文化，弘扬社会主义核心价值观，培育群众的爱乡爱国情怀，传播干事创业的正能量，为实施乡村振兴战略作出独具特色的历史贡献，是这一系列丛书的价值所在。

"修志问道，以启未来"。编修齐鲁名镇名村志系列丛书，资政存史、泽被后世，善莫大焉、功莫大焉。

是为序。

山东省人民政府办公厅党组成员
山东省地方史志办公室主任

2017 年 12 月

凡例

一、本志以马克思列宁主义、毛泽东思想、邓小平理论、“三个代表”重要思想、科学发展观、习近平新时代中国特色社会主义思想为指导，坚持辩证唯物主义和历史唯物主义立场、观点和方法，全面、客观、系统展示千年古镇上冶镇的风采和改革开放成果，传承和抢救乡土历史文化，留住乡愁。使之成为上冶人民认识上冶、热爱上冶、建设上冶美好未来的工具书，并为镇外的人们了解上冶镇的历史和现状提供信息窗口。

二、记述上限追溯至事物发端，下限至2017年，详今明古，着重反映上冶镇历史文化、时代特色和地方特点。

三、叙事区域范围为现有行政区域，其他历史上属于上冶镇的行政区域，适当增加横向对比、联系等内容。

四、采用纲目体，横排门类，纵述史实，述而不论。体裁运用适当创新，篇目设置不求面面俱到，一般意义上的乡镇级内容略去不载。

五、综合运用述、记、志、传、图、表、录等各种体裁，以志体为主。只收录具有存史价值和名镇特色的图片，版面图文并茂。

六、使用规范的现代语体文记述，文字力求朴实、严谨、简洁、流畅、优美，增强可读性。对旧志、古籍中的繁体字、冷僻字一般用简化字或通用字替换，易引起误解的则保留。

七、各项数据一般采用统计部门数据。数据缺乏的，采用主管部门或主办单位正式提供的数据。

八、民国前使用朝代年号纪年，括注公元年份，同一朝代年号在同一条目中只在首次出现括注。民国后使用公元纪年。

九、记述各个历史时期的党派、机构、职务、地名等，均以当时的名称为准。对频繁使用的名称，首次用全称，其后用简称。

十、人物部类遵循“生不立传”原则，人物传主按生年排序，只选录对本镇发展有重大影响的历史人物，不面面俱到。

日东高速公路上冶段

上冶镇驻地鸟瞰图

红河湿地

紫荆河风光

紫荆河与红河交汇

上冶水库

季桓子井

玉泉

1995年9月10日，国务委员、国家科委主任宋健视察光华纸业集团

1997年10月29日，山东省委书记吴官正来上冶视察

2017 年 6 月 10 日，恒联集团费县上冶产业园项目签约仪式

2017 年 8 月，全国四好公路现场会到上冶镇观摩

2017 年 10 月 26 日，德国专家考察上冶镇特色小镇建设

2017 年 10 月 29 日，全市优质农产品品牌基地建设现场会观摩豆黄金产业项目现场

目录

鎮

上冶镇志

SHANGYEZHENZHI

概述

GAISHU

千秋大道

上冶镇驻地中心大街

上冶镇位于费县西北部，蒙山之阳、浚河之北，距县城 13 千米，地处东经 117° 56′ 20″，北纬 35° 23′ 50″，南与费城街道隔河相望，北邻大田庄乡，东靠南张庄乡，西接平邑县卞桥镇、地方镇，总面积 76 平方千米。辖 28 个行政村，42 个自然村，1.7 万户，6.28 万人。上冶镇是山东省首批中心镇，先后被授予省级文明单位、山东省“明星乡镇”、省级特色小镇、省级示范镇、全国重点镇等荣誉称号。2017 年 5 月入选中德鲁巴合作共建特色小镇示范镇。

上冶镇历史悠久，早在四五万年前这里就有人类活动，在上古时期系少皞属地，舜禹时为伯益封地，夏、商两代属徐州，春秋时为鲁国季氏私邑。自西汉到北魏，上冶古城为费县治所驻地，是古代费县的政治、军事、经济、文化中心。北魏至 1940 年前，上冶皆属费县。1940 年后属费北县，1945 年底属蒙山县，1952 年划归费县。明清时期上冶就是古费县“平、仲、梁、冶”四大名镇之一。

上冶地形东南低西北高，属以丘陵为主小平原为辅的半丘陵地带。

境内水资源丰富。主要河流有浚河、玉美河、红河、紫荆河等。玉美河、红河于镇东南汇入紫荆河再汇入浚河。上冶水库属中型水库，库容量 3485 万立方米。玉泉水含有偏硅酸和丰富的钙、镁、锌、锶等多种矿物质，是生产矿泉水的优质水源。境内还有丰富的地下热水资源，有数据表明1200 ~ 1500米左右地下水温可达40 ~ 60℃。上冶为暖温带半湿润大陆气候，春夏秋冬四季分明，光照充足，无霜期长，具有春旱多风，夏热多雨，秋旱少雨的特点。

上冶镇农耕条件优越，宜耕宜养，物产丰饶，现有耕地6万亩。中东部为粮油产区，以种植小麦、玉米、花生为主；西部为高效农业区，西南部为丘陵杂粮区和优质黄烟生产基地。近年来，规模养殖迅速扩张，渐次形成养殖、加工、销售一条龙的生产模式，成为全镇农牧业支柱产业。

境内矿产资源丰富，已探明的矿产有石灰石、石膏、铁、石英石等，其中石灰石储量丰富。镇西南部石灰岩区含有大量的奇石、园林石，是费县园林石的组成部分，具有极高的观赏价值和装饰功能。中西部石膏探明储量在9800万吨以上。

上冶镇是费县重要的工商业重镇。中华人民共和国成立前有油坊、织布、土陶烧制等手工作坊；成立后，上冶机械厂生产的台钻远销全国各地。中共十一届三中全会以后，乡镇企业、民营企业如雨后春笋，遍地开花，造纸厂、面粉厂、食品厂、纯净水厂、近百家板材厂等一批企业先后在镇区落户。截至2017年，规模以上企业达38家，初步形成以造纸、食品加工、木业家具、物流运输、畜禽养

水湖电商示范村

日东高速公路上冶出口

殖为龙头的产业聚集区，是全国优质人造板生产基地；水湖村金蛋产业园是全国最大的金蛋生产电商基地。

上冶镇交通便利，区位优越，日东高速公路、文泗公路、沂蒙公路、田石公路在境内贯穿通过，日东高速公路在镇区留有出口，并与京沪高速公路互通。镇南有正在建设的鲁南高铁费县站。已形成“二纵”“三横”的主干道系统，省、县道与乡村公路形成了完整的路网。

上冶镇小城镇建设起步早，基础好，发展快。1986 年成立规划办公室，1994 年由省设计专家对镇区做出整体规划。2013 年由浙江大学城乡规划设计研究院进一步对镇区规划做出调整，控制向北，重点向南扩展，东西两翼适当发展衬托南北。现已形成以红河为界的南北两大片区，南部为工业园区，北部为商贸居住区。境内通信、电力设施齐全，功能完备。全镇道路硬化率、自来水通村率均达 100%。镇村环卫实现一体化管理。

上冶镇风景优美，旅游资源丰富。蒙山胜景玉泉观位于镇驻地东岭西侧、紫荆河东岸，依岭傍水，清幽雅然。镇南有浚河，河北岸是鄪国故城遗址、季桓子井。现古城墙仍突兀可见，是全国重点文物保护单位。境内还有汉墓群、纯阳观泰山圣母宫、突高埠三清观、西毕城义和桥等名胜古迹，以及紫荆河省级湿地公

红河

园等新建旅游景点。

上冶镇文化底蕴深厚，源远流长，自然景观和人文景观交相辉映，历史文化和民俗风情相互融合，具有浓郁的地方特色，是有名的书法之乡、戏曲之乡、制砚之乡。受历史和人文传统影响，上冶镇教育文化事业繁荣。早在清嘉庆年间，上冶东岭玉泉观北即建有玉泉书院。新中国成立后，在各村建立小学和成人教育扫盲识字班。1958 年建立费县第一所农业中学——上冶农中，同年建立费县第三中学，1982 年改为上冶中学。20 世纪 90 年代，各村都建立起文化大院。2008 年，成立了上冶镇书法协会和美术家协会。全镇还有 10 多支文化艺术演出队，常年活跃在村镇社区演出，村村有广场舞表演。

上冶镇医疗卫生事业发展快，服务体系健全。上冶医院始建于中华人民共和国成立初期，1965 年改为费县人民医院上冶分院，现为费县上冶镇中心卫生院。全镇 29 处卫生室，全部建成标准化卫生室。新型农村合作医疗全面实施，全镇农民参合率达到 100%。

上冶属沂蒙革命老区，早在抗日战争时期，就已建立党的组织，领导全镇人民进行艰苦卓绝的抗日战争。1939 年 5 月，成立“费县抗日游击第八大队”，1940 年第八大队编为八路军 115 师 687 团特务营。1941 年 2 月，中共费北县上冶分区委在抗日烽火中诞生。在党的领导下，上冶人民前赴后继，浴血奋战，成为著名的沂蒙山革命根据地的重要组成部分。解放战争时期，上冶人民在恢复生产、土地革命、参军支前、对敌斗争等多项任务和工作中英勇奋斗，不惜流血牺牲，为解放全中国做出了巨大的贡献。据统计有150多名上冶儿女为革命献出了宝贵的生命，其中不乏父子英烈、兄弟英烈、巾帼英雄和满门忠勇。上冶的一山一水，一草一木都浸透着烈士的鲜血，镌刻着英雄们的丰功伟绩，记载着广大军民生死相依，水乳交融的动人故事。在社会主义建设时期，上冶人民发扬老区风格，弘扬沂蒙精神，团结一致，开拓创新，发展经济，创造出更加辉煌的英雄业绩。上冶人民爱国爱党，拥军拥政，谱写了一曲曲动人心弦的乐章，绘制了一幅幅雄伟壮丽的历史画卷。

上冶地灵人杰，素有“圣人化行之邦，贤人钟毓之地”的美誉。在历史的长河和近现代革命斗争及社会主义建设事业中，上冶不乏名人志士和劳模英雄。古有季友，元代有一品宣武将军刘宽，革命战争年代有蒙山县县长马鸿祥，新中国成立后有全国青年积极分子王桂兰、山东省农业劳动模范韩正德等。他们对历史的发展，对中国的革命和建设做出了突出贡献。

鄪国古都，工贸新城，魅力上冶，创业热土。优美的环境，丰饶的物产，深厚的文化底蕴，光荣的革命传统，滋养着勤劳智慧的上冶人民。在这片古老而又文明的土地上，上冶人民在中国共产党的领导下，创造了社会主义革命和建设的辉煌历史。新时期的上冶人民正精神焕发，解放思想，开拓创新，与时俱进，努力打造经济强镇，工贸重镇，文化名镇，为全镇经济跨越发展而努力拼搏，为实现习近平总书记提出的实现中华民族伟大复兴的中国梦，继往开来，阔步前进，谱写着更加绚丽的篇章。

费县上冶镇驻地夜景

上冶镇志

SHANGYEZHENZHI

大事记

DASHIJI

紫荆河生态长廊

公元前 1035 年

鲁国国君伯禽率军东征，在鄪地（今费县上冶镇境内）举行誓师大会，作《鄪誓》。

公元前 8 世纪

周王室封鲁懿公之孙为鄪伯，鄪地成为伯国。

公元前 659 年

（鲁僖公元年）鲁僖公把费地赐给季友，设立鄪邑。

公元前 566 年

南遗担任鄪邑宰，季武子修筑鄪城。

公元前 529 年

鄪邑宰南蒯叛乱，被季平子平息。

公元前 505 年

孔子在鄪城辨羵羊。

公元前 498 年

孔子堕三都，拆毁鄪城。

公元前 427 年

季友后裔季孙氏在鄪邑建立鄪国。

公元前 378 年—公元前 320 年

齐威王时，费国一度被齐国吞并，后复国。

公元前 255 年

楚国灭费国。

公元前 223 年

秦朝分天下为 36 郡，费邑 属薛郡。

公元前 201 年

汉王朝正式建置费县，治所在原古鄪城，归楚国。

公元前 200 年

韩信部将陈贺被封为费侯。

公元前 116 年

城阳顷王刘延之子刘方被封为费侯。

496 年

费县治所从鄪城迁至祊城（今费县县城）。

750 年

县尉赵光乘主持维修季桓子井，并撰写《古井铭》。

1097 年

县令逄完重新竖立《古井铭》石碑，并撰写《古井记》。

1610 年

沂州人周京在上冶玉泉修建枕流亭。

1668 年

6 月，郯城大地震波及费县，房屋全部倒塌，砸死居民无数，平地水涌 9 尺。

1757 年

清高宗爱新觉罗·弘历南巡路过费县，驻跸万松山行宫，御制《度祊河》《鄪城览古》《万松山小憩》等诗。

1762 年

清高宗爱新觉罗·弘历南巡路过费县，驻跸万松山行宫，御制《过古鄪城》《万松山停跸》等诗。

1765 年

清高宗爱新觉罗·弘历南巡路过费县，驻跸万松山行宫，御制《过古鄪城咏事》《万松山驻跸》《万松山行馆即事杂咏》（8 首）《题万松山北轩》等诗。

1852 年

4 月，冰雹平地深尺许，伤人畜无数。

5 月 3 日，气温骤降，冷如严冬，小麦冻死。

1860 年

5 月，幅军与蒙阴知县邓培英所率驻上冶官兵对峙。

1877 年

7 月，大旱蝗灾。

1894 年

德国传教士柏德禄将天主教传入上冶。

1911 年

2 月，旧历除夕雷电交加，大雨滂沱，造成冬涝。

1925 年

5 月，山东省军务督办张宗昌所辖褚玉璞旅白俄军约 500 人进驻上冶，并强制农民种植鸦片。

1927 年

春夏，连续 100 天无雨，灾民外出讨饭。

1937 年

11 月 10 日，中共地下党员、原国民党上冶乡乡长朱志诚领导费城抗日武装起义，失败后被捕牺牲。

1938 年

春，国民党军张里元率 4500 余人进驻上冶。

是年，中共山东费县工委在城南头村建立交通站，杨诚任政治交通员。

1939 年

5 月，在兴国庄组织“费县抗日游击第八大队”（亦称八路军 115 师东进支队第八大队），辖上冶、资邱、卞桥三个中队，马鸿祥任大队长，赖兆兴任政委，杜秀锋任副大队长，张若林任参谋长，有队员 170 多人。

9 月 27—28 日，八路军第一纵队司令员徐向前在上冶就抗日民主政权问题与国民党苏鲁战区总司令于学忠谈判。

1940 年

2 月，费县抗日游击第八大队编为 115 师 687 团特务营。

秋，日军在上冶设立据点，驻日军 40 人（20 余人驻姬家庄子），伪军 304 人。

1941 年

2 月，成立中共费北县上冶分区区委和上冶区公所。

是年，土匪刘桂堂攻打上冶区抗日人民政府，抗日干部战士 50 余人遇难。

1942 年

8 月，费北县上冶分区改称为上冶区。

1944 年

6 月，鲁中军区八路军成功劝降驻上冶伪军。伪军中队长刘金奎刺死汉奸大队长杨立堂，毙日军 17 人，带领伪军三个中队 304 人向八路军投诚。

1945 年

7 月 19 日，鲁中军区八路军收复上冶区，全歼驻上冶区日军 20 余人。

1948 年

淮海战役期间，东埠子村骆振英母女三天做军鞋 6 双支前，蒙山县支前指挥部授其三等功。

1950 年

12 月，上冶开展镇压反革命运动，集中打击土匪、恶霸、特务、反动党团骨干和反动道会门头子等反革命分子。

1952 年

3 月，上冶抽调千名民工，组成一个大队，参加导沭春季工程施工。

上冶三村马文德成立上冶第一个农业生产合作社——黎明社。

1955 年

费县十一区改为上冶区。

1957 年

7 月 6—23 日，连续 17 天暴雨，累计降雨量 800 多毫米。

1958 年

1 月，费县第三中学在上冶东岭玉泉观北侧动工兴建，并实现当年招生。

3 月，撤区建上冶乡。

6 月，上冶农业中学建校招生，是费县第一处农业中学（校址在东埠子村前，1960 年停办）。

9 月，上冶人民公社成立。

1959 年

10 月，上冶水库动工建设，次年 11 月建成。

1960 年

夏，暴雨成灾。

1961 年

夏秋，连续降雨成灾。

1963 年

春，董泗路上冶段施工建设，为 5 米宽沙土路，大部分小河无桥梁，只紫荆河上有水漫桥一座。

陡（山）向（城）公路毕城 30 孔水漫大桥建成。

1965 年

9 月 4 日，全公社普降暴雨，淹地数千亩。

1970 年

5 月，毕城浚河大桥建成，长 371.64 米，宽 7.5 米。

1973 年

2 月，上冶抽调 500 余名基干民兵组成一个民兵营，在王克彬营长带领下赴莱芜参加辛大铁路会战，8 个月完成任务。

1975 年

1 月 13 — 18 日，上冶公社大仲口大队社员李连洪当选为第四届全国人大代表并出席会议。

秋冬，对紫荆河进行人工开挖，宽度增至 100 米。

1976 年

5 月 13 日，遭受风灾。

1978 年

10 月，费县造纸厂建成。

1979 年

1 月 28 日，上冶发生雾凇，造成部分村庄停电。

1981 年

春，工厂实行定额计件浮动工资制，农村实行联产承包责任制。

6 月 17 日，上冶遭受雹灾，受灾面积万余亩。

1984 年

建设文泗公路紫荆河大桥。

1985 年

上冶撤区设镇。

1987 年

费县一中高中部应届毕业生埠后村张廷贵捡到人民币现金 23900 元交公。

1988 年

费县传顺食品有限公司成立，产品为蒙山烧鸡（后又注册为“传顺烧鸡”）。

1990 年

7 月 16 日，国务院总理李鹏在北京怀仁堂接见上冶镇副镇长李永玲。他创立的“情理法权”农村基层工作法在《大众日报》刊登，并在全省推广。

12 月 8 日，上冶书法家张传森赴日本进行篆刻书法表演。

是月，上冶镇获山东省全民普及法律常识先进单位。

是年，上冶镇获全省首届百乡百镇双文明建设达标赛明星乡镇。

1991 年

上冶镇对沂蒙公路上冶段进行改道建设，由镇中心医院东移至现址，并对二村进行了拆迁改造。改造后的新十字路中间建有梯级花坛，为全县第一个乡镇转盘路。

是年，镇政府在玉美河南岸沂蒙路东侧新建办公场所，后发展为东西两院，占地 1 万平方米，建筑面积 4147 平方米。

上冶中心医院门诊楼建成，建筑面积 1900 平方米。

1992 年

9 月 1 日，上冶镇获山东省明星乡镇称号。

1995 年

8 月 21 日，市委副书记李祥栋视察上冶镇农村工作。

9 月 10 日，国务委员、国家科委主任宋健在临沂市委书记张守业陪同下到上冶造纸厂检查污水处理设备运行情况。

是年上冶造纸厂党支部书记张建林被山东省政府授予“优秀乡镇企业家”称号。

12 月 22 日，省科委科技兴县现场办公会参观了上冶造纸厂。

是月，被省统计局授予“山东省农村统计工作先进单位”称号。

1996 年

2 月，被省委统战部、省宗教事务局授予“全省宗教工作先进集体”称号。

3 月，被省委、省人大常委会、省政府授予“全省二五普法先进集体”称号。

3 月 30 日，省人大常委会副主任徐学孟，市委副书记、市人常委会主任李祥栋到上冶镇检查民族宗教工作。

3 月 30 日，山东省委副书记李文全到上冶造纸厂视察指导工作。

7 月 8 日，山东省环保局局长庄庆臣到上冶造纸厂检查污水处理设备运行情况。

8 月 1 日，山东省科委主任何宗贵到上冶造纸厂检查投资治理污水和科技开发情况。

11 月 14 日，国家环保局污控司处长郝春曦到上冶镇检查污水处理情况。

是年镇政府对上冶四村、五村拆迁改造，拆迁长度 907 米，建成百新路。

1997 年

5 月，被省委组织部授予“山东党员电教播放收看先进单位”。

6 月，被省委组织部、省农委、省科技授予“省电教科技工程示范单位”

7 月，上冶造纸厂组建成立山东光华纸业集团有限公司，董事长张建林被评为山东省优秀共产党员。

10 月 29 日，山东省委书记吴官正到光华纸业集团调研。

12 月，文泗公路上冶段竣工通车。

是年，上冶镇率先对小水利工程进行现场拍卖。

1998 年

4 月，光华纸业集团董事长张建林被评为山东省劳动模范，并当选山东省九届人大代表。

12 月 12 日，水利部建设处处长王效和到上冶镇察看农田水利基本建设情况。

12 月 16 日，山东省水利厅厅长宋继锋检查上冶镇水利改革及建设情况。

1999 年

11 月，光华纸业集团职工王廷明被中宣部、公安部、中华见义勇为基金会授予全国“见义勇为积极分子”称号。

是年，上冶被确定为山东省小城镇建设试点镇。

2000 年

2 月，上冶被确定为山东省中心镇。

10 月 24 日，市委副书记、市长李玉妹到上冶镇检查乡镇财源建设情况。

本月，山东光华纸业（集团）有限公司被农业部乡镇企业局授予“中国乡镇企业科技奖”称号。

11 月，兴郝公路建成通车。

2001 年

5 月 16 日，全国政协“政府机关全面推行依法行政”专题调研组到上冶调研。

6 月，省考古队在西毕城村西北部成功发掘 1200 余座大型汉墓，出土各类文物 3000 余件。

上冶镇中心医院病房楼建成。

2002 年

4 月 18 日，山东省副省长邵桂芳到上冶卫生院视察。

上冶镇最后一批民办教师全部转为公办教师。

2003 年

1 月，费县上源热电有限公司筹建。

是年，日东高速及上冶出口连接线建成通车。

是年，上冶镇办集体企业实行公转民改制。

是年，国电费县电厂上冶水源地工程开工建设。

2004 年

5 月 20 日，省民委主任、宗教局局长于洪文到上冶镇翟家村基督教堂调研民族宗教工作。

6 月，格来瑞木业有限公司在上冶工业园动工兴建。

是年，实施村村通道路硬化工程。2008 年全部竣工，共硬化道路 53 千米。

是年，获“全省二五普法先进集体”称号。

是年，镇办集体企业公转民改制全面完成。

2005 年

新修城建大道 1600 米；新修工业大道 1500 米；上源热电有限公司建成。

10 月，山东恒联投资有限公司与上冶镇政府签约并购山东光华纸业集团有限公司。

2006 年

9 月 6 日，省水利厅厅长宋继锋视察紫荆河流域综合开发工程。

12 月，上冶敬老院由万仓村搬迁至兴国庄。

新修工业园区道路 2300 米。

2007 年

6 月 6 日，省农业厅副厅长王培泉到上冶镇检查三夏生产工作。

统一图纸，统一规划，建成沿街商业楼 30 栋。

是年，山东光华纸业集团有限公司实施麦草浆废水治理再提高工程。

是年，规划建设 12 个村加工区。

2008 年

8 月，副省长王随莲视察上冶中心卫生院。

是年，建成计生服务综合楼，建筑面积 4500 平方米。

是年，上冶镇成立书法家协会和美术家协会。

2009 年

实施百新路改造工程，建成紫荆广场。

12 月 3 日，10 万吨恒联光华造纸项目落户上冶工业园。

2010 年

1 月，卫生部党组书记、副部长张茅视察上冶中心卫生院。

是年，实施文泗路改造工程。

是年，临沂京宝食品有限公司、费县六和化海食品有限公司投资兴建。

是年，上冶二村在紫荆河西岸沂蒙路东侧建成紫荆社区。

2011 年

实施费县小农水重点节水灌溉工程。灌溉面积 2.3 万亩，惠及 20 个村 34560 人。该工程被省水利厅评为优质工程，奖励工程款 500 万元。

7 月，费县首届广场文化艺术节上冶专场在费县沂蒙广场举办。

9 月，组建镇维稳中心，建立多部门联动机制。

是年，重建镇中心幼儿园。

2012 年

5 月，全市节水灌溉水利现场会在上冶镇召开。

9 月 19 日，兴国庄举办首届书画展，共展出书画、剪纸等作品 150 余件。

10 月，山东省人大常委会副主任刘玉功到上冶镇视察教育工作。

12 月 1 日，费县第一处湿地公园——上冶工业园尾水人工净化湿地工程破土动工，规划面积 101338 平方米，其中潜流湿地 17000 平方米，治理河道 1800 米。

是年，山东冠骏清洁材料科技有限公司建设水刺复合清洁布项目和高档清洁体项目。

是年，凯翔物流运输公司和浩正物流汽贸公司分别投入运营。

是年，化海肉鸡养殖合作社被授予市级先进农业合作社，其养殖基地被评为国家级标准化养殖小区。

是年，开工建设玉泉社区（D）区居等 5 处居民楼，共计 20 栋 7.2 万余平方米。

是年，小流域水土保持项目小仲口标段开工建设。

是年，上冶中心小学科研课题："学生目标激励评价研究"被列为省级规划研究课题。

是年，完成"气化临沂"上冶段主管道铺设工程 9000 米。

2013 年

3 月，上冶镇被市委、市政府授予全市镇域经济发展二等奖、平安临沂建设先进乡镇。

5 月，费县故城遗址被列为全国重点文物保护单位

5 月，省中医药管理局局长武继彪到上冶镇调研医改工作。

7 月，城乡环卫一体化启动，建立"村居收集，乡镇集中运转，县运输管理"的环卫管理网络，逐步实现城乡环卫一体化管理。建垃圾中转站一处。

8 月，省残联理事长仉兴玉到上冶镇视察指导残疾人工作。

12 月，上冶镇被省政府确定为全省"百镇建设示范行动"第二批示范镇。

是年，在全县率先安装 200 余盏太阳能光伏路灯。

是年，对镇驻地国防路拓宽改造，建设龙居花园高层社区、曹家楼社区，建成全镇第一处老年文体活动广场。聘请浙江大学规划设计院完成镇驻地核心区控制性详细规划。

是年，（邦基）玖瑞饲料、山东千森木业、山东豆黄金食品、山东奥德燃气LNG 加气站、百德整体橱柜等项目竣工投产。

是年，打造西毕城、大青太、二村、四村、北村五个“美丽乡村建设”示范村。

是年，上冶镇被评为“2013 年度平安临沂建设先进乡镇”“2013 年度临沂市三无（无集体信访、无刑事案件、无后进支部）乡镇”。

是年，恒联·光华苑开工建设，当年竣工开盘。

2014 年

3 月 10—11 日，市委副书记李峰到联系点上冶镇调研党的群众路线教育实践活动，与基层党员干部和群众座谈交流，听取意见建议。

6 月 26 日，上海奥卓有限公司费县投资项目签约仪式举行，签约项目包含在上冶镇投资 1.5 亿元的瓶装饮用水项目。

6 月，中残联扶贫办主任王建军、处长刘诚到上冶镇调研农村基层党组织助残扶贫工作。

7 月 3 日，市人大常委会副主任、市总工会主席孙丰刚到联系帮扶重点镇上冶镇开展联系帮扶工作。

7 月 14 日，省公安厅副巡视员刘福宏带领省食品安全专项整治督查工作组到六和化海食品有限公司进行实地督查。

7 月 28 日，市委书记、市人大常委会主任张少军，市委副书记、市长陈先运带领全市县域经济发展观摩会与会人员到山东恒联光华科技产业园实地观摩。

7 月，上冶镇被国家七部委联合确定为“全国重点镇”。

8 月 28 日，副市长侯晓滨到上冶督导迎淮工作，实地察看了山东光华纸业集团有限公司尾水人工湿地深度净化等现场。

8 月 29 日，省交通运输厅总工程师毕京建带领省政府考察组到上冶镇考核“百镇建设示范行动”工作。

9 月 24 日，中国人民银行济南分行副行长王均坦带领省政府督导组到费县对引导农民信用合作社工作落实情况进行督导，到上冶化海肉鸡养殖合作社实地调研。

11 月 13 日，市委常委、常务副市长左沛廷到费县督导检查迎淮工作，先后实地察看了山东光华纸业等多家水处理净化工程。

12 月 7 日，全市农业综合开发项目建设现场推进会与会人员实地观摩了上冶镇9000亩高标准农田建设项目。

12月10日，以民义村代办员高丽丽为原型拍摄的电影《红纽带》公映。

12月29日，省环保厅督导组实地察看了上冶镇工业园尾水人工湿地水质净化及其他水处理工程。

是年，恒瑞新材料、千森木业二期、汇和磷脂等项目投产。

是年，对紫荆路、百新路、玉泉路东岭段、北外环进行全面改造，新修南外环路。对创业一路、高速公路连接线进行绿化、亮化。

是年，全县第一处湿地——红河湿地竣工验收。

是年，完成42个村的天网工程，安装监控181个。在中心居住区开工建设商居楼8处42栋，建筑面积15.5万平方米，总投资2.7亿元。

2015年

2月10日，110千伏上冶智能变电站完成主体并提前半个月投运。变电站安装1台5万千伏安主变压器，110千伏出线1回、10千伏出线12回，控层按远景变电站规模配置，配置一体化监控系统主机、远动网关机、综合应用服务器，实现了顺序控制、源端维护等高级应用功能，为镇域内用电经济发展项目提供了电力能源保障。

3月，银座上冶大集开工建设，9月投入使用。

7月，上冶镇被确定为“费县经济开发区北区”。

8月1日，市委书记、市人大常委会主任林峰海与市委副书记、市长张术平带领全市县域经济发展观摩会与人员到上冶镇观摩山东冠骏清洁材料科技有限公司。

8月，全省农业综合开发现场观摩会观摩上冶镇现场，上冶镇获得全省农业综合开发第一名。

10月，全省义务教育均衡化工作现场会观摩上冶镇中心中学。

11月17日，全省妇女儿童活动阵地创新发展现场会与会员到上冶镇北村小学开展“爱心大蓬车”送温暖活动。

是年，山东豆黄金食品有限公司被评为山东省中小企业创业互联网+卓越创新企业。

是年，六合化海集团建成国家级养殖示范基地项目。山东千森木业集团与中国林科院、山东林科院共同投资，在上冶建设山东省首家人造板产业技术研究院。

是年，建成紫荆河橡胶坝。完成牌坊路、古城路、礼堂路的硬化、亮化，弱电下地和排水管网铺设任务，重修四村大桥。紫荆河综合治理、兴郝路、工业大道、玉泉路西延拓宽改造和创业西路、创业三路路基工程竣工。

2016 年

4 月，万福商业广场开工建设。

4 月 20 日，省人大常委会副主任柏继民到上冶镇调研人大工作。

6 月，启动鄅国古城遗址公园建设和南城墙的开发保护。

8 月，林瀚肉鸡养殖第二基地投入生产。

9 月 24 日，全国产业精准扶贫现场观摩会观摩上冶现场。

10 月 19 日，农业部畜牧司调研组到林瀚肉鸡养殖场调研畜禽粪便处理与资源化利用工作。

12 月 22 日，镇政府下发 8 条标准，在全镇推行移风易俗、丧事简办。各村成立红白理事会。

是年，新修工业二路、光明路、浚河路、紫荆河东路、紫荆河西路，改造提升玉泉路、兴郝路。整合三处湿地和紫荆河综合开发项目，建设紫荆河省级湿地公园。开工建设玉泉花苑、财富广场等 5 处新型社区。沂蒙财富广场、里仁社区、玉泉社区 E 区等新型农村社区项目社区全部实现“气上楼、水治污、暖入户、环卫保洁市场化”。建成区人口达到 3.5 万人，城镇化率 55%。

是年，成立金蛋合作社，全镇注册金蛋制造企业 96 家，产量占到全国总产量的 70% 以上。

2017 年

1 月 6 日，上冶镇被山东省政府确定为首批“省级特色小镇”。

3 月，美丽乡村建设连片示范工程启动，打造姚河庄、蔡庄、刘官庄、东西沟、万仓村、永兴村、顺合村、古城村等 8 个美丽乡村建设示范村。

是月，启动镇驻地北外环（国防路）东扩南延工程，东扩至东埠子村南，再向南延经东岭村、双邱村至浚河北岸。

4 月，启动《上冶镇志》编纂，成立编委会。

5 月，上冶镇被列入“中德鲁巴共建特色小镇”示范镇。

6 月 10 日，山东恒联集团费县上冶产业园项目签约，签约项目资金 10.6 亿元。

7 月，沂蒙公路北村至大田庄段拓宽改造。

7 月 26 日，启动玉泉书院修复工程。

8 月 1 日，全省农机深松整地作业现场会在上冶镇召开。

8 月 23 日，全国“四好农村路”养护现场会观摩了上冶现场，交通运输部副部长戴东昌，副省长王书坚，市委书记王玉君参观了上冶公路站。

9 月 6 日上午，市委副书记张宏伟到东岭村调研脱贫攻坚工作情况。

9 月 29 日，全市民生培训现场交流会在上冶镇召开。

10 月 6 日，上冶镇举办第一届职工运动会。

10 月 19 日，《上冶镇志》通过专家评审，并被列入首批齐鲁名镇名村志。

10 月 26 日，德国巴伐利亚州最高建设管理局副局长斯蒂凡・林特纳带领德国规划设计专家考察团到上冶镇考察特色小镇建设情况。

10 月 29 日，2017 年全市优质农产品基地品牌建设现场交流会观摩林瀚肉鸡养殖产业示范园、豆黄金一二三产业态融合示范区。

是月，山东恒联桦林新材料特种纸项目主体施工；森启亚阻燃材料有限公司建成投产；林翰肉鸡养殖第三基地、山东鸿康生态农牧有限公司、众客盛园等项目开工建设；深港机动车检测项目竣工；中国太平保险有限公司项目主体完工。

是月，公益性公墓建设工程启动。

11 月 1—3 日，五征杯・第四届中国农机手大赛全国总决赛在北京举行，上冶镇东沟村农机选手能建明夺得冠军，获得 10 万元奖励和一台五征 ME1404 大马力拖拉机，荣获“全国机王”荣誉称号。

11 月 26 日，山东千森木业集团参与“十三五”国家重点研发计划项目，启动仪式在费县蓝海钧华大酒店举行。

上冶镇志

SHANGYEZHENZHI

自然环境

ZIRANHUANJING

上冶水库

气候气象

上冶镇属暖温带半湿润大陆气候，具有春旱多风、夏热多雨、秋旱少雨的特点。春夏以东南风为主导风向，冬季以西北风为主导风向。春夏秋冬四季分明，光照充足，无霜期长。无霜期年平均 196 天，霜期年平均 169 天，初霜日约在 10 月上旬，终霜日约在 4 月中旬。年平均降水 800 ～ 1000 毫米，年平均相对湿度 65%，气温最高 39℃，最低 −18℃，全年平均日照时数 2540 小时左右，宜于多种植被和农作物生长。

地质地貌

上冶地处蒙山大断裂，在大地构造上属鲁中南台隆的一部分。境内出露地层多为寒武系、奥陶系。镇驻地南岭为白垩系地质，镇域西南部有石灰岩系出露。页岩、石灰岩、花岗岩相间排列，呈现单斜构造向东北倾覆，断层纵横交错，V 型谷发育，具有岩溶地貌特征。石质分别为花岗岩、石灰岩、断层角砾岩和砾岩。含水量丰富，且地下热水资源较丰富，数据表明，1200 ～ 1500 米左右地下水温可达 40 ～ 60℃。

上冶境内地形西北高，东南低，以丘陵为主，小平原为辅的半丘陵地带。兴国村、大仲口村和上冶镇驻地 5 个村，所辖农田为平原。岑北崖村为典型的山前与岭后小平原地带。蔡庄、万仓所辖片区为丘陵小平原。镇驻地东为丘陵，东南部双邱村一带为河流冲击小平原。

土壤植被

土壤

上冶镇共有 4 个土类，7 个亚类，有潮棕壤土、褐土、潮土、砂姜黑土，主要为潮土土类。

潮棕壤土　在土壤质地上属棕壤土，此种土质砂粘度适中，水气协调，适耕期长，土壤养分较高，属于高产田类型。主要分布镇驻地及北村、岑北崖、姚河庄、蔡庄一带。

褐土土类　其特点是土层浅薄，整个土体厚度不超过 60 厘米，处在山丘中上部，水源匮乏，保水性差，坡度大，水土流失严重，质地粗，砾石含量多，有的还含有鱼鳞状页岩，难耕作，作物产量低。主要分布在上冶东岭、蔡庄压罗山等山丘地带。

潮土土类　此类土壤发育在河流冲积物上，沉积层比较明晰，质地分选明显，

许家庄土壤改良后种植的葵花

无石灰反映，PH 值 6.5 ~ 7.0 之间，地下水位较高。土层中下部有锈纹锈斑出现，潮土分布地形平坦，土层深厚。主要分布在镇东南部，双邱村、平安曲池村及镇中部一带。

砂姜黑土类 分布地势较低洼，地下水排泄不畅。地下水埋藏深度为 1 ~ 2 米。母质多为黄土性河、湖泊沉积物，土体中夹砂姜，夹砾石，夹铁子，质地黏重，土性冷，发老苗不发小苗。下部土体有石灰反映，呈中性到微碱性，有机质含量较高，但释放困难，是生产潜力较大的土壤。主要分布在水湖东、万仓村、民义村、刘官庄东湖一带。

植被

境内植被可分为自然植被和人工植被两个类型。自然植被主要分布在山丘、荒沟地带。人工植被广泛分布于全镇各地，主要为人工种植的粮食、油料作物及栽植的各种树木。

低山地带的植被种类主要有马尾松、侧柏、刺槐、各种果树、酸枣等木本植物和罗罗网、野艾、黄草、白羊草、狗皮草等草本植物。丘陵地带主要有刺槐、椿树、棉槐等木本植物和林草、蒺藜、茅草、狗皮草等草本植物。汪塘沟渠、河湾生长的蒲草、芦苇等。

人工植被主要分两类，一是农作物类，以种植的粮食、油料、蔬菜、黄烟、棉花等为主。二是林木类，以经济林、用材林、防护林为主，如杂交杨 107、杂交杨 108、三倍体毛白杨、中林 46、健杨、刺槐、侧柏、泡桐以及苹果、桃、梨、杏、枣、柿子等树。

山川河流

山脉

上冶地处蒙山脚下，域内山丘为蒙山支脉，主要有岑山、凤凰山、压罗山等。

岑山 位于岑北崖村南 800 米处。山北边是悬崖，传说当年王莽追赶刘秀时，追到此崖，王莽被倒钩葛针挂住蟒袍，所以又叫“挂莽崖”。岑山西侧有高约 1.5 米，宽约 1 米的溶洞，当地人称为“狼窝”。

东岭 岑山绵延往南至上冶玉泉东南，高度逐渐降低，处于上冶正东，故称东岭。地貌属于石灰砾岩，岭上有一条裂隙，深不可测。

凤凰山 位于双邱村西南，紫荆河东岸，呈蘑菇状。山顶原有寺庙一处，已毁多年。现在原址建有双邱联合小学。

白石崖 位于红河南岸，因有白垩纪地质出露，地形北陡南缓，称为白石崖。崖上建有纯阳观泰山圣母宫，日东高速公路由坡南经过。

压罗山 又叫摩天岭，位于蔡庄村北，形似馒头。

刘官庄西岭 脉起蒙山，起伏连绵 15 千米，偏南北走势，宛如苍龙饮水，延至浚河北岸。岭头高坡有 10 多座，最高点叫岚墩子，海拔 300 多米。岭顶凹凸不平，为费县与平邑县的县界。岭的西侧为平邑县境，坡度较峭；东侧是费县境，坡度比较平缓。这里是刘官西河和鸭子沟河的发源地。该地有春秋、战国时期的古烽火台遗迹。

桃花岭 走在兴国庄村小平原上，北望蒙山，首先进入人们视线的是一条偏东西走向的土石山岭，这就是远近闻名的桃花岭。在很久以前，岭上长满了山毛桃，一到春暖花开的时节，争鲜斗艳的桃花掩饰了整个山岭，于是，人们就起了桃花岭这个名字。

桃花岭在蒙山前突兀独立，最高处海拔近 400 米，玉美河沿岭北东西流向入上冶。红沙河呈西北东南流向入上冶，岭的北侧，坡陡沟深，岭的南面坡度较为平缓，且土质肥沃，又背风朝阳，因此，高效农业——冬暖式大棚，早在 20 世纪

90 年代就来此安家落户了，环岭而居的村庄，大仲口、小仲口、曹家楼等村的村民已把桃花岭打扮成了“聚宝盆”。

簸箩城 鄅国故城内有一土岭，岭呈东西走向，东窄西宽，岭高坡陡，为鄅国故城及附近唯一制高点。岭上有古鄅国季氏宫殿、演兵场、戏台等多处遗址。因岭上有一处天然形成的特殊地貌——中间洼四周高，状如簸箩，故名簸箩城。

古城、宁国、西毕城三个村环居于岭下。日东高速公路连接线从岭东部穿过。

蔡庄东岭 位于蔡庄村东，呈南北走向，北起水湖村西，南至浚河北岸，岭东为古鄅城湖，岭西北部压罗山突兀而起。相传九女坟即在此岭北部，田石公路从岭顶经过。

河流

域内主要有浚河、红河、紫荆河、玉美河。另外，还有鸭子沟河、月河（宁国河）、小仲口河、仲口屯河、曲池小西河等 5 条小河，均为季节性河流。

浚河 是上冶镇与费城街道及平邑县地方镇的界河。浚河发源于平邑县仲村镇太平顶，于地方镇北成为两县、两镇界河，自西向东再向南流，约 3 千米，成为上冶镇与费城街道的界河。浚河上冶段全长 13.15 千米。河床平均宽度 300 米，最宽处 1500 米，水深 1.5 米，夏季水量较大，为常流河。流经岭南头村、刘官、蔡庄、姚河、沿河、葛家庄、城南头、古城村、西毕城村、大青太村、平安楼村，共计 11 个村庄，惠及人口 23000 多人。

玉美河 发源于大田庄乡东渐富水库，经北村、翟家村、上冶四村、一村、三村、二村 6 个村庄，流入紫荆河，河宽平均 70 米，属季节性河流。

红河 发源于大田庄乡黄崖水库，为季节性河流，从小仲口村进入上冶境内。流经大仲口、兴国庄、里仁庄、民义村、埠后村，流入紫荆河。上冶境内河段全长 8.5 千米。

紫荆河 发源于蒙山玉柱峰下和牛岚紫荆关山涧，流经上冶水库、坝前村、许家庄、北村、东埠子、四村、二村、东岭、埠后村、平安楼、曲池汇入浚河。为季节性河流，上冶段全长 15 千米，河道曾于 1976 年进行人工开挖，

红河

河道宽 100 米。

水库

上冶水库 位于上冶镇许家庄北 150 米，距上冶镇驻地 3 千米。为沂河水系浚河支流紫荆河上游的一座中型水库，总库容 3485 万立方米，其中兴利库容 1973 万立方米，控制流域面积 77 平方千米，设计灌溉面积 4.7 万亩。以防洪灌溉为主，兼具发电、供水及水产养殖等功能。水库于 1959 年 9 月兴建，1960 年 11 月竣工。水库由大坝、溢洪道、放水闸及电站等建筑物组成。根据《水利水电工程等级划分及洪水标准》(SL250—2000)，水库枢纽工程等级为Ⅲ等，主要建筑物级别为 3 级，次要建筑物为 4 级。设计洪水标准为百年一遇，校核洪水标准为千年一遇。水库坝型为黏土心墙砂壳坝。坝顶高程 146.5 米，防浪墙顶高程 147.5 米，最大坝高 25.76 米，坝顶宽 6 米，坝长 1034 米，顶高程 123.74 米。放水洞为现浇箱涵长 100 米，进口底高程为 137 米，出口底高程为 126.5 米，最大泄量每小时 9.2 立方米。溢洪道位于大坝右端，3 孔 24 米，进水高程 137 米，最大泄量每小时 779 立方米。电站位于放水洞下游，地基为风化片麻岩，电站总装机

上冶水库

量 300 千瓦，设计年发电 30 万千瓦时。水库坝址地震基本裂度 7 度，设防裂度 7 度，未进行抗震鉴定。

水库灌区于 1961 年 11 月开发，现有干渠一条，长 21.1 千米，支渠 9 条，长 30 千米，设计灌溉面积 4.7 万亩。

水库于 2008 年 1 月开始除险加固工程建设，完成总投资 2947.89 万元于 2010 年 10 月竣工进行验收。

塘坝

刘官塘坝 位于刘官村西北 1.5 千米处，于 1966 年冬建成。坝长 300 米，坝高 16 米，坝顶宽 3 米，总库容量 6.3 万立方米，实现库容 4.05 万立方米。能自流灌溉刘官庄、西沟、蔡庄等村部分土地。2016 年，实行除险加固工程，总投资 74.9 万元。

境内有蔡庄、彭家林、西鸭子沟、东鸭子沟、兴国、大仲口、万仓、宁国、西毕城、曲池等 10 处小型季节性塘坝，可供农田播种和灌溉。

泉

上冶镇境内地下水资源丰富，泉水众多，主要有玉泉、牛头泉等。

玉泉 位于上冶镇东岭村西侧，紫荆河东岸。据地质学者考察，此泉成因是由于北部蒙山地下有岩石溶洞，储有丰富的地下水，水顺势南流，被地下岩石阻挡，在强压下沿石隙喷薄而出，形成涌泉。泉水冬暖夏凉，严冬高于 10℃，盛夏不超过 17℃，近乎恒温。1956 年从玉泉向东南修筑水渠，引水灌溉农田。20 世纪 90 年代，水产部门引进罗非鱼、中华鲟等进行繁殖和饲养。

牛头泉 位于玉泉西北 150 米处，上冶中学西侧，与玉泉同为一脉水系。当地村民常来取水饮用，在泉边淘米洗菜、浣衣洗被。原为常涌泉，近年来成为季节性泉。

玉泉枕流亭

上冶镇志

SHANGYEZHENZHI

文物名胜

WENWUMINGSHENG

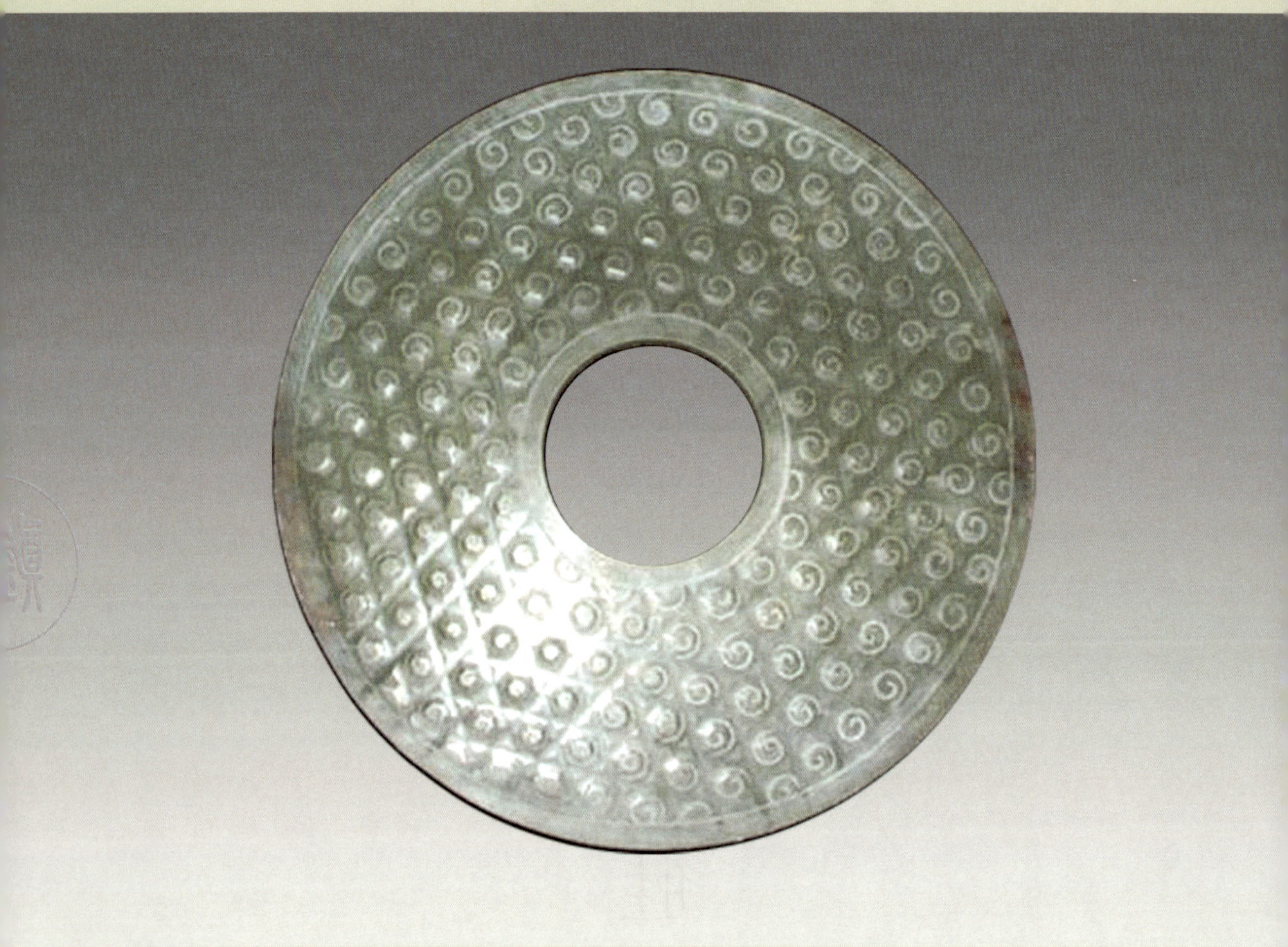

万仓村东 2002 年出土的汉谷纹玉壁

名胜

季桓子井

（内容见“鄪国文化”编）

玉泉

玉泉位于上冶东岭西侧，紫荆河东岸，依岭傍水，清幽雅然。泉水源于北部蒙山储有丰富地下水的溶洞，水顺势南流，被地下岩石阻挡，在强压下沿石隙喷薄而出，形成泉涌。

此泉历史悠久，到明代才定名“玉泉”，为全县29处名泉之冠，列蒙山八大名胜之一。1981年被公布为县级文物保护单位。

据《费邑古迹考》记载：“玉泉，深丈许，流如碧玉，水声泠泠如环佩轻撞，故名“玉泉”。又据《费县志》记载：“泉自石罅涌出，深七、八尺许，清澈见底，荇藻交横，流如碧玉，西入紫荆河。”

玉泉周遭用青石围砌，呈长方形，东西长约9.5米，南北宽约5.6米，原有石栏围绕，现为铁索环护。泉池东3.8米处建有龙王殿，坐东面西，南北3.25米，东西3.6米，高约4米，条石砌基、青砖灰瓦。池南有一弯曲古松，斜压泉顶，笼罩水面，巧构佳景，明丽秀雅，充满画意诗情。松树南原有观音殿，坐南朝北，现房已无存，仅剩石砌房基，东西4.45米，南北5米。池西石桥之上立石碑一块，正面刻有明朝东阿于文定公（于慎行）书写的“枕流”两个大字，石碑右侧刻有篆书“饮之寿长”，背面刻清政府所发保护玉泉之文。池北有枕流亭，坐北向南。两殿一亭，环绕泉边，成“品”字形，分布匀称。

玉泉水质甘甜，煮豆做饭，汤纯味美，水沸即烂，省时节柴。泉水冬暖夏凉，严冬高于10度，盛夏不超过17度，近乎恒温。三九隆冬，热气蒸腾，洗衣淘菜，不觉手冷；中伏炎夏，水寒气爽，手脚浸入，顿觉清凉。过往行人皆以观

20世纪60年代玉泉

泉洗濯为快，品尝泉水为乐。

玉泉池西至河边，滩涂数亩，有小泉十几处。

为了利用玉泉水源，1956年上冶从玉泉向东南修起水渠，引玉泉水灌溉农田。1986年水产部门利用玉泉水近于恒温的天然条件，先后引进罗非鱼、鲟鱼进行饲养和繁殖，均获得成功。2002年建自来水厂，取玉泉水供居民饮用。

枕流亭

在玉泉池北，位于泉水流来之处，如枕泉上，故而得名。

清光绪《费县志》记载，枕流亭为明朝万历三十八年（1610）礼部主事周京所建。清道光十一年(1831年）秋费县上冶东岭村明经（即贡生）任毓秀重修。1984年秋又进行了加固重修。亭坐北向南，呈正方形，边长4.13米，高约4米，砖壁瓦顶，木椽四展，圆木藻井，龙头飞檐。亭四壁内衬土坯，外砌青砖，里生外熟，大方美观。门向南开，宽2.35米，高2.5米。亭子东西两山墙上各留一窗，宽0.73米，高1.06米，墙厚0.47米。亭子基座为方形，条石垒砌，磨边对缝，边长4.9米，高0.6米。门前有二级台阶。亭内北壁镶有石碑3块，中间稍偏上为清朝高密举人翟云升书写的“枕流亭”隶书大字，笔工苍劲，传说每字花银30两，碑高0.4米、宽0.79米；东为清道光十一年（1831），高密人王焿书写的《重修枕流亭记》和《题玉泉观》《题玉泉》五言诗两首，龙飞凤舞，飘洒自然，石碑高0.4米，长0.8米；西为清贡生任毓秀书写的七言古风《浚玉泉并重修枕流亭歌》，石碑高0.4米，长0.76米。

玉泉枕流是蒙山盛景之一。明清时为费县十景之首，文人骚客，流连忘返，题字赋诗，属文记胜。

玉泉观

位于玉泉东南，是费县著名的全真教道观。玉泉观的前身是颛臾王庙，供奉颛臾王（颛臾王是东蒙之神），后改名为寿圣院，最后定名为玉泉观，传说有一真人在这里修炼成仙。“枕流”碑右侧石刻记载：清道光年间，东岭村任德明、任德鸿施松树 500 余株；咸丰年间，住持道人又栽松树 500 余株。观内玉皇殿、三官殿(天官、地官、水官，即尧、舜、禹)、钟鼓楼绚丽堂皇，周围苍松翠柏，郁郁葱葱。观北筑有戏台。

平日观内香火旺盛。农历正月十六为玉泉观三官殿的香火，每年都要举行盛大的庙会。头年腊月十五，人们敲锣打鼓到玉泉观里把“三官老爷”请到五村财神庙里，老百姓都来烧香磕头，祈愿求福。“三官老爷”是三个纸扎神像，三年一扎，表示三年一生。到了来年正月十六，把“三官老爷”送回玉泉观。玉泉观庙会之日，数十里内，男女皆至，少长云集，赶会游景，赏景观戏，连续三天，人流如织，热闹非凡。传说这天用玉泉水洗脸，可全年不生眼疾。人们逛庙会后必取壶玉泉水回家供全家人洗脸。

历久经年，道观建筑早已荡然无存，但其遗址布局仍透出几分昔日的风采。

玉泉书院

位于玉泉北 50 米。嘉庆十年（1805 年）监生吴子衡、附贡任淑美共同出资修建。嘉庆十三年（1808 年）吴子衡的弟弟吴冠东（武生）和吴子衡的儿子吴乔年（庠生）、吴韶年（武举、临清卫千总）募捐增修。

书院坐北面南，东西宽百余米，院墙由本地所产的五花石垒砌。大门朝南开，有东中西 3 座门楼，青砖灰瓦，斗拱飞檐。正门居中，上嵌青石，题刻“玉泉书院”4 个大字。院内顺坡依次建有学堂、文昌阁、魁星楼及五子殿。楼阁殿堂，依岭向阳，层次多彩，绚丽堂皇。

清末废科举后停办。1958 年院舍改为费县第三中学家属院。2011 年，上冶中心初中改建为运动场地。

紫荆河省级湿地公园

南北贯穿上冶镇东部，东西勾连上冶镇中部，以紫荆河、上冶水库为主体，包括玉泉观和玉美河、红河部分河段及其周边水系绿化带。公园北起上冶水库上游的王家桥，南接浚河，西至 234 省道，东临塔山森林公园，总面积 358.3 公顷，其中湿地面积 265.9 公顷，湿地率 74.2%，为省级湿地公园。

公园内河道采用狗尾草、地锦、常春藤、茴茴蒜等自然植被护岸。滨水区种植有垂柳、水杉、杨树等水岸林；浅水区栽植荷花、芦苇、水葱、千屈菜、鸢尾、香蒲等挺水植物；深水区栽植凤眼莲、芡实、睡莲等浮叶植物；水下有黑藻、金鱼藻等沉水植物。湿地公园在净化水质、蓄水防洪、保护上游水源、补充地下水源等方面发挥重要作用。

公园库塘水面开阔，湿地植被茂密，吸引了众多的水鸟来觅食栖息。黄莺灰鸭，黑燕白鹤，五彩斑斓，极具观赏和保护价值。

紫荆河湿地生态

湿地水体中鱼、虾、蟹、贝品类众多，滤食性鱼类、草食性鱼类搭配混养，利于减轻水体富营养化，改善水质。

河两岸混凝土景观大道宽阔平坦，两侧绿化带层次丰富，垂柳、碧桃、银杏、五角枫、榆叶梅、连翘、麦冬乔灌草结合，高低搭配栽植。尤其是紫荆河中段道路傍水侧栽植的紫荆树，春季先花后叶，美不胜收。树、河同名，充分突出了紫荆河湿地公园的自身特色。

公园内临水栈道，蜿蜒曲折；亲水平台，星罗棋布；休闲座椅、观鸟、垂钓亭台散布岸边；文化广场，点缀其间。地形高低起伏，植被错落有致，青山绿水、农田郊野相映成趣，构成了山、水、林、田、路和谐统一的湿地景观。春看紫荆夏观荷，秋游苇荡冬赏雪。紫荆河湿地公园河畅、水清、岸绿、景美，是上冶民众休闲、娱乐、健身、垂钓的好去处。

红河湿地

红河湿地是上冶工业园尾水水质净化的人工湿地。位于上冶镇小红河河道内，主要建设内容有三大部分：包括潜流人工湿地 1700 平方米，表流人工湿地 291522 平方米，人工生物载体强化处理工程 4215 平方米。

湿地建设于 2012 年 3 月，2012 年 10 月份竣工。河道清淤 2000 余米，新修长 2000 米、宽 8 米的水泥路一条，铺设路沿石 5500 米，硬化道路 36000 平方米，建设跌水堰 6 处，潜流池 14 个，栽植水生物 51.9 万株，其芦苇 20 万株，香蒲 20 万株，黄花鸢尾 69000 株，荷花 35000 株，睡莲 5000 株，千屈菜 10000 株。栽植雪松、小龙柏、白蜡、红叶石楠、竹柳、木槿等绿化苗木 158600 棵，绿化面积达 55000 平方米。

通过清淤平整河道土方，建设多级表流湿地、多级跌水堰、生物滞留塘、潜流湿地，湿地植物的种植等措施对上游及污水处理厂达标排水进行科学配置，在过水区域内种植芦苇、香蒲、睡莲、沉水藻类等水生物，强化生态功能，提高湿地自净能力，达到深度净化水质的目的。

该湿地工程，尊重自然环境原有的多样性，依照现有的自然条件，建设一个良好的水循环及安全的溪流环境，积极的使自然环境再生，创造出水与绿的具有生命力的生态网络。同时营造生态景观，使周围的生态环境得到改善。为游客提供游乐方便，在水泥路两侧栽植了层次丰富的绿化带，栽植垂柳、紫荆、龙柏、草皮、乔灌草合理搭配，打造滨河绿道。湿地沿岸建设了多处观景平台、亲水平台、休闲座椅、垂钓位、湿地栈道，设置多种健身器材，让游客走近湿地、观光游憩、亲近自然，获得独特的湿地游览体验。

跌水堰把经过净化的水，上堵成湖下泻入池，形成漂白的人工瀑布，在水的映衬下，天显得更蓝、云显得更白、湿地显得更绿。

田野文物

费县故城遗址

（内容见“鄪国文化”编）

北村、翟家村遗址

位于上冶镇翟家村东北，新石器时代、西周、汉代文物遗址，县级文物保护单位。面积约 2400 平方米。文化堆积厚约 1 米。暴露有西周土坑竖穴墓、汉代砖石混砌墓、砖室墓、窑址、灰坑等遗址。采集遗物有：大汶口文化夹砂红陶彩绘钵形鼎、鬶腹片，另有石铲、石杵；龙山文化夹砂黑陶附加堆纹灌口沿；西周夹砂褐陶绳纹鬲、泥质灰陶盂、弦纹罐、弦纹豆；汉代泥质灰陶罐、菱形纹砖、绳纹板瓦等残片。

费县故城西城垣

双邱遗址

位于上冶镇双邱村北，新石器时代、东周、汉代文物遗址，市级文物保护单位。面积约 100 万平方米。文化堆积厚约 0.3 ~ 1.2 米。采集有龙山文化夹砂黑陶鼎、罐残片及石铲、石斧，东周时期夹砂灰陶绳纹鬲足、鬲口沿、泥质灰陶盆口沿及铜爵，汉代泥质灰陶罐、绳纹板瓦残片等。

东埠子遗址

位于上冶镇东埠子村南 80 米，为新石器时代、东周时代文物遗址，分布面积约 32.5 万平方米。文化堆积厚约 1 米。采集有龙山文化夹砂黑陶罐口沿、鼎足，东周时期夹砂灰陶绳纹鬲足、泥质灰陶罐口沿、豆及铜剑等。

曹家楼墓群

位于上冶镇曹家楼村，为汉代文物遗址，分布面积约为 1 万平方米。曾发现数座墓群。墓室为砖砌筑或砖石混合砌筑。前者平面呈长方形，券顶。后者多为前者室附耳室的多室墓，墓门及各室门石构筑，墓壁砖砌筑，砖券顶。地表散布有菱形花纹墓砖。

万仓遗址

位于上冶镇万仓庄村南 160 米，为东周、汉代文物遗址，分布面积约 1200 平方米。文化堆积厚约 0.4 米。采集有东周时期夹砂红褐陶绳纹鬲、泥质灰陶豆，汉代泥质灰陶罐、缸等残片。

蔡庄遗址

位于上冶镇蔡庄西南，为东周、汉代、宋代文物遗址，分布面积约 32 万平方米。文化堆积距地表深约 0.3 米。采集有东周时期夹砂绳纹鬲足、鬲口沿、泥质灰陶罐口沿，汉代泥质灰陶罐口沿、绳纹板瓦残片，宋代黑釉瓷罐残片等。

葛家庄遗址

位于上冶镇葛家庄东北 80 米，为东周、汉代文物遗址，分布面积约 1.5 万平方米。文化堆积厚约 0.3 ~ 0.6 米。采集有东周时期夹砂灰陶绳纹鬲腹、罐口沿，汉代泥质灰陶绳纹板瓦残片等。

小仲口遗址

位于上冶镇小仲口村南 300 米，为汉代、宋代文物遗址，分布面积约 18 万平方米。文化堆积厚约 0.40 米。采集有汉代泥质灰陶素面罐、豆、菱形花纹砖和宋代黄釉罐、壶、盂等残片。

刘官庄遗址

位于上冶镇刘官庄东南，为汉代文物遗址，分布面积约 13.5 万平方米。文化堆积厚约 20 ~ 0.6 米。采集有泥质灰陶罐、壶、绳纹板瓦等残片。

翟家村墓群

位于上冶镇翟家村，为东周、汉代文物遗址，分布面积约 50 万平方米。已发现的东周时期墓葬皆为长方形土坑竖穴墓，曾出土夹砂灰陶绳纹鬲、泥质灰陶罐、盂等。汉代墓葬为石室墓和砖室墓。曾出土釉泥质灰陶罐等。

西毕城墓群

西毕城汉墓群发掘现场

位于上冶镇西毕城村，为东周、东汉、宋代文物遗址，县文物保护单位，分布面积约12万平方米。已发现一批东周、东汉、宋代墓群。东周墓均为长方形土坑竖穴墓，曾出土有泥质灰陶豆、壶等。汉墓为砖室墓和砖石混筑多室墓，石构件雕刻有瑞兽、缠枝花纹等画像，出土有泥质灰陶罐、壶、五铢铜钱。宋墓为圆形穹窿顶砖室墓，出土有黑釉瓷罐、灯、“元丰通宝”铜钱等。

东鸭子沟东南墓群

位于上冶镇东鸭子沟村，为汉代文物遗址，分布面积约为12万平方米。20世纪60年代修建水库曾破坏一批汉代长方形土坑竖穴墓，出土有泥质灰陶罐等。

水湖村北遗址

位于上冶镇水湖村，为汉代文物遗址，分布面积约为30万平方米。已破坏的汉墓为长方形券顶砖室墓和石室墓。地表散布有泥质灰陶罐壶残片和墓砖等。

宁国庄墓群

位于上冶镇宁国庄村，为汉代文物遗址，分布面积约4800平方米。部分砖室墓和砖石混筑多室墓遭破坏，石构件刻有车马出行、缠枝花卉、几何花纹等画像。

出土有五铢铜钱等。

蔡庄北墓群

位于上冶镇蔡庄村，为汉代文物遗址，分布面积约为 48 万平方米。已发现的墓葬为砖室墓和砖石混筑墓。前者平面呈长方形，券顶。后者多为多室墓，由前、后室及耳室组成，墓门及各室门为石构筑，墓壁为砖砌筑，砖券顶。地表散布有几何纹墓砖和灰陶罐残片等。

岑北崖墓群

位于上冶镇岑北崖村，为宋代遗址，分布面积约 9 万平方米。部分圆形穹窿顶砖室墓被破坏。地表散布有白瓷壶、罐残片以及大量的墓砖残块等。

突高埠三清观

又叫玉皇庙，位于上冶镇彭家林村北约 600 米处一高地之上。因高地周围地势平坦，当地人称此处为突高埠。

三清观院内后排建有三间大殿。大殿东西各有两间偏殿。大殿内供奉玉皇大帝塑像，所以又叫玉皇阁，当地人叫后楼。玉皇阁正前方庭院中为火池，供香客烧纸上香之用。火池东西两边，玉皇阁左右两侧有东西厢房各三间，院内靠墙处有学堂、灶房等建筑。

火池前方正中建有三间阎罗殿，东西两侧各有 5 间厢房，内有十大阎罗和七十二司都塑像。还塑有杀人放火，偷盗奸淫，缺斤少两，胡作非为等各种恶徒被挖心、剜眼、割舌头、下油锅等种种处罚，应有尽有。塑像活灵活现，栩栩如生。令人看了惊心动魄，毛骨悚然。

三清观并排三座大门，东门为一门子，西门为二门子，正门为三门子。正门东侧建有牛王庙，供奉着牛魔王塑像。正门前有三四亩地大的空地，场地中央有一长 14 米、宽 10 米的戏台。庙西院墙外 200 米处有一饮马池，庙内外共有 30 余间房屋，24 块碑碣，现仅存 2 块，庙院内外，松柏参天，遮天蔽日。

三清观是“清居道”的道观，管辖附近 41 座庙的庙头，其地位与泰山玉皇庙相当。旧时远道去泰山进香的香客经过此地时，都去庙内歇息进香。

三清观每年三月十五为庙会，是日各地香客云集，连泰山玉皇庙的和尚都来降香，无数文人墨客慕名而至，留诗抒怀或感言留墨。当地百姓更是蜂拥前来。庙前戏台周围，卖吃卖喝的，说书唱戏的，押宝赌博的，抽卦算命的，耍猴卖艺的，拉呱闲谈的，熙熙攘攘，热闹非凡，一派繁华。平日前来求财，求子、求官、求平安者川流不息，声名远扬，一年到头，香火不断。

三清观毁于抗日战争时期，为阻止日本侵略军在此地筑碉堡、当据点，当地民众在中共蒙山县委和蒙山县第八游击队大队的带领下，将庙宇推毁。

三清观原有庙产 120 余亩，中华人民共和国成立初期，上冶区政府宣布庙产归彭家林村所有。

水湖村清代孙氏古宅

古宅为清代孙振兰、孙振柏兄弟所建的“四合院”，分东西两院，总建筑面积 282.12 平方米。东院堂屋原为“明三暗五”建筑，后将东西两头各拆除 1 间，剩下 3 间。门窗洞口用青石条扣砌。窗台以下用青石垒砌，窗台以上为青砖。房间内隔墙为木质格板。房顶覆小青瓦。东西两院建筑风格一致，东院正房及配房保存较为完整，西院尚存三间正房。

水湖村清代孙氏古宅

白石崖纯阳观泰山圣母宫

白石崖纯阳观泰山圣母宫

位于白石崖岭后，红河南岸。始建于清代乾隆六年 (1741)，有主殿、偏殿、戏台等主要建筑。1912 年进行过一次重修，现仅存残碑二通。2010 年由张忠民等人募资第二次重修。泰山圣母宫，殿开三间，青砖灰瓦，屋内木柱檩椽，天棚涂丹，红柱画梁，云纹彩檐，长 8.6 米，宽 5.8 米，檐高 3 米，脊高 5 米余，为一小型道观建筑。堂内东岳大帝之女碧霞元君居中，豆瓣娘娘、疹瓣娘娘在左，眼光娘娘、送子娘娘在右。2011 年立重修碑一通，碑高 2.8 米，宽 1 米，厚 0.2 米。观东 50 米有一泉，常年不涸。

义和桥

位于西毕城村内，修建年月不详。清嘉庆十六年，村民集资重修。2000 年，村内道路硬化时对该桥进行了加固，使这一古迹较好的保存下来。

义和桥建在村内东西流向的大沟上（据说这条大沟就是费县故城的北护城河）。桥南北长 8 米，宽 8 米，是单孔半圆石拱桥，拱宽 3.2 米，高 2.4 米。桥虽不大，却古朴典雅，图案雕刻精美。与众不同的是，桥洞一边是石雕龙头，一边是石雕龙尾，像一条石龙驮着古桥。桥头两边原有四个狮子头，后来被费县县令看到，非常生气，说只有县衙方能摆狮子，这里人又没有什么功名，没有资格安放狮子，就命人把四个狮子头砸了。后来村里重修石桥时又让人做了四个狮子头安上，可无论风格和雕工，都与原来

西毕城义和桥

古树名木

桥上的石雕相差甚远。

村里人视古桥石龙为村庄的保护神。虽然村里有大沟，村外有大河，大人小孩经常在桥上闲聊玩耍，在河边来来往往，可西毕城村的人极少发生溺水死亡事件，据说是这桥上的神龙保佑。

桥北头西侧立有“万古流芳”碑，碑文记载清嘉庆十六年（1811）重修义和桥碑文及捐资名单（见330页）。村里有在大年三十夜里拜石碑为“干娘”的习俗。是夜，村民在桥头张灯结彩，烧香摆供，作揖磕头，举行隆重、虔诚的拜干娘仪式，“石干娘”就会保佑一家老少平平安安。

仲口屯流苏树

树龄约400年，高13.5米，胸围1.65米，冠幅东西12.5米，南北11米。“五一”前后开花，花细碎簇状、雪白，煞是好看。树根外露，盘根错节，状如龙爪或铁钩。相传很久以前，有一南方术士游经此地，见此为风水宝地，欲用法术将风水破解，使之南去。有一彭姓老人遇见，便责备他。南方术士于心不忍，将风水一半化为此树。树下一细泉，长年不干，每年初春常有老人挂红以祈平安。

曲池古槐

曲池村村委院门前有一棵古槐（国槐），树龄400年以上。

仲口屯国槐

位于村南部，树龄约500年，胸围约3.6米，树干朽烂中空。干支从1米往上已朽折倒地。老树基干部生发新枝4股，郁郁葱葱，葳蕤气象。向南倒地老枝，亦生发一股枝，如蛟龙出水，甚为壮观。

东沟国槐

位于东沟村村民能力家中，树龄400年以上。树高4米，胸围1.5米，树冠直径约5米，树的下节朽烂中空，但树根部却很健壮。现在还枝叶繁茂，年年开花结子，根部又长出一棵小树，生长良好，形成大树抱小树、母抱子生物奇景。

出土文物

商青铜爵　二柱，三足，有流，有鋬，前有倾注酒的流，流和爵口相连处饰有柱，后部口沿收缩成尖状的尾，腹侧有柄可执，下有三锥形足。杯体饰有回形雷纹，颈部饰羽状纹一周。通高17.6厘米，重425克。1997年9月出土于费县上冶镇双邱村。

汉素面玉璧 呈扁平状圆形，素面，抛光，璧身有一近似半圆形镂空。出土于费县上冶镇万仓村东。

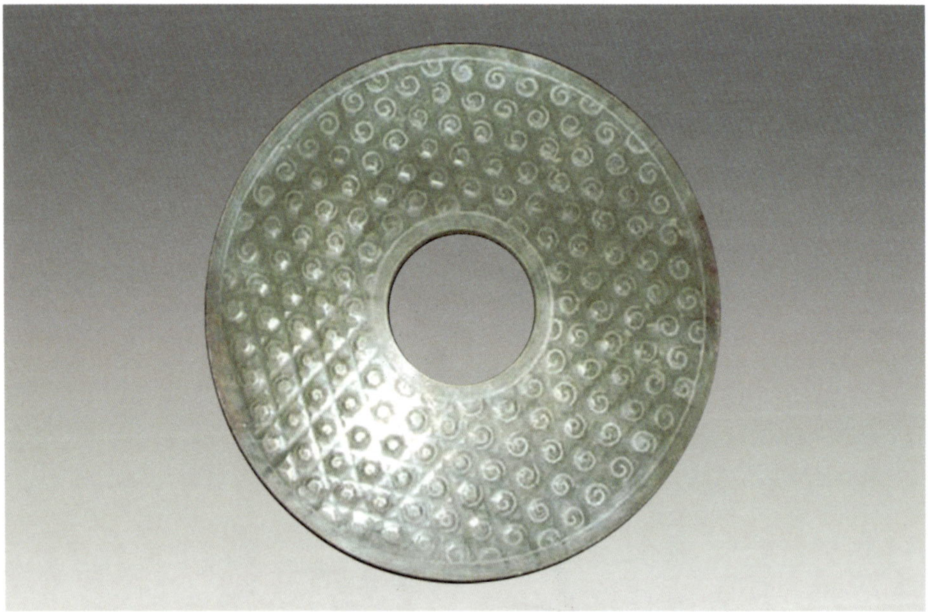

汉谷纹玉璧 呈扁平状圆形，穿孔与外廓之间饰有菱形纹和谷粒纹。器形规整，纹饰精美，雕工精湛，巧夺天工。出土于费县上冶镇万仓村东。

汉谷纹玉环 呈扁平状圆形，内廓与外廓之间饰有谷粒纹。器形规整，纹饰精美，雕工精湛，巧夺天工。出土于费县上冶镇万仓村东。

汉谷纹玉璧 呈扁平状圆形，穿孔与外廓之间饰有谷粒纹，减地处有序穿插阴刻直线条。器形规整、色彩斑斓、纹饰精美、雕工精湛、巧夺天工，绚丽色彩与精湛雕工的完美结合体。出土于费县上冶镇万仓村东。

汉玉蝉 汉白玉、黄玉和墨玉，形状不一，普遍为平头尖尾。汉玉蝉刀法简练，粗犷有力，刀刀见锋，称“汉八刀”。蝉在古人的心目中地位很高，向来被视为纯洁、清高、通灵的象征。出土于费县上冶镇万仓村东。

新石器时代大汶口文化彩绘陶鼓 大汶口文化泥质红褐陶。敛口，方唇内凸，束腰式长筒腹，下腹内折，小平底微内凹，折腹下侧附三个半环状带孔横耳，上腹部近口饰一圈21个鞔鼓皮用的高乳丁状凸钮，折腹上侧一周三个、腹中部有四个、底正中一个椭圆形出音小孔。器身通体施红褐色陶衣，腹上部及折腹处各饰一周白彩色带。中部饰三周白彩连栅纹，其中上下两周为连体斜栅纹，中间一周为连体正栅纹，色泽鲜艳，制作精美。口径29.8、底径6、高31、壁厚0.9、出音孔径约0.5厘米。出土于费县上冶镇双印村。

新石器时代大汶口文化陶豆 大汶口文化泥质黑皮陶。器表磨光。敛口，圆唇，浅腹，钵形豆盘大而深，下附凹弦纹大镂孔粗高大喇叭形圈足。圈足上部饰四道不规整的平行凹弦纹，其下施三层圆形大镂孔，镂孔间饰三角形未透镂孔，三角形上下两两相对。圈足为方唇。口径 28.4、足径 21.3、通高 32.4 厘米。出土于费县上冶镇双邱村。

新石器时代大汶口文化镂孔高柄杯（带盖） 大汶口文化泥质黑陶。器表磨光。敞口，方圆唇。浅腹式杯，杯腹下部折收明显。高直柄加喇叭形圈足。柄上部饰 6 周编织纹，中部饰一周 5 个圆形镂孔和三角形纹，下部饰 3 层圆形镂孔（自上而下分别为 5、6、7 个），圆孔间饰三角形纹饰。喇叭形圈足为方圆唇。小盘口稍嵌入镂孔柄内。器上附高圆锥形钮器盖，盖中部一周有四个对称的小圆孔。口径 10、底径 11.1、高 26.8 厘米。出土于费县上冶镇双邱村。

新石器时代大汶口文化双联器盖 夹砂红褐陶。圆唇，斜壁，圆底，浅碗式盖。两盖相连成为一体，上附一椭圆圈形钮鋬，盖钮相连处两端上翘饰圆形凸泥乳丁。盖长径 14.3、短径 7.1 ～ 7.6、通高 7.1 厘米。出土于费县上冶镇双邱村。

新石器时代大汶口文化罐形红陶鼎 敛口，圆唇，卷沿，窄斜折沿，鼓腹，最大径在腹中部，圆底。三足矮小，三圆锥形足，足根部外突。足根部有小泥突。素面，器表磨光。口径 9.6、高 10.8 厘米。出土于费县上冶镇双邱村。

新石器时代大汶口文化盆形鼎　红褐陶鼎大汶口文化红褐陶。夹粗砂粒。侈口，尖圆唇，窄卷沿，沿面不平整，斜腹微鼓，小平底，扁锥状足，三足外撇，足上部微外突，一足尖微内勾，有手捏制痕迹。器内、外壁不光滑，制作不甚规整。口径 9.4、高 10 厘米。出土于费县上冶镇双邱村。

新石器时代大汶口文化釜形红褐陶鼎　红褐陶。夹粗砂粒。口微侈，尖唇，窄斜折沿，腹上部较直，下部折收，平底，扁锥状足，三足较高，均外撇，足上部略外拐。口沿不平，器外壁不光滑，制作不甚规整，为手制后经过修整。口径 6.6、高 10.6 厘米。出土于费县上冶镇双邱村。

汉釉陶罐 釉陶，敞口直颈，圆肩鼓腹，腹上饰有两耳，平底。通高 28.5 厘米，口径 14 厘米。1991 年 9 月出土于费县上冶镇北村。

汉灰陶壶 灰陶，平沿斗形颈，弧肩腹下垂，圈足。通高 15 厘米，口径 10.5 厘米。1991 年 9 月出土于费县上冶镇北村。

汉石人　青石质，一人头戴盔，双手扶剑，造型古朴笨拙。通高 82 厘米，宽 35 厘米，厚 32 厘米。出土于费县上冶镇万仓村西。

汉石人　青石质，一人呈坐状，头戴冠，双手执笏板，造型拙朴。通高 75 厘米，宽 38 厘米，厚 30 厘米。出土于费县上冶镇万仓村西。

唐瓷罐 高平口直颈，深直腹略鼓，上施绿色斑彩，璧底。通高 23.5 厘米，口径 15.5 厘米，腹围 62 厘米。2001 年 6 月出土于费县上冶镇双邱村。

唐瓷罐 敛口短束颈，阔肩鼓腹平底，颈肩部饰四耳。腹部饰不规则弦纹两圈，腹上部施酱色釉，下部无釉。通高 15 厘米，口径 7.5 厘米。2001 年 6 月出土于费县上冶镇双邱村。

宋瓷罐 花瓣形口外敞束颈，腹部瓜型，米黄色釉，圈足。通高 20 厘米，口径 12.2 厘米。2000 年 1 月出土于费县上冶镇曹家楼。

宋黑瓷碗 敛口，鼓腹，圈足，通体饰黑釉，口径 24.4 厘米，高 9.8 厘米。1989 年 2 月收购于费县上冶镇二村。

元瓷碗 敞口，浅腹，圈足，米黄色釉。碗高 4.5 厘米，口径 13.3 厘米。1989 年 7 月出土于费县上冶镇曹家楼村。

西汉铜印章 通高 1.3 厘米，厚 0.8 厘米，边长 2×2 厘米。瓦形钮，阴刻篆体“单何私印”。1966 年 6 月出土于费县上冶镇古城村。

汉铭文铜镜 圆形，圆钮，圆钮座，座外一周凸弦纹及内向八连弧纹，其外两周短斜线纹之间饰一周铭文："内青以昭明，光象夫日月□□不泄"。素宽缘。出土于费县上冶镇万仓村东。

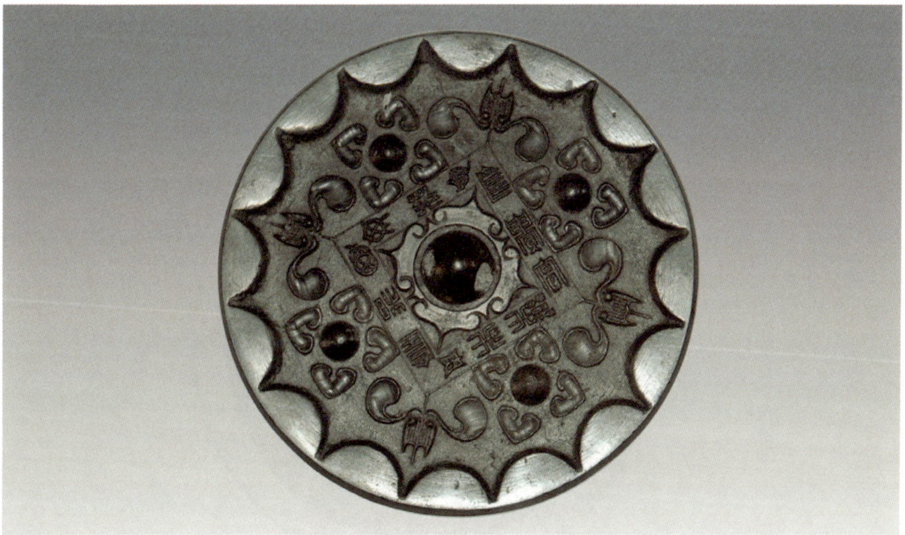

汉铭文铜镜 圆形，圆钮，柿蒂纹钮座，座外置方形铭文宽带，内饰一周铭文："长相思，毋相忘，长贵富，乐未央"十二字，文字旋读。界格四边饰乳钉纹，每一乳钉周边饰4朵桃形花卉纹，界格四角饰四组对称的草叶纹。其外饰十六内向连弧纹缘。出土于费县上冶镇万仓村东。

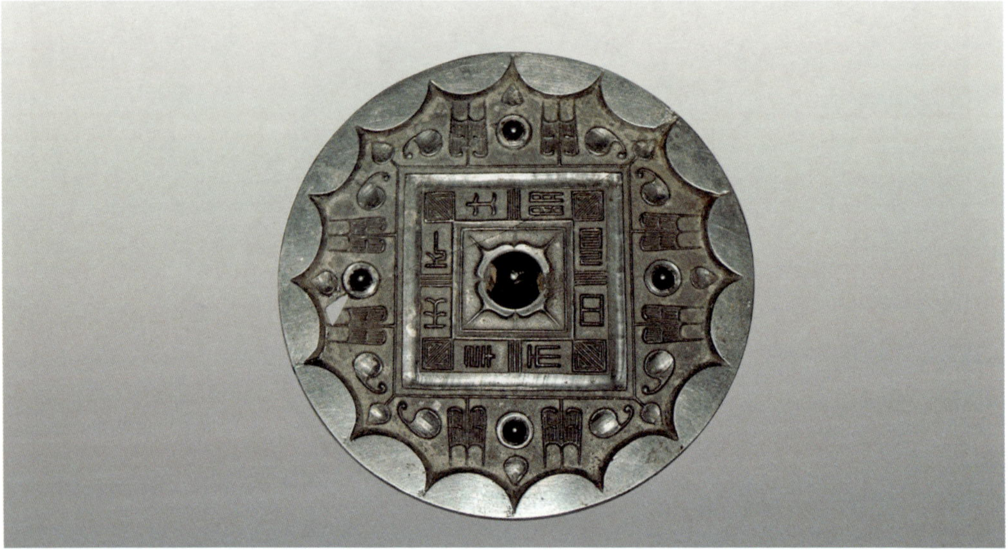

汉铭文铜镜 圆形，圆钮，柿蒂纹钮座，座外置方形铭文宽带，内饰一周铭文："见日之光天下大明"八字，文字旋读。界格四边饰乳钉纹，每一乳钉两侧对称饰树纹，界格四角饰四组对称的草叶纹。其外饰十六内向连弧纹缘。出土于费县上冶镇万仓村东。

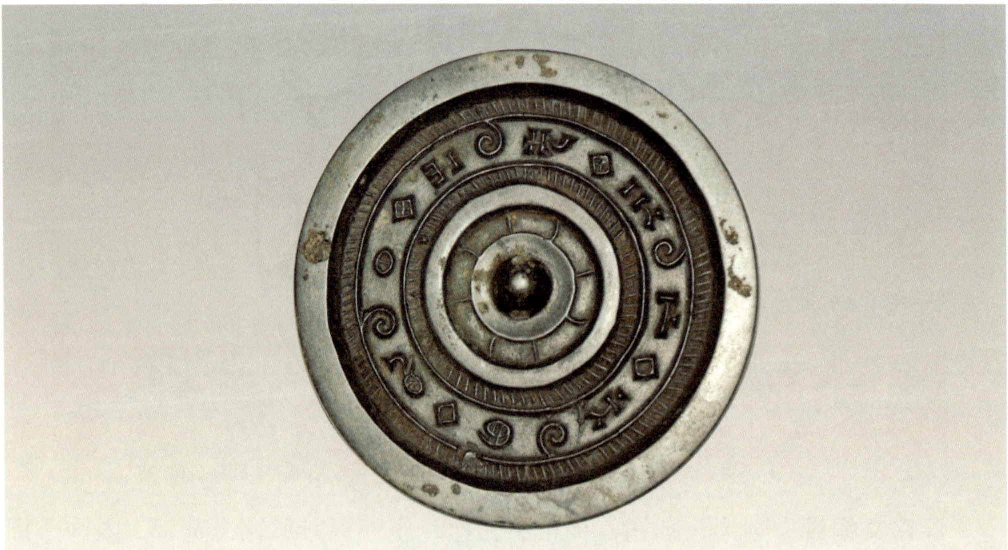

汉铭文铜镜 圆形，圆钮，圆钮座，座外一周凸弦纹，其外两周短斜线纹之间饰一周铭文："见日之光天下大明"八字，文字旋读。素宽缘。出土于费县上冶镇万仓村东。

上冶镇志

SHANGYEZHENZHI

鄪国文化

BIGUOWENHUA

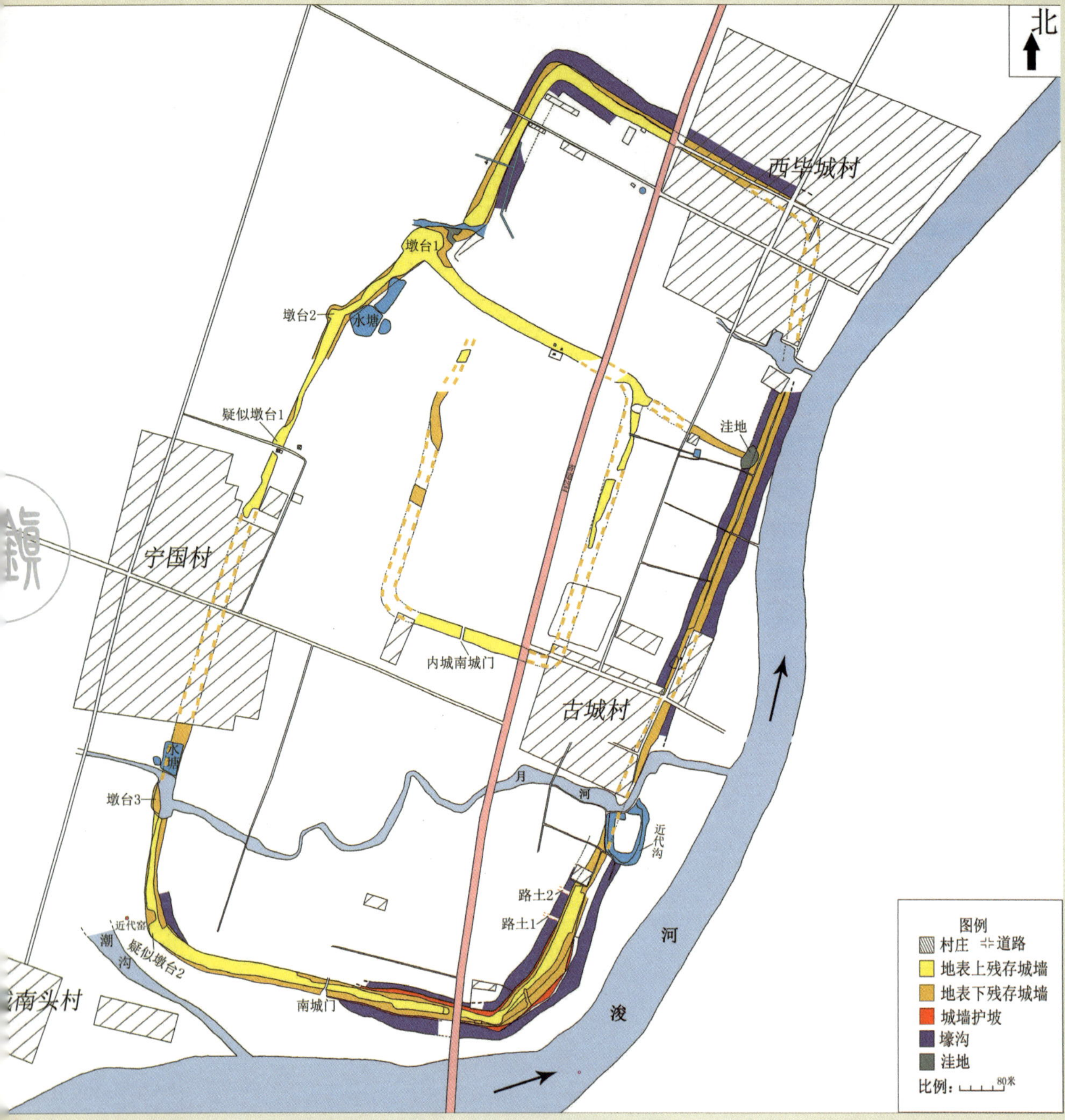

北
西毕城村
墩台1
墩台2
水塘
疑似墩台1
宁国村
内城南城门
古城村
洼地
水塘
墩台3
月
河
近代沟
路土2
路土1
近代窑
潮沟
疑似墩台2
南城门
南头村
河
浚
图例
村庄
道路
地表上残存城墙
地表下残存城墙
城墙护坡
壕沟
洼地
比例：80米

费县故城平面图

上冶为鄪国都城所在地。周平王时期为鲁懿公之孙鄪伯封地，周惠王时为鲁国上卿季友私邑，周考王后季氏据鄪邑自立为费国。季氏据鄪地230年，逐渐走上鲁国政治舞台的中央，涌现出众多的政治家、军事家，政令、外交、攻伐多出自季氏，季文子节俭之风至今余绪犹存。孔子与弟子与鄪邑多有联系。孔子曾于鄪邑辨羵羊，展现博学多识一面；堕三都，平鄪人叛乱，体现出卓越的军事才能；曾想到费县实现政治抱负，终因弟子阻止而放弃。子路、冉求、高柴等多名孔门弟子担任鄪宰，使孔子的思想在古鄪大地广为传播，留下了诸多的成语典故。

费誓

鲁侯伯禽受封于鲁国，徐、夷等部落不服从命令，相继作乱，鲁侯伯禽前往征讨，作《费誓》。《费誓》，亦作《肸誓》，尚书篇名。费（bì），地名，在今山东省费县上冶镇。

公曰："嗟！人无哗，听命。徂兹淮夷、徐戎并兴。善乃甲胄，敿乃干，无敢不吊！备乃弓矢，锻乃戈矛，砺乃锋刃，无敢不善！今惟淫舍牿牛马，杜乃擭，敜乃穽，无敢伤牿。牿之伤，汝则有常刑！马牛其风，臣妾逋逃，勿敢越逐，祗复之，我商赉汝。乃越逐不复，汝则有常刑！无敢寇攘，逾垣墙，窃马牛，诱臣妾，汝则有常刑！

甲戌，我惟征徐戎。峙乃糗粮，无敢不逮；汝则有大刑！鲁人三郊三遂，峙乃桢干。甲戌，我惟筑，无敢不供；汝则有无余刑，非杀。鲁人三郊三遂，峙乃刍茭，无敢不多；汝则有大刑！"

译文：公说："喂！大家不要喧哗，听取我的命令。现今淮夷、徐戎同时起来作乱。好好缝缀你们的军服头盔，系连你们的盾牌，不许不好！准备你们的弓箭，锻炼你们的戈矛，磨利你们的锋刃，不许不好！

"现在要大放圈中的牛马，掩盖你们捕兽的工具，填塞你们捕兽的陷阱，不要伤害牛马。伤害了牛马，你们就要受到常刑！

"牛马走失了，男女奴仆逃跑了，不许离开队伍去追赶！得到了的，要恭敬送还原主，我会赏赐你们。如果你们擅自离开队伍去追赶，或者不归还原主，你们就要受到常刑！不许抢夺掠取，跨过围墙，偷窃马牛，骗取别人的男女奴仆，这样，你们都要受到常刑！

“甲戌这天，我们征伐徐戎。准备你们的干粮，不许不到；不到，你们就要受到死刑！我们鲁国三郊三遂的人，要准备你们的筑墙工具。甲戌这天，我们要修筑营垒，不许不供给；如果不供给，你们将受到终身不释放的刑罚，只是不杀头。我们鲁国三郊三遂的人，要准备你们的生草料和干草料，不许不够；如果不够，你们就要受到死刑！”

费县故城遗址

位于上冶镇南西毕城、古城、宁国庄村一带，北依蒙山，南、东两侧临浚河，是春秋、汉代和北魏时期的古城遗址。

费，原写作鄪（bi），商代之前为东夷古国。西周初年，鲁国第一代国君伯禽讨伐淮夷、徐狄时曾在此誓师。公元前 659 年，鲁僖公将鄪邑赐给季友。鲁襄公七年（前 566），季武子的鄪邑宰南遗开始在鄪地筑城。鲁定公十二年（前 498），鲁国大司寇孔子主持“隳三都”，摧毁费邑城垣，不久又被修复。汉代置费县，设治所于此，将城向北扩建。北魏孝文帝太和二十年（496）将费县治所移至今费城，鄪城遂废。鄪城从建到废，历时一千多年。

鄪国故城发掘出土的部分文物

费县故城遗址分东周城和汉代城。东周城呈圆角长方形，在城中北部又筑有内城，平面近方形，有东周时期大型夯土宫殿建筑地基、石块砌成的排水设施、沟等遗迹，曾出土带有戳记的陶豆、绳纹瓦片等。在夯土建筑遗迹的西北方向，有季桓子井遗址。城东墙内侧发现大型战国墓葬，木质棺椁保存较好。在古城村内一墓葬曾出土铜剑、铜戈、铜马衔、铜镞等文物近百件。

汉代城呈不规则长方形，北墙和南墙均长约 875 米，东墙长 2150 米，西墙长 2350 米，城中部最宽处约 1125 米，总面积约 222.8 万平方米。现地上城墙高低起伏，时断时续，高约 3 ～ 5 米，宽约 15 ～ 30 米。城内北半部有一东西向的丘陵将故城分为南北两部分。岭北俗称“兵马城”，曾出土铜箭镞、铁刑具等；顺岭南下俗称“宫殿区”，人们称为季王城。城西南为居民区，砖、瓦遍地，堆积厚度近 60 厘米。城东、西部曾多次出土陶瓮棺、汉代画像石等。

2001 年，修建日东高速公路时，省文物考古研究所对费县故城进行抢救发掘和勘探工作。他们不仅对故城进行了全面的勘探，还对故城的南、北、西和小城的北城垣以及大城城内堆积进行了解剖和发掘，发现故城南城垣外有护城壕，北城外有护城壕。

2013 年 5 月，该遗址被国务院核定公布为第七批全国重点文物保护单位，保护区域 1413 万平方米。其内附属文物众多，有古城墓群、西毕城墓群、万仓墓群、万仓遗址、宁国庄墓群、西毕城古井群、西毕城古桥、季桓子井碑等。

季桓子井

季桓子井又名“羵羊井”，在上冶镇古城村北，日东高速公路连接线西侧。

清光绪《费县志·卷十三·古迹》记载：季桓子井，在古费城内。《国语》：“季桓子穿井，获如土缶，其中有羊焉。使问之孔子曰：‘吾穿井而获狗，何也？’对曰：‘丘闻之，木石之怪，曰夔、蝄蜽；水之怪，曰龙、罔象；土之怪，曰羵羊也。’”

春秋时期，费县称费邑，是鲁国上卿季孙氏的私邑。季桓子在费邑凿地打井，挖出一只似狗非狗的怪物，无人能识，拿去请教博学多识的孔子，孔子说是“羵

季桓子井碑

羊”。《史记·孔子世家》记载了这件事，并认定此事发生在鲁定公五年，即公元前505年。这大概是中国古代典籍中关于凿井的最早的确切记载。

唐代天宝九年（750年），对季桓子井做维修后，县尉赵光乘写了一篇《古井铭》，刻于石碑：“费城之井，昭然道周；土缶旧得，石于今修。征大《易》之不改，垂一善于千秋。”

北宋绍圣四年（1097年），湮没在地下的《古井铭》被挖掘出来，费县知事逄完把它重新竖立，并写了一篇《古井记》：“井面圆甃，盈澄新湛，莫测其底，临视惊战。唐贤赵公之铭，土昧已久，今洗而扶之，以旌其美。绍圣四年丁丑二月丙辰朔，朝奉郎、知县事逄完记。”

清乾隆二十九年（1764年），费县知县骆大俊写了“季桓子井”4个楷书大字，刻在石碑上，立于井边。“季桓子井”碑高2米，宽0.74米，厚0.19米，字径20厘米。据乾隆年间的《沂州府志》记载，季桓子井规模宏大，“围百尺，深数丈”。

清嘉庆十三年（1808年），督粮道孙星衍、费县知县郭志青又在季桓子井旁边立了一通石碑，刻有钱泳的“季桓子得羵羊之井”8个隶书大字。“季桓子得羵羊之井”碑，高1.63米，宽0.41米，厚0.37米，字径10厘米。

清嘉庆二十二年（1817年），胡世琦担任费县知县，他看了刻有赵光乘的《古井铭》和逄完的《古井记》的石碑，十分喜爱，卸任之时竟然将其带走。后来只好重新镌刻了一通石碑，镶嵌在县署仪门壁间。

随着岁月流逝，季桓子井不断淤塞，逐渐变浅，到了光绪二十五年（1899年）重修《费县志》的时候，井深已由“数丈”变为“丈余”了。

现在古井已无存，唯有一个土坑。土坑中间矗立着骆大俊题字的“季桓子井”碑和钱泳题字的“季桓子得羵羊之井”碑。

鄪与孔子

孔子生活的时代，正是季孙氏在鲁国政治舞台上最活跃的时代，也是鄪邑最为繁荣的时代。少年时代，孔子曾在季氏家中受到阳虎的教诲，又曾担任过季吏的委吏（管仓库）、乘回（管繁殖牲畜）等低级官职。

鲁定公五年（公元前 505 年），季桓子在鄪邑打井时，挖出了一只怪物，搞不清是什么，便派人向博学多识的孔子辨认。孔子看后，确认是羵羊。此事最初见于《国语·鲁语下》："季桓子穿井，获如土缶，其中有羊焉。使问之仲尼曰：'吾穿井而获狗，何也？'对曰：'以丘所闻，羊也。丘闻之：木石之怪曰夔、蝄蜽，水之怪曰龙、罔象，土之怪曰羵羊。'"《史记·孔子世家》《孔子家语·辨物》等古代典籍，也有相同或相似的记载。

季氏家臣公山不狃，以鄪宰身份盘踞鄪邑，请孔子前往辅助。孔子接到邀请，

影片《孔子》中的堕三都

打算前往。子路不高兴，说："没有地方去便算了，为什么一定要去公山氏那里呢？"孔子说："他让我去，难道是白白让我去吗？假如有人用我，我将使周文王、周武王的德政在东方复兴啊！"事见《论语·阳货》：

"公山弗扰以费畔，召，子欲往。子路不悦，曰：'末之也已，何必公山氏之之也？'子曰：'夫召我者，而岂徒哉？如有用我者，吾其为东周乎？'"

鲁定公十二年（公元前498年），大司寇孔子，实施"堕三都"的计划，抑私家、强公室。事见《左传·定公十二年》："仲由为季氏宰，将堕三都，于是叔孙氏堕郈。季氏将堕费，公山不狃、叔孙辄帅费人以袭鲁。公与三子入于季氏之宫，登武子之台。费人攻之，弗克。入及公侧。仲尼命申句须、乐欣下，伐之，费人北。国人追之，败诸姑蔑。二子奔齐，遂堕费。"

季氏家族

镇

季友

号成季，鲁桓公少子，生年无考，卒于鲁僖公十六年（前644），为鲁国上卿。辅佐桓、庄、闵、僖四代鲁君。

季友

《左传》载："季友之将生也，桓公使卜，楚丘之父卜之。曰：男也，其名曰友，在公之右，间于两社，为公室辅。季氏亡则鲁不昌。又筮之，曰：问复于父，敬如君所，及生，有文在其手曰'友'。遂以命之。"

鲁庄公32年（前662），庄公卒。季友遵庄公遗命所立嗣子般被庆父所杀，庆父立闵公。闵公二年（前660），庆父杀闵公欲自立，致鲁国内乱。季友借齐桓公之力，逼迫庆父于自齐返鲁途中自缢死。又立庄公少子申为僖公，再续鲁国正统。因此，僖公于元年（前659），即"赐季友私邑于鄪，并赐汶阳之田”。

季友有卓越的外交和军事才能。庄公二十五年（前669），出使陈国，并与陈结盟。僖公三年（前657）冬，与齐莅盟，会于阳谷，谋伐楚。七年（前653），季友如齐，会见管仲，盟于宁母。十三年（前647）冬，与齐约盟，讨论盟国如何拥戴周天子。僖公元年（前659）季友率师败莒师于郦。

季友使鲁国稳步发展；由此确立季氏二百年“政治世家”地位，费县自此成为季氏发祥之地。

季孙行父（？—前568年）

即季氏，谥文，史称季文子。鲁国正卿，前601年—前568年，执政。姬姓。辅佐鲁宣公、鲁成公、鲁襄公三代君主。为稳定鲁国政局，曾驱逐公孙归父出境。他执掌着鲁国朝政和财富，大权在握，一心安社稷。忠贞守节，克勤于邦，克俭于家。《史记·鲁世家》记载：季文子当政时，“家无衣帛之妾，厩无食粟之马，府无金玉”。在季文子的倡导下，鲁国朝野出现了俭朴的风气。

季文子

据《说苑·善说》记载：卫将军文子曾问子贡“季文子三穷而三通”之事，子贡回答：“其穷事贤，其通举穷，其富分贫，其贵礼贱。穷而事贤则不侮，通而举穷则忠于朋友，富而分贫则宗族亲之，贵而礼贱则百姓戴之。”富裕而能分财于贫民，老百姓就希望他更为富裕；富裕而能分财于贫穷的亲族，族人就会拥护他。特别是在“公室”与“次室”的斗争中，季文子实行有利于民众的社会改革，推行“初税亩”，世代劳作在井田上的奴隶获得解放，开垦私田的“隐民”有了鲁国户口。鲁国民众拥护支持季文子的新政策，站在“次室”一边，以至于“民不知君”而只知季氏。

季孙行父去世前留下遗言，要求用薄葬来举行下葬仪式。家臣收集家里的器物作为葬具。但家中没有多余器皿，只好以他用过的家用器皿陪葬。根据大夫入殓的礼仪，鲁大夫为他入殓，鲁襄公亲自看视。鲁襄公对季文子政绩和一生清廉给予高度评价，说："辅佐过三位国君而没有家私积蓄以大夫礼节入殓，难道说不是对国家的忠诚吗？"

孔子曾以季文子的事迹来教导自己的学生，通过他们的努力建立像季文子等人那样的品行和功业，进而实现自己未竟的政治抱负。

季宿

谥"武"，生年不详，卒于鲁昭公七年（前 535）。继其父季文子为鲁国正卿，执鲁国权柄 32 年，辅佐襄公 26 年，辅佐昭公 6 年。他执政期间基本上沿袭了季文子的内政外交方略。

季武子沿袭季文子以大国强国为外交主轴的方略。盟晋睦邻，与齐则努力维持和平，成为鲁国外交舞台上的主角。一生正式出使晋国八次，卫、宋各两次，齐一次，表现出他超人的外交才能。他在任何出使或接待的场合，都坚持维护"周礼"的立场，展示鲁国礼仪之邦、文明之国的形象。

执政期间，他东征西伐，战则必胜。襄公九年围攻郑国，十二年，季武子救台国。二十九年，"季武子攻取卞邑（今平邑县仲村镇）。昭公元年（前 541），季武子攻伐莒国，攻取郓邑。"昭公四年（前 538），季武子建筑鄫城和鲁国边城成郛，加强边防。

襄公十一年，季武子进行军制改革。在两军的基础上增设中军。由三桓各执一军。与鲁君分享全国的公民、军赋。昭公五年（前 537），武子又进行了"舍中军"的改制，把二军变为四军，季氏自执二军，孟孙、叔孙各执一军。

嵩山汉阙季平子斗鸡图

季孙意如

谥"平"，生年不详，卒于鲁定公五年（前 505）。季平子为季友六世孙，季文子四世孙，季武子之孙。季平子继祖父季武子为鲁国正卿，辅佐鲁昭公、定公。

季平子时代，是中国奴隶社会向封建社会过渡的春秋晚期，鲁国已积贫积弱。在他的辅佐下，鲁国尚能较为平稳地发展。加上外交上的巧妙周旋，鲁国还能勉强保住具有“千乘之车”，有一定实力的中等诸侯国家。

昭公十二年（前530），季平子平定南蒯叛乱。十三年，派叔方率师围费地，失败。平子接受冶区夫的建议，见到费人“寒者衣之，饥者食之，为之令主而解其乏困”。后昭公被平子驱逐出鲁，平子代昭公摄鲁政近10年，其间，鲁国反而更加安定。

季孙斯

季桓子

谥“桓”，季平子之子，生年不详，卒于鲁哀公三年（前492）。为鲁国正卿，辅佐鲁定公、哀公两君，执政13年。

定公九年（前501），季平子与鲁定公联合孟孙氏、叔孙氏平定阳虎之乱，季氏维护了鲁国的权威和稳定。

定公十二年（前498）孔子指挥堕三都，季孙氏主动支持堕费。

哀公三年（前492），季孙斯卒。临终遗嘱两条，一是安排其继承人；二是让季康子召回出游列国的孔子，加以重用。

季肥

谥“康”，季桓子之庶子，生年不详，卒于哀公二十七年（前468，战国八年）。执政24年，为季氏家族第六代鲁国正卿。

鲁哀公十一年，季康子在艾陵打败齐国。胜利后，季康子深谋远虑，意识到“小胜，大祸也，齐至无日矣！”因此，“季孙命修守备”，以备齐人。

为了增加收入，季康子实行“用田赋”，对田赋进行改革。

季康子遵桓子遗嘱，花重币从陈国请回孔子。

鄪宰

公山不狃

鲁国人。姓公山，名不狃（亦作弗扰、不扰），字子泄。与阳虎同为季桓子家臣，操办过季平子丧事，受季桓子器重，任费邑邑宰。

“堕三都”后，公山不狃经齐国辗转逃到吴国。鲁哀公八年（前 487），吴国准备攻打鲁国。吴王询问叔孙辄，叔孙辄是叔孙氏的庶子，堕费时与不狃一起带领费人攻打鲁国，后又一起流亡。于是将伐鲁计划告诉公山不狃，而公山不狃此时表现了“不以所恶废乡”的高尚爱国情怀，并在三月伐鲁时，故意带军走险道，终使鲁、吴两国订立盟约。

仲由（前 542—前 480 年）

费邑宰，字子路，又字季路，鲁国“孔门十哲”之一。鲁定公十二年（前 498），仲由劝季桓子拆除了越礼超标的鄪邑城墙。

高柴（前 521—前 393 年）

费邑宰，姓高名柴，字子羔，又称子皋、子高、季高、季皋、季子皋。卫国人，一说是齐国人，东周春秋时期齐文公十八世孙。高柴身高不满五尺，在孔子门下受业，孔子认为他憨直忠厚。子路在季氏那里任职，举派高柴去做费邑宰。孔子怕他不能胜任说：“这是害了人家的儿子啊！”子路说：“那个地方有老百姓，有社稷，治理百姓和祭祀神灵都是学习，难道一定要读书才算学习吗？”

高柴

冉求（前 522 年—？年）

冉求

费邑宰，字子有，通称“冉有”，尊称“冉子”。周文王第十子冉季载的嫡裔，孔门七十二贤之一，受儒教祭祀。担任季氏季康子宰臣，以政事见称，多才多艺，尤擅长理财。鲁哀公十一年（公元前 484 年）率左师抵抗入侵齐军，并身先士卒，以步兵执长矛的突击战术取得胜利，又趁机说服季康子迎回了在外流亡 14 年的孔子。帮助季氏进行田赋改革，聚敛财富，受到孔子的严厉批评。冉求是孔子的最得意的门生之一，在孔子的教导下逐渐向仁德靠拢，其性情也因此而逐渐完善。

典故

庆父不死，鲁难未已

典出《左传·闵公元年》，大意是如果不除去庆父，鲁国的灾难是不会终止的。比喻不清除制造内乱的罪魁祸首，国家就得不到安宁。亦指无法了结，停止的事物。

公元前 662 年，鲁庄公死去。在庄公同母弟弟季友的支持下，公子般当了国君。庄公的异母弟弟庆父，是个贪婪残暴、权欲熏心的人，企图自己成为国君，公子般即位不到两个月，便被他派人杀死。支持公子般的公子友逃往陈国。庆父派人杀死公子般后，另立闵公当国君。由于他制造内乱，激起了鲁国百姓极大的愤慨。但庆父我行我素，继

续制造内乱，企图浑水摸鱼，以致把鲁国闹得不太平。齐桓公便派大夫仲孙湫到鲁国去了解情况。不久，仲孙湫把了解到的鲁国情况向齐桓公做了报告，并下结论说："如果不除去庆父，鲁国的灾难是不会终止的！"事实果然如此。过了一年，庆父又杀死了鲁闵公。两年之内，鲁国两个国君被杀，使鲁国的局势陷入了严重的混乱之中，百姓们对庆父恨之入骨。庆父见在鲁国实在无法再待下去，便逃往莒国。鲁僖公继位后，知道庆父这个人继续存在，对鲁国是个严重的威胁，便请求莒国把庆父送回鲁国。庆父自知罪孽深重，回到鲁国没有好下场，便在途中自杀了。

祸起萧墙

典出《论语·季氏》：季氏将伐颛臾。冉有、季路见于孔子曰："季氏将有事于颛臾。"孔子曰："求！无乃尔是过与？夫颛臾，昔者先王以为东蒙主，且在城邦之中矣，是社稷之臣也。何以伐为？"冉有曰："夫子欲之，吾二臣者皆不欲也。"孔子曰："求！周任有言曰：'陈力就列，不能者止。'危而不持，颠而不扶，则将焉用彼相矣？且尔言过矣，虎兕出于柙，龟玉毁于椟中，是谁之过与？"冉有曰："今夫颛臾，固而近于费。今不取，后世必为子孙忧。"孔子曰："求！君子疾夫舍曰欲之而必为之辞。丘也闻有国有家者，不患寡而患不均，不患贫而患不安。盖均无贫，和无寡，安无倾。夫如是，故远人不服，则修文德以来之。既来之，则安之。今由与求也，相夫子，远人不服而不能来也，邦分崩离析而不能守也；而谋动干戈于邦内。吾恐季孙之忧，不在颛臾，而在萧墙之内也。"

季孙氏以颛臾国靠近费邑，以后会给子孙造成威胁为借口，要出兵伐颛臾。季孙氏的家臣子路和费邑的宰冉求把这个消息告诉了老师孔子。孔子讲了一番季氏不应伐颛臾的道理，最后说："吾恐季孙之忧，不在颛臾，而在萧墙之内也。"一语点破了季氏伐颛臾的真正原因。

颛臾在商代即是方国，故址在今平邑县柏林乡，至今平邑镇东还有颛臾村。周成王时颛臾成为鲁国附庸。颛臾地处鲁国首都曲阜和季氏采邑费城之间，周王室曾授权其祭祀少皋和蒙山。季氏要对这样一个处在鲁国疆域之内的附庸国大动干戈，这使孔子十分反感。他说，天下有道，礼乐征伐自天子出，天下无道，礼乐征伐自诸侯出。季氏当时只是一个卿大夫，是不能擅自征伐的。

萧墙，指宫室内当门的小墙或屏风。“萧墙之内”暗指鲁君。当时，季孙氏把持鲁国朝政，担心一旦鲁君起兵收回主权，颛臾会凭借地利帮助鲁君，便想先下手为强，消灭颛臾。所以孔子说，季孙之忧不在颛臾，而在鲁君（萧墙之内）。

孔子这句话，以后衍变成成语“祸起萧墙”，喻指祸乱出自内部。

既来之，则安之

典出《论语·季氏》：“夫如是，故远人不服，则修文德以来之。既来之，则安之。”意思是已经把他们招抚来，就要把他们安顿下来。后指既然来了，就要在这里安下心来。

开柙出虎

典出《论语·季氏》：“孔子曰：‘求！周任有言曰：陈力就列，不能者止。危而不持，颠而不扶，则将焉用彼相矣？且尔言过矣，虎兕出于柙，龟玉毁于椟中，是谁之过与？’”意思是孔子说：“冉求，周任有句话说‘尽自己的力量去负担你的职务，实在做不好就辞职。’有了危险不去扶助，跌倒了不去搀扶，那还用辅助的人干什么呢？而且你说的话错了。老虎、犀牛从笼子里跑出来，龟甲、玉器在匣子里毁坏了，这是谁的过错呢？《初刻拍案惊奇》卷二十二：“开柙出虎，孔宣父不责他人；当路斩蛇，孙叔敖盖菲利己。”

分崩离析

典出《论语·季氏》：“远人不服而不能来也，邦分崩离析而不能守也。”崩：倒塌；析：分开。崩塌解体，四分五裂。形容国家或集团分裂瓦解。

季孙之忧

典出《论语·季氏》："吾恐季孙之忧，不在颛臾，而在萧墙之内也。"

是可忍也，孰不可忍

典出《论语·八佾》：孔子谓季氏，"八佾舞于庭，是可忍也，孰不可忍也！"

按照周礼规定，天子、诸侯和卿大夫用乐舞，有着严格的等级制度。天子用八佾，诸侯用六佾，大夫只能用四佾。在舞蹈奏乐时，八人一行，叫一佾，八佾共六十四人。这是最高的规格，只有天子能用。而作为鲁国大夫的季平子竟然享受天子才能用的八佾之乐；在祭祀祖先时，也用天子之礼，唱着《雍》这篇诗来祭祀。终生以维护周礼为己任的孔子，得知后，异常气愤。他说："八佾舞于庭，是可忍也，孰不可忍也？"

意思是，"这个都可以容忍，那还有什么不可以容忍的呢？"就是说，季氏这种做法是绝对不能容忍的。

八佾舞

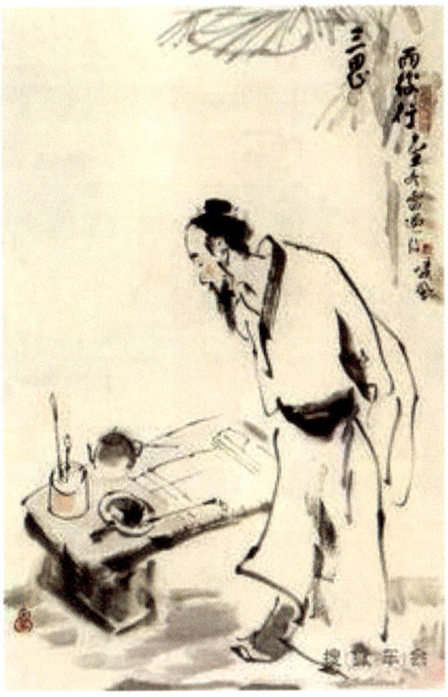

三思而后行

出自《论语·公冶长》:“季文子三思而后行。子闻之曰:‘再，斯可矣。’”季文子每件事考虑多次才行动。孔子听说这件事，说:“想两次也就可以了。”指做事谨慎，小心稳妥。

三分公室

典出《左传·襄公十一年》:“初作中军，三分公室而各有其一。季氏尽征之，叔孙氏臣其子弟，孟氏取其半焉。及其舍之也，四分公室，季氏择二,二子各一。皆尽征之，而贡于公。”鲁国的三家季孙氏、叔孙氏和孟孙氏，是新兴的封建地主阶级的代表。他们拥有大量私田，由于他们采用新的剥削方式——收租，许多奴隶逃亡到他们那里去，成为佃农。这三家拥有私人武装，力量逐渐超过公室。公元前 594 年，鲁国实行“初税亩”，虽然承认私田的合法性，一律收税，但私家的田却不能再像从前那样不纳税了，公私的斗争就尖锐起来。到公元前 562 年，三家对鲁公室实行反击，瓜分公室的土地，分为三份，三家各取一份，历史上叫“三分公室”。三家在分地上采用不同的办法：季孙氏用征税制，叔孙氏仍保留奴隶制，孟孙氏兼用二者，实行改良的办法。季孙氏的新办法实行的效果比较好。再过二十五年，三家又进一步瓜分了公室，当时季孙氏掌握鲁国的大权，他们将土地分为四份，季孙氏独得二份，其他两家各得一份。叫“四分公室”。三家都实行征税制。它说明了鲁国奴隶制的解体及封建制的产生。

堕三都

春秋时期鲁国孔子执政，堕毁三桓(鲁国公族季孙氏、叔孙氏、孟孙氏)的私邑事件。

鲁定公十二年（前 498 年），孔子为鲁国的大司寇兼摄相事，为了加强君权，派子路堕三都。三都即季孙氏的费邑（今山东费县）、孟孙氏的郕邑（今山东宁阳）、叔孙氏的郈邑（今山东东平）。

起初，季孙斯和叔孙州仇、仲孙何忌想要抑制家臣势力，也支持堕三都。叔孙氏先堕毁郈邑。费邑宰公山弗扰起兵反鲁，率军攻入鲁国国都曲阜，鲁定公和季孙斯（季桓子）、仲孙何忌（孟懿子）和叔孙州仇（叔孙武叔）躲在季氏之宫，武子之台。孔子派申句须、乐颀率军击败弗扰，弗扰逃到齐国。

之后，郕邑宰公敛处父反对堕郕邑，使三桓开始反对堕三都。堕三都最终失败，孔子不久之后，也离开鲁国，开始周游列国。

季冶致禄

典出《国语·鲁语》“襄公在楚，季武子取卞，使季冶逆，追而予之玺书，以告曰：‘卞人将畔，臣讨之，既得之矣。’公未言，荣成子曰：‘子股肱鲁国，社稷之事，子实制之。唯子所利，何必卞？卞有罪而子征之，子之隶也，又何谒焉？’子冶归，致禄而不出，曰：‘使予欺君，谓予能也，能而欺其君，敢享其禄而立其朝乎？’”

鲁襄公出访楚国时，季武子乘机占有卞城，他派季冶去迎候襄公，又追赶上季冶交给他一封盖了官印的信转致襄公。信上说：“卞城的人将要叛变，我讨伐他们，已经占领了卞城。”襄公阅信后还未发话，荣成子就让季冶转告季武子说：“你是鲁国的重臣，国家的事务，实际上是由你裁夺。既然一切听你的便，何况区区一个卞城呢？卞城的人有罪，你去讨伐，这是你职份内的事，又何须来奉告呢？”季冶回去后，交还俸禄辞官不出，说：“派我去欺骗国君，认为我有才能。有才能却欺骗自己的国君，还怎么敢享受国君的俸禄为国君做事呢？”

岁不我与

典出《论语·阳货》阳货欲见孔子，孔子不见，归孔子豚。孔子时其亡也，而往拜之，遇诸涂。谓孔子曰：“来！予与尔言。”曰：“怀其宝而迷其邦，可谓仁乎？”曰：“不可。”“好从事而亟失时，可谓知乎？”曰：“不可。”“日月逝矣，岁不我与。”孔子曰：“诺，吾将仕矣。”

阳货想见孔子，孔子不见，他便赠送给孔子一只熟小猪，想要孔子去拜见他。孔子打听到阳货不在家时，往阳货家拜谢，却在半路上遇见了。阳货对孔子说：“来，我有话要跟你说。”（孔子走过去。）阳货说：“把自己的本领藏起来而听任国家迷乱，这可以叫做仁吗？”（孔子回答）说：“不可以。”（阳货）说：“喜欢参与政事而又屡次错过机会，这可以说是智吗？”（孔子回答）说：“不可以。”（阳货）说：“时间一天天过去了，年岁是不等人的。”孔子说：“好吧，我将要去做官了。”

古鄫诗存

南蒯乡人言

恤恤乎，湫乎，攸乎！深思而浅谋，迩身而远志，家臣而君图，有人矣哉！

注：春秋时费邑人作，见于《左传》

南蒯乡人歌

我有圃，生之杞乎！从我者子乎，去我者鄙乎，倍其邻者耻乎！已乎已乎，非吾党之士乎！

注：春秋时费邑人作，见于《左传》。

咏井

苏味道

玲珑映玉槛，澄澈泻银床。
流声集孔雀，带影出羵羊。
桐落秋蛙散，桃舒春锦芳。
帝力终何有，机心庶此忘。

注：苏味道，初唐政治家、文学家。九岁能诗文，少与李峤以文辞齐名，号“苏李”，初唐文章四友之一。著有《苏味道集》已佚，所作诗今存十六首，载《全唐诗》，宋代“三苏”为其后。

费县

孔平仲

途经古费邑，遗堞草莱平。
东瞻龟蒙山，西望颛臾城。
弗扰以畔召，仲尼犹欲行。
许由亦有冢，子孑何独清。

注：孔平仲，字义甫，北宋诗人，长于史学，工文词，富于词藻，著有《珩璜新论》《续世说》《孔氏谈苑》《朝散集》等。

鄪城览古

乾隆

季友初颁邑，南遗乃筑城。

庶几仆文出，不改井桓成（城中有桓子井世传羵羊出也）。无度卑公室，有权擅上卿。

名言思史墨，宜慎器和名。

过古鄪城

乾隆

食邑有如此，应知公室微。
甚哉过百雉，久矣墮三围。
野落几家聚，荒榛数鸟飞。
犹余智井在，尼父致深讥。

过古鄪城咏事

乾隆

千取百焉亦已多，不厌不夺竟操戈。
几先要在慎名器，尾大徒劳叹若何。

附：

季氏与费县

丁兆铭

季氏溯源

据《春秋·三传》(三传:《左传》《公羊传》《谷梁传》)《史记》等史书载，费县季氏之先祖为周姬氏，而周姬氏之先祖为后稷氏。故季氏祖先可上溯至后稷。后稷名弃，其母曰姜嫄，为帝喾元妃，元妃踏巨人脚印怀孕而生弃，弃长而善种树麻、菽稷，号曰后稷。传至季历（公季），公季生子名姬昌，是为周文王。在位五十年，传子武王姬发。武王灭商，建国号周，西周始。是年为公元前 1046 年。武王有弟曰姬旦，号为周公，辅佐武王东征西伐，功高，武王十一年，封周公于鲁（今曲阜），为鲁公。周公未就封地，留佐武王。周公之子伯禽赴封，为鲁国始君。得周成王特优待遇，得一切礼仪如周制，用天子礼乐，可郊祭文王。伯禽传至鲁桓公（公元前 711 年），有三子同辅鲁政，称为“三桓”，庆父为孟孙氏，叔牙为叔孙氏，季友为季孙氏。鲁国季孙氏始以季为姓。桓公传庄公（公元前 662 年），庄公卒，庆父杀太子般，公元前 660 年又杀闵公。国内政治动荡混乱。季友借助齐桓公之力，逼庆父自缢死，拨乱反正，立僖公，使鲁国再续正统。季友因此功大，得僖公封私邑于费，并赐汶阳之田。”此为僖公元年（公元前 659 年）事。费县季氏自此始。季氏于“三桓”中最为强势，从季友至季康子（肥），八代人六任正卿，共辅佐桓公至哀公十二位鲁君，二百多年，季氏皆为正卿，执鲁国权柄，且政绩辉煌。季氏执政时期，也是鲁国最兴盛的时期。至鲁哀公时，春秋结束，战国开始，鲁国衰微至小诸侯国地位，季氏也在鲁国政坛上消失。此后一百八十年间，一直到鲁倾公被楚所灭，季氏也未再见诸史书。研究春秋鲁国季氏，到目前为止也只好限断于春秋与战国之交的公元前四六八年四月己亥季康子卒。是年为战国 8 年，鲁《春秋》记事也止于此年。惟《竹书纪年》:“周考王十二年，鲁悼公卒，十四年（鲁元公二年），鲁季孙会晋幽公于楚邱。”可见康子卒后四十年里，季氏仍在鲁国执掌权柄。战国时期，费邑自为小国，后世有史家认为费国为季氏之国，至于费君为谁，光绪《费县志》认为“盖季氏之后”，但无史料可证。《史记》中司马迁曾为季布季心兄弟立传，称季布兄弟为楚国人。但可否推想，当年楚灭鲁费时，季氏是否有人被掳掠或其他原因而至楚国，于是在楚国发展。季布也未尝不可能为鲁国季氏之后。惜限于史料，惟不敢妄断。但有一个事实是无可争辩的，即鲁国季氏始终有一部分后人在他们的发祥地费县繁衍生息，薪火相传，他们就是今天费县之季氏。

为了解季氏行略及发展轨迹，现表列鲁国纪元如下，以帮助侧面参照了解季氏情况。

春秋鲁国纪元表

表 8　　（鲁隐公元年—鲁哀公十六年即公元前 772 年—公元前 479 年）

序号	国君	关系及享国时间	备注	季氏辅政情况
1	后稷氏			
2	周姬氏			
3	周文王（昌）	50 年（公元前 1300 年—前 1045 年）		
4	周武王（发）	4 年（公元前 1046 年—前 1042 年）		
5	周公（旦）		周武王之弟	武王十一年，封周公于鲁（今曲阜），未赴，留佐武王。
6	鲁始君（伯禽）	子承父。代父周公旦赴鲁封，为鲁始君		成王命鲁一同天子礼乐，可郊祭文王，以褒周公之德。
7	鲁考公（酋）	子承父。4 年		
8	炀公（熙）	弟承兄。6 年		
9	幽公（宰）	子承父。14 年		
10	魏公（费）	弟承兄。50 年		
11	厉公（擢）	子承父。37 年		
12	献公（具）	弟承兄。32 年		
13	真公（濞）	子承父。30 年		

续表

序号	国君	关系及享国时间	备注	季氏辅政情况
14	武公（敖）	弟承兄。9 年		
15	懿公（戏）	子承父。9 年		
16	伯御	侄承叔。11 年		
17	孝公（称）	弟承兄。27 年		
18	惠公（弗湟）	子承父。46 年		
19	隐公（息）	子承父。11 年（公元前 722 年）	春秋记事始于鲁隐公元年（公元前 733 年）	
20	桓公（允）	弟承兄。18 年（公元前 711 年）	桓公三子同辅鲁政，称为“三桓”，庆父为孟孙氏，叔牙为叔孙氏，季友为季孙氏。	从季友始，以季为姓，天下始有季氏。
21	庄公（同）	子承父。32 年（公元前 693 年）		季友辅庄公。
22	闵公（开）	子承父。2 年（公元前 661 年）	庄公卒，无嫡子，季友遵庄公遗嘱立庄公庶子般，庆父杀般而立开为闵公，二年后，庆父又杀闵公	季友借助齐桓公之力，逼庆父自缢死，平定内乱后立庄公少子申为僖公。
23	僖公（申）	子承父。33 年（公元前 659 年）	“元年，封季友私邑于鄪（费），并赐汶阳之田。”（《左传》）	季友拨乱反正，平定内乱，使鲁国再续正统，走入正轨，功大，封于费，费始为季氏发祥之地。十六年，季友卒。嫡孙季文子辅政。
24	文公（兴）	子承父。18 年（公元前 626 年）		文子辅政。
25	宣公（倭）（又名接）	子承父。18 年（公元前 608 年）	鲁室卑，三桓强	文子辅政。
26	成公（黑肱）	子承父。18 年（公元前 590 年）	成公谋弱三桓。	文子辅政。以廉闻名于周天子及诸侯。

续表

序号	国君	关系及享国时间	备注	季氏辅政情况
27	襄公（午）	子承父。31 年（公元前 572 年）	十一年，季氏设中军。三桓各执一军，三分公室。襄公 22 年（公元前 551 年）孔子诞生。	文子辅政。襄公五年，季文子卒，子季武子辅政。七年，武子城费。十一年设中军。
28	昭公（裯）	子承父。32 年（公元前 541 年，）	五年，武子裁舍中军，四分公室，鲁室更卑弱。	武子辅政。七年，武子卒。孙季平子辅政。三桓共攻昭公。昭公亡于齐、晋。卒于晋之乾侯。平子代摄鲁政。
29	定公（宋）	弟承兄。15 年（公元前 509 年）	定公十年，堕三都（孟孙氏之郈，叔孙氏之郕，季孙氏之鄪）。三桓共攻阳虎。阳虎亡晋。	定公 5 年，季平子卒。子季桓子（斯）辅政
30	哀公（将）	子承父。27 年（公元前 494 年）	哀公 12 年，康子推行新田赋。哀公 16 年，孔子卒。哀公 19 年（公元前 476 年），战国始。哀公 27 年夏欲伐三桓，三桓共攻哀公。公奔卫，国人迎归，卒于途中有山氏。（《史记》）	季桓子辅政。哀公三年，桓子卒。庶子康子辅政，哀公二十七年（战国八年）春康子卒。《春秋》纪事止于本年。
31	悼公（宁）	子承父。37 年（公元前 467 年）	《鲁世家》：悼公时，鲁如小诸侯，卑于三桓之家。	
32	元公（嘉）	子承父。21 年（公元前 430 年）		《竹书纪年》载："周考王十二年，鲁悼公卒，十四年（注：鲁元公二年），鲁季孙会晋幽公于楚邱。"证明季氏后人仍于鲁国辅政。

续表

序号	国君	关系及享国时间	备注	季氏辅政情况
33	穆公（显）	子承父。33 年（公元前 409 年）		战国时期，费邑自为小国。《孟子》有“费惠君”、《曾子书》有“费君”“费子”之称。刘向《说苑》：“鲁人攻鄪，曾子辞于鄪君”，也有“鄪君”之谓（注：“君”“子”皆为国君之尊称）。《吕览》：“以滕费则劳，以邹鲁则逸。鲁连子称陆子谓齐湣王曰：鲁费之众臣，甲舍于襄贲。而楚人对顷襄王曰：邹费郯邳，费国亡于何时？实未可知。要之，春秋后之费国，即为季氏食邑之费无疑耳。”此处以费与诸侯国并列。据以上史料，战国时期费国的存在确信无疑。但《吕览》只是指出费国立国在季氏旧邑，但费国之君未必就是季氏。至于费国之君是否为季氏后人，光绪《费县志》认为季康子之后，“季氏不容于鲁，且不甘心臣鲁，遂据费自为国”。费国国君“盖季氏之后”。此说仅是推断，目前尚无史料确证。
34	共公（奋）	子承父。22 年（公元前 376 年）		
35	康公（屯）	子承父。9 年（公元前 354 年）		
36	景公（匽）	子承父。29 年（公元前 345 年）		
37	平公（叔）	子承父。22 年（公元前 316 年）	六国皆称王。	
38	文公（贾）	子承父。23 年（公元前 294 年）		
39	倾公（仇）	子承父。24 年（公元前 271 年—247 年）	楚考烈王伐灭鲁。倾公迁于卞邑（小邑），卒于齐地柯。	

季氏与孔子

季氏从季友到季康子（肥）八代人，六任正卿，辅佐了十二位鲁君，执政200多年，表现出来的政治才干和取得的辉煌政绩，《春秋·左传》中记载较详。但季氏的执政理念、思想，《左传》（包括《公羊传》《谷梁传》）和其他史书中却语焉不详，很少记载和评价。而季氏和孔子的交往及言论，（特别是《论语》）却恰好填补了《左传》等史书此方面记载之不足。所以，探讨一下季氏与孔子的关系，除了研究他们之间的政治关系以及私交之外，还可以从侧面了解季氏思想的某些本质方面。

季氏与孔子同为鲁国人，又曾同为鲁国执政者，两家自然有着千丝万缕的联系。孔子主要生活在季平子（意如）、季桓子（斯）、季康子（肥）时期。《春秋·三传》《论语》《孔子家语》等书也主要记载了他们这个时期的言论及内政外交等交往活动，表现了他们之间不同寻常的关系。

孔子生于鲁襄公二十一年（公元前552年），这时，季文子（行父）已经去世十六年（卒于襄公五年，公元前568年），《论语》中孔子对季文子凡事“三思而后行”的评论，已是孔子成年以后对古人的评价了。这时，季武子（宿）已执政十六年。季武子于昭公七年（公元前535年）卒，是年孔子十八岁。季武子时代，孔子在政治上还不可能有所作为，思想学术上也还未成熟而出名。此后季平子（意如）执政二十八年，前期孔子仍然默默无闻，一直到季平子执政后期（去世前五年），鲁定公元年（公元前509年），孔子44岁，任鲁国司寇之职时，《左传》才第一次记述孔子之事。定公五年（公元前505年），季平子东巡鄪邑，卒于返国的路上。季桓子（斯）执政，于定公十二年（公元前512年），配合鲁定公、孔子，积极参与了著名的以“强公室，卑私家”为政治目标的“堕三都”（季孙氏之鄪邑（今山东费县）；叔孙氏之郈邑（今山东东平县南部）；孟孙氏之郕邑（今山东宁阳县东北））行动，并基本取得了成功。哀公三年（公元前492年），季桓子卒，孔子当年61岁，尚在周游列国。季康子（肥）执政，召回孔子（但未重用）。哀公十六年（公元前479年），孔子去世。其后三年，战国始。哀公二十七年，（公元前468年），季康子卒，晚孔子十一年离世。执政十三年。《春秋》记事到此亦止。

季氏和孔子的关系可谓渊源既深，由来已久。首先，季氏对孔子有知遇之恩。《史记·孔子世家》引《孔子家语》：孔子年轻时，即曾寄食于季氏，（孔子）“贫且贱，及长，尝为季氏史，料量平，尝为司职吏而畜蕃息。由是为司空。”按赵岐的解释，孔子担任的是季家主管仓库之“委吏”，负责粮食的入库出库的工作，并为家主季氏收取利息。《孟子》转述孔子自语：“会计当而已矣”，也印证了孔子在季氏家曾做过“委吏”之事。后来从季氏家出身，做了司空，这也很有可能离不开季氏的推荐。按时间推算，这时孔子应是二三十岁的光景，为季平子执政时期。季氏对孔子的知遇之恩还不仅如此。孔子一生，政治上不得志，尤其是后半生，更是颠沛流离。哀公三年（公元前 492 年），孔子已六十一岁矣，季桓子病重，临终前，特遗嘱庶子季康子曰：“我即死，若必相鲁；相鲁，必召仲尼。”（《史记·孔子世家》）季桓子临终遗嘱继承人当政后必要召回此时尚在周游列国的孔子加以任用，可见季氏对孔子的信任和看重。《孔子家语》：“孔子在卫，冉求言于季孙曰：国有圣人而不能用，欲以求治，是犹却步而欲求及前人，不可得已。今孔子在卫，卫将用之，已有才而资邻国，难以言智也，请以重币迎之。季孙以告哀公，公从之。”这时，孔子已在列国游学十四年，经季氏力荐，回到鲁国，虽然后来仍未被重用，却能看出季氏对孔子的知遇之恩。另外，孔子这时所以能痛快地应季氏之聘，更主要的是因为政治开明的季氏能允许孔子回国传经布道，并支持他施展政治抱负。《孟子·万章句下》引孔子自谈出仕经历和三原则：“有见行可之仕，有际可之仕，有公养之仕。于季桓子，见行可之仕也，于卫灵公，际可之仕也，于卫孝公，公养之仕也。”（注：行可之仕，因能可以推行自己的政治主张，实现自己的治国之道而做官；际可之仕，因与国君有厚交而做官；公养之仕，因国君给予其高待遇而做官）。孔子对季氏引荐自己的评价，可以看出季氏为国选贤荐能的真诚、任人唯贤的公正之道和博大宽广的政治胸怀。季氏不仅给予孔子政治上的信任与引荐，而且也给予了孔子实现政治抱负的财力支持。对此，孔子也表达了由衷的感激之情。《孔子家语》载孔子语：“季孙之赐我粟千钟也，而交益亲；自南宫敬叔之乘我车也，而道加行。故道虽贵，必有时而后重，有势而后行。微夫二子之贶财，则丘之道殆将废矣。”季孙送粮支持他交友行道，南宫敬叔送车助其游学方便，故此，大半生穷困潦倒之后渐趋实际的孔子感恩之至，终于认识到，要想实现自己的政治理想——“道”，还必须借机顺势，有强势者给予政治经济支撑。否则，先知先觉者的思想主张再高明可行，也会被废弃徒为虚幻而已。孔子的感悟和给人的启示，的确弥足珍贵。孔子的感恩，至少从一个侧面证实了季氏对孔子的知遇之恩。

季氏与孔子的私交也是亲密的。《论语・乡党第十》记载了一则季康子赠药给孔子的事。“康子馈药，拜而受之。曰：丘也未达，不敢尝。”有意思的是，很郑重地接受了，却又说，在不了解药性的情况下不敢服用，流露出戒备之心。但不管怎么说，这一生活交往的细节，充分体现出季氏对孔子关心的细致入微，反映出私人交情的不一般。关于两家私交，孔子对季氏有时甚至到了直接干预家事的程度。《家语》载：“季平子卒，将以君之玙璠殓……赠以珠玉。孔子初为中都宰，闻之，历级而救焉。曰：送而宝玉，是犹曝尸于中原也。其示民以奸利之端，而有害于死者，安用之？且孝子不顺情以危亲，忠臣不兆奸以陷君。乃止。”季桓子要用鲁君赐赠的玙璠珠玉陪葬季平子，孔子阻止。认为，这等于要把先人的尸体暴露在荒野地面之上。理由是，陪葬国君赏赠的价值连城的宝贝，必会引起奸民的逐利之念，从而会为争利而盗墓。这既无益于死者，也非孝子所为。当然，孔子的根本目的还是为了维护统治者等级名分的“礼”。因为按当时的等级名分，国君可以陪葬此类宝玉，而辅臣要用，则是有僭于礼的。但是，此事毕竟也见出孔子为季氏着想的真诚。当然，季氏的从谏如流也是可贵的。季氏与孔子的交往中，史料中记载的更多的是季氏对孔子的求教，包括政事，学术，和私事处理等。例如，《孔子家语》中载：“定公五年（公元前 505 年）夏，桓子穿井于鄪，得物如土缶……”，桓子不知为何物，请教仲尼说：穿井“得狗”。仲尼纠正，曰：“以丘所闻，羊也。丘闻之，木石之怪夔、罔閬；水之怪龙、罔象；土之怪羵羊。”两人谈论问题，亲切而自然，毫不拘束，真是一个学而不厌，一个诲人不倦的形象的生动写照。

从季氏与孔子的交往关系中，可以看出季氏与孔子有着共同的治政理念。即强调统治者率先垂范，强调以德治国，教化为先。纵观中国历史，像季氏这样的“政治世家”是绝无仅有的。季氏的成功，当然有他们的必然性。这除了他们家庭特质的禀赋以外，还在于他们必须真正的忠君、爱民、勤政，并且要把这种传统精神“一棒一棒”地传递下去。他们世世代代孜孜勤政的精神，推动着鲁国的发展。《论语》中记载了多则季氏与孔子讨论治政的对话，反映了他们对政见的讨论和一致性。《颜渊篇第十二》："季康子问政于孔子，孔子对曰：政者，正也。子帅以正，孰敢不正？"孔子直率地回答了季康子的问话，强调了统治者率先垂范，"打铁还要自身硬"的重要性。这和孔子反复强调"自身正，不令而行"的思想是一以贯之的。"季康子患盗，问于孔子，孔子对曰：苟子之不欲，虽赏不盗。"(《颜渊篇第十二》）真是一针见血，指出统治者自身廉洁对人民、对治国的正面影响的积极作用。当季氏要开杀戒时，请教孔子，曰："如杀无道，而就有道，何如？孔子对曰：子为政，焉用杀？子欲善而民善矣。君子之德风，小人之德草。草上之风，必偃。"(《颜渊篇第十二》）这里不仅指出统治者自身行为的垂范作用，而且还把责任直接推给了当权者，并且还涉及到了教化方法问题，那就是要以德治国，怀柔人民，然后才能清除不良风气，形成良好的民风。关于对民实施教化的问题，孔子是十分重视的。《家语》记有一事足以说明。"孔子为大司寇，有父子争讼者，父子同狴执之，三月不别，其父请止（讼）。夫子赦之焉。季孙闻之不悦，曰：司寇欺余，曩告余曰，国家必先以孝，余今戮一不孝以教民孝，不亦可乎？而又赦，何哉？子喟然叹曰：呜呼！上失其道而杀其下，非理也。不教以孝而听其狱，是杀不辜。以上教之不行，罪不在民故也。"孔子管司法，父子打官司，同关一监内，三个月不判，最后无罪释放。季氏不满孔子了。这段对话，孔子简直是当面指斥季氏为代表的统治者，自己无道，不搞教化，却反过来网民于法；这简直是在为民喊冤了。好在季氏还算开明，主观愿望是勤政为民的。到底怎样教化人民？《论语·为政篇第十二》："季康子问：使民敬，忠以劝，如之何？子曰：临之以庄则敬，孝慈则忠，举善而教不能则劝。"这实际讲出了教化百姓的原则，要真正让人民自觉忠君，敬上，自我规勉，还得要统治者自重，作为榜样。季氏与孔子不但有着共同的理政观念，而且在施政中也配合默契。孔子堕"三都"是一次著名的以"强公室，卑私家"为目标的政治行动。这次行动直接针对的是"三桓"。《史记·孔子世家》："定公十三年（公元前 497 年）(注：《左传》为十二年）夏，孔子言于定公曰：臣无藏甲。大夫无百雉之城，使仲由为季氏宰，将堕三都。"这段记载主要指出堕三都由孔子动议，理由是"三桓"的私邑城墙都超标了，为维护鲁君权威，必须拆毁。《左传·定公十二年》则记述了堕城及遇抵抗的经过。"仲由为季氏宰，将堕三都。于是叔孙氏堕郈，季氏将堕鄪，公山不狃、叔孙辄率鄪人袭鲁。公与三子（注："三桓"）入于季氏之宫，登武子之台。鄪人攻之，弗克，入及公侧。孔子命申句须，乐颀下，伐之，鄪人北。国人追之，败诸姑蔑。二子奔齐。遂堕鄪。"堕城拆墙遇阻力，甚至发生了武力对抗。而私邑被毁，私利受损的季氏却全力支持鲁君和孔子的政治行动，而且季氏为防不测，确保堕城成功，还亲率部队保驾护航。(《春秋·经十二年》："十二年，季孙斯，仲孙何忌帅师堕鄪。"）。这还真有点令人匪夷所思，其实据孔颖达疏，因为费邑险固，此前已发生过多次家臣叛主事件，为私邑的长治久安，季氏才坚决堕费都，此说似季氏专为自家之利，但季氏毕竟有政治家的胸怀，能与鲁君孔子保持政治上的高度一致，并付诸行动，实属难能可贵。

特别值得一提的是，也许是因为季氏和孔子的关系，或许是费邑的地理位置优势，也或许是因为费邑的民风淳厚，孔子对季氏的费邑也是一往情深的。他曾一度想响应季氏家臣公山弗扰之聘，到费邑任职，把费邑作为他恢复西周文明政治的实验基地，实现他"从周"的理想抱负，"如有用我者，我其为东周乎"(《论语·阳货篇第十七》)。"东周"，意为在东方恢复西周之政治。孔子的雄心抱负可谓大矣，惜被学生子路阻止而作罢，未实现他在费邑的作为。

季氏与孔子的交往对话反映了他们共同的人才观。季氏是十分重视人才、爱惜人才、重用人才的。季氏屡次荐用孔子即是范例。此外，《论语·宪问第十四》："子言卫灵公之无道也，康子曰：夫如是，奚而不丧？孔子曰：仲叔圉治宾客（注：外交），祝鮀治宗庙（注：礼乐教化），王孙贾治军旅，夫如是，奚其丧?"这段讨论，孔子强调的是卫灵公虽无道，但他用人得当，主管内政外交、军事的人皆是贤者，因此也不至于速亡。关于重用人才的事，《论语·子路篇第十三》中孔子表达了同样的观点。当季氏宰仲弓问政时，子曰："先有司，赦小过，举贤才。"这里特别强调的是：政府要正名，端正形象，像政府的样子，上司对人民要宽容，讲究恕道；对人才要推举使用这三项原则。"孝"是儒家的核心价值观，季氏当政，受孔子影响，"孝"成了人才的重要标准。《论语·雍也篇第六》载："季氏使闵子骞为鄪宰。闵子骞曰：善为我辞焉。如有复我者，则吾必在汶上矣。"齐鲁以汶水为界，闵子骞不愿受季氏之聘，发誓要逃官跑到齐国去，态度决绝。闵子骞以孝闻名，是难得的人才，季氏爱之，以私邑相托。事实最终是，闵子骞还是做了鄪邑之宰，且教化有方，治绩卓然。季氏善用人才收获了好结果。季氏还为储备人才而处心积虑。同在《论语·雍也第六》篇："季康子问：仲由可使从政也欤？子曰：由也果，于从政乎何有（问）？赐也，可使从政也与？……"孔子一一介绍，答复季康子，所问的几位各有所长，皆可大用。为了发现人才，季氏甚至亲自去物色求学中好学的人。《论语·先进篇第十》："季康子问，弟子谁为好学？孔子曰：有颜回者好学，不幸短命死矣，今也则无。"对话中季氏求贤若渴的形象跃然纸上。

当然，探讨季氏与孔子的关系，说到根本上，还必须基于这样的认识，即季氏与孔子的关系是建立在共同维护统治阶级利益的政治基础之上的，否则他们之间就会产生分歧、矛盾，甚至发生斗争。春秋时期，最高统治者周天子的"礼"还未受到严重冲击，尚能勉强维持着包括各诸侯国对人民的思想统治。而孔子始终是"周礼"的守护者。当季氏一旦僭越"礼"这一底线时，孔子就表现为零容忍。《论语八佾篇第三》："孔子谓季氏，八佾舞于庭，是可忍也，孰不可忍也。"季氏竟敢越礼用周天子的舞乐仪仗（注：周天子的舞队行列为八八行列，诸侯国的是四四行列）季氏连诸侯都不是，在孔子看来，这简直是不可容忍的行为。所以怒不可遏。《雍》是周天子在宗庙祭祀时用来撤除祭品的乐歌，"三桓"都使用了，于是孔子大加挞伐："三家者以《雍》撤，曰：相维辟公，天子穆穆，奚取於三家之堂？"(《论语八佾篇第三》）孔子进行声讨，目的是极力维护周王朝的权威，体现的是统治者的等级理念。季氏旅于泰山。"子谓冉有曰：汝弗能救与？对曰：不能。子曰：曾谓泰山不如林放乎？"(《论语八佾》)"旅"是一种祭祀名称，只有天子和诸侯才有资格祭祀境内的山岳。季氏祭泰山，显然是僭越周礼。孔子几乎是气急败坏，并贬低季氏连林放（孔子弟子）都不如。对于季氏的欺君行为，孔子更是针锋相对，坚决对着干。昭公二十五年（公元前 517 年），昭公因季孙氏和叔孙氏斗鸡事讨伐季平子，失败，反被季氏赶出鲁国，先后流亡到齐、晋等国，最后死在晋地乾侯。季氏迎葬昭公，但把昭公葬于祖林墓道之南，与祖茔隔开以示贬斥。"孔子沟而合诸墓焉，谓季桓子（注：当事人应为平子）曰：贬君以彰己罪，非礼也。今合之，所以掩夫子之不臣。"《孔子家语》孔子又把昭公移葬进祖林，并批评季氏的非礼，义正辞严，依礼合情。对于季氏的政治野心，孔子更是直击要害，不留情面。《论语季氏篇第十六》："季氏将伐颛臾……"，要用武力吞并弱小邻国颛臾时，孔子即一针见血指出："吾恐季氏之忧，不在萧蔷之外而在萧蔷之内也。”揭穿了季氏内忧外患的政治困境及其别有用心。有时，孔子甚至迁怒于规劝不力的季氏家臣，除本篇批评冉有季路对季氏的规劝不力外，而在《论语先进篇第十一》里，竟然因为“季氏富于周公，而求也为之聚敛而附益之”而大怒，就因冉求作为季氏家臣而为季氏敛财，就不承认冉求为自己的学生，并号召其他弟子进攻冉求，“非吾徒也，小子鸣鼓而攻之，可也！”真是金刚怒目，嫉恶如仇。对于季氏的腐败行为，孔子是宁可与之决裂，也不妥协。《论语·微子篇第十八》：“齐人归女乐，季桓子爱之，三日不朝，孔子行。”季氏收受齐国的美女，规劝不听，反抗不了，只好选择离开季氏，离开鲁国。孔子态度决绝，毫不妥协，做了最坚决的斗争。

根据季氏与孔子的对话，可作如是结论：（一）他们平等对话，畅所欲言，直言不讳，可见他们之间是一种毫无顾忌的关系。也从侧面反映出春秋时期百家争鸣、思想解放的自由氛围。（二）对话中好像全为孔子的说教，季氏对问题未置可否，其实季氏那种谦虚请教的态度本身就很值得肯定。既然敢于触及当时的社会矛盾，社会热点问题，就起码反映出季氏作为当政者想解决问题的愿望、热情。能做到这点就非有忠君、爱民的思想不行，就非有勤政的态度和责任担当意识不行，这正体现了季氏政治家的风范。可见季氏世代为卿，并非偶然。（三）联系季氏辅政的业绩，应该就是季氏与孔子探讨的治政理念的落实与成果。可见出他们有共同的理念，并努力付诸了实践。（四）、季氏的政治地位是高于孔子的，能谦虚地请教孔子，这恰好证明了季氏勤政而不耻下问的谦逊作风，是当政者难得有的品行，很值得借鉴。

季氏与鄪邑

费县历史悠久。上古时系少皞氏属地（今曲阜尚有少皞陵）。春秋时为鲁国东畿之重地。《康熙·费县志》：“其星野，古为鲁地……其形胜，西兼颛臾之固，南得武城之险，背龟蒙，带祊、浚，左探沂水，右接洙泗，当齐鲁之交冲，亦江淮之要地。”史料最早记载费县见于《尚书·费誓》。周武王封其弟周公旦于鲁（今曲阜），周公留朝辅佐武王，其子伯禽代父赴封，为鲁国始君。

公元前 1056 年，徐国（今徐州一带）之戎和淮浦之夷联兵侵鲁，伯禽率诸侯讨伐，在费地（今费县）誓师。誓辞便为“费誓”。

至鲁桓公时，桓公三子（孟孙、叔孙、季孙）同辅国政。桓公卒后，鲁国内乱。季友因立僖公有功，加之本年又“帅师败莒师于郦”，稳定了鲁国内政外交。因此僖公元年（公元前659年），“赐季友汶阳之田及鄪。”（注：鄪即费之古体字，在今费县鄪城一带）(《左传·僖公元年》)。季友始，以季为姓，费地从此成为季氏私邑，季氏八代人六任正卿，二百余年，从未离开费邑，一直代代相承袭，苦心经营着费邑，费便成为季氏的发祥之地。研究春秋鲁国季氏，追寻季氏先祖在费遗踪，离不开研究费县。

季氏在费活动大事如下：

1. 季友封费。“僖公元年，封季友私邑于鄪，并赐汶阳之田。”(《左传》)

2. 鲁成公八年（公元前583年）：“晋侯使韩穿来言汶阳之田，归之于齐……季文子饯之……”通过私下外交努力，终于保住了汶阳之田。(《左传·成公八年》)

3. 鲁襄公七年（公元前566年），季孙宿（武子）任鲁国正卿伊始，“南遗为费宰（注：季氏家臣），叔仲、昭伯为隧正，欲善季氏……请城费……故季氏城费。”(《左传·襄公七年》)这是第一次记载季氏或初建或扩建费城之事。

4. 鲁昭公十二年（公元前530年），季平子平定家臣南蒯之乱，南蒯出奔齐。

5. 鲁昭公十三年（公元前529年），南蒯再次率费人叛，季平子采纳冶欧夫（注：鲁国大夫）的建议，离间并怀柔费人，“费人叛南氏。”(《左传·昭公十三年》)季平子再次平息私邑之乱。

6. 鲁昭公十四年（公元前528年），南蒯再“据费叛”，鲁司寇老祁用计驱逐南蒯出奔到齐，齐派鲍叔文子送交南蒯于老祁，南蒯之乱彻底平定。(《左传·昭公十四年》)

7. 鲁昭公二十五年（公元前517年），季郈两家斗鸡，引发昭公不满，发兵讨伐季平子，平子请求昭公宽恕：“请待于沂上以察罪，弗许”；“请囚于费（注：辞职归于私邑），弗许”；“请以五乘亡（注：离开鲁国），弗许。”结果，季平子走投无路，反手用武力驱逐了昭公，昭公出亡齐、晋，最终卒于晋之乾侯。(《左传·昭公二十五年》)

8. 鲁定公五年（公元前505年），“六月，季平子行东野，未至，丙申卒于

房。”平子视察费邑东野，暴卒于今费县方城。(《左传・定公五年》)

9. 鲁定公五年（公元前 505 年），季桓子葬父季平子之后，视察费县东部，“行东野及费。子泄为费宰，逆劳于郊。”家臣费宰子泄出费县城迎接犒劳平子。(《左传・定公五年》)

10. 鲁定公五年（公元前 505 年），季氏私邑费宰家臣阳虎于费邑“囚季桓子及公父文伯”，后又盟桓子于鲁之“稷门之内”。夺取了季氏权力，代季氏执政鲁国。(《左传・定公五年》)

11. 鲁定公七年（公元前 503 年），齐国夏伐鲁，阳虎在费邑策应齐国抵御桓子。(《左传・定公七年》)

12. 鲁定公八年（公元前 502 年），阳虎据费，以“去三桓”为名，欲设宴计杀桓子，三桓共御阳虎，阳虎败“入灌、阳关以叛。”（注：一直到定公九年，阳虎失败出亡晋，后为赵氏家臣)(《左传・定公八年》)

13. 鲁定公十二年（公元前 498 年),《春秋・经》:“季孙斯、仲孙何忌，帅师堕费”。季桓子接受了鲁公、孔子（注：时为鲁大司寇）和费宰仲由的意见，帅师武力拆除了越礼超标的私邑城墙。是为著名的“强公室、卑私家”的“堕三都”政治事件。

14. 鲁哀公十一年（公元前 484 年），齐师伐鲁，“季孙之甲七千”，并动员费宰冉有以武城（注：费属地）人三百为己徒卒……及齐师战于郊。……齐人遁。“”季康子动用亲兵和家卒打败齐军。(《左传・哀公十一年》)

15. 鲁哀公二十三年（公元前 472 年，战国 4 年），“宋景曹卒，季康子使冉有吊且葬。”冉有时为季氏家臣，任费宰。康子使其代己出席葬礼。

鲁哀公二十七年（公元前 468 年，战国 8 年），季康子卒。

季友至季康子六代正卿，辅佐鲁国十二君，二百余年。

16. 康子之后，季氏不复见于史料，惟《竹书纪年》载：“周考王十二年，鲁悼公卒，十四年，鲁季孙会晋幽公于楚邱。”周考王十四年，为鲁元公二年（公元前 428 年），季康子已卒 40 年。《竹书纪年》中这个季孙氏虽未见名讳，但足可说明在季康子身后 40 年里，鲁国仍是季氏执政无疑。

17. 战国时期，费邑自为小国。《孟子》记有一费惠君,《曾子书》有“费君”“费子”之称。刘向《说苑》:“鲁人攻鄪，曾子辞于鄪君”，也有“鄪君”之谓（注："君""子"皆为国君之尊称）。《吕览》："以滕费则劳，以邹鲁则逸。鲁连子称陆子谓齐湣王曰：鲁费之众臣，甲舍于襄贲。而楚人对顷襄王曰：邹费郯邳，费国亡于何时？实未可知。要之，春秋后之费国，即为季氏食邑之费无疑耳。"据以上史料，战国时期费国的存在确信无疑。但《吕览》只是指出费国立国在季氏旧邑，但费国之君未必就是季氏。至于费国之君是否为季氏后人，《康熙·费县志》认为季康子之后，"季氏不容于鲁，且不甘心臣鲁，遂据费自为国"。费国国君"盖季氏之后"。此说仅是推测，目前尚无史料佐证，只好存疑。

当代费县季氏，人口约有五千人，以北季家疃为中心聚居地，遍布全县几十个村庄。季氏后人，人才辈出，各行各业，多有成就。有山东省副省长季缃绮；临沂市正县级季朝山、季相军；有副教授以上季朝中、季文厚、季相林、季明举等多人；有书法家季朝中；有市级政协委员、国家级劳模等 6 人；有出国留学者季托、季轼、季醒恩、季亮等 4 人。费县邻县乃至全省全国都有季氏后人。从费县走出去的海外季氏，也多不可计。季氏后人如瓜瓞之绵绵、生生不息，在今天的费县繁衍发展着。

季氏费邑遗址和季桓子井，位于今费县城西北二十里的西毕城村、古城、宁国庄村一带。遗址已无春秋旧城，只有东周城和汉代城遗址，东周城应为战国费国城邑。汉代城呈不规则长方形，东周城呈圆角长方形，依城西北角又筑有内城，平面近方形，有东周时期大型夯土宫殿建筑等遗迹，曾出土带有戳记的陶豆、绳纹瓦片等。在夯土建筑的西北方向，有季桓子井遗址，井北有清代石碑两幢，一为清乾隆年间费县知县骆大俊所立，上镌"季桓子井"四字；一为嘉庆年间山东督粮道孙星衍同费县知县郭志青所立，上镌"季桓子得羵羊之井"八字。城东墙内侧已发现大型战国墓葬，木质棺椁保存较好。附近曾出土铜剑、铜戈、铜马衔、铜镞等文物近百件，城东、西部曾多次出土陶瓮棺、汉代画像石等。2001 年修建日东高速公路时，省文物考古研究所对城北墓地进行抢救性发掘，在约 300 多亩地的范围内清理出东周至两汉时期墓葬 1700 余座，出土文物 5000 余件。

春秋季氏六代正卿，葬地皆未见史料记载。但《左传·定公五年》季平子"行东野……卒于房（注：今费县方城）"当年，季桓子完成父亲平子葬事后，"行东野及费"似乎是顺路到私邑视察，由此推想，季氏墓地应该离费城不远。据光绪《费县志》："在古鄪城西三四里，有古墓三，巍然高峙，相距百余武，西一墓，光绪己丑岁陷，内作宫室状，纵横各三进，砖石铺砌，无碑碣可考。费为季氏封邑，未必不葬此。至战国时费自为国，此或费君墓欤？”“陷墓中出一铜器，似周鋗，墓外有石画像，较东汉画像尤浑古”。此古墓之墓主人为春秋季氏？为战国费君？无法断定，但据出土文物，此墓也不能排除为春秋季氏地宫。（注：此墓今已不存）

季文子庙，位于费县南百余里之文峰山前（今苍山县境内），始建于何时已无考。康熙《费县志》有元代王良弼《重修季文子庙记》，或最迟建于宋、唐。文子墓在庙后。旧庙已不存。2012 年重建，被山东省纪委定为全省党员干部廉政教育基地。为省级保护文物。

（有删节）

游客观赏枕流泉

上冶镇志

SHANGYEZHENZHI

农业经济

NONGYEJINGJI

水产养殖

千亩花生示范田

上冶属综合性农业地区，自古以农为本。中华人民共和国成立前，土地完全私有化，大部分土地集中在地主、富农手里，大多数农民只有少量的土地。很多农民租种土地或给人扛活，称佃农或雇农。土地经营完全是一家一户的单干模式，农业耕作方式落后。

清朝时，县一级才配有劝业员管理农业，乡、村没有专管农业的机构和人员。民国时期，战乱不断，政局不稳，农业技术推广只能靠社会有识之士传授，传统农业得不到改进，生产方式沿袭不变，农牧渔业产量低而不稳，粮食亩产量不足百斤。

中华人民共和国成立后实行土地改革，1951 年土地改革全面结束。1952 年后，组织农民走农业合作化道路，成立互助组和土地入股的初级农业生产合作社，经济收益按土地和劳动力分配。

1956 年，部分初级农业生产合作社转为高级农业生产合作社。1958 年 9 月成立政社合一的人民公社，实行生产队统一核算、统一分配，主要有粮食分配和经济收益分配。实行夏季预分、年终决算。粮食分配按照国家、集体、社员三者兼顾的原则，统筹安排国家征购任务、集体扣留粮（包括种子、饲料、储备粮、专项用粮）和社员口粮。交给国家的征购粮一般占当年粮食总产量的 10% ～ 15%、集体提留一般占 15% 左右；社员口粮占 70% 左右，按人、工、肥三结合比例分配，大头按人分，小头按工、肥分，多为三七开，也有按四六开或五五开分配的。人均口粮水平 1977 年前不足 200 千克，以后逐年增加。经济收益分配，全年总收入扣除各项费用，下余纯收入按国家、集体、社员三者统筹兼顾分配，农业税占 1% ～ 3%，集体提留公积金、公益金、生产费基金、生活储备金等占 35%，社员分配占 50% ～ 60%。

1981—1983 年底，实行家庭联产承包责任制，缴足国家的征购粮和税金，给够集体的提留粮、承包金及各项集资提留款，剩余全归自己。

1986 年后，上冶镇紧紧围绕市场需求，不断加快农业产业结构调整步伐。20 世纪 90 年代，形成东北部果树种植为主，东南部平原粮油种植为主，西南部粮油、黄烟种植为主，中西部冬暖式大棚瓜菜规模化种植为主的模式，种植效益大幅提高。

进入 21 世纪，随着改革力度的进一步加大，农业产业化、品牌化产业进程加快。一批农产品深加工项目和龙头企业在上冶遍地开花，并产生巨大效益，成为上冶农业转型升级和农业供给侧结构性改革的一大亮点。农业产业化、农民工人化、农村城镇化已初露端倪。

种植业

上冶镇种植业无明显地域特点。各种农作物在境内均可种植，但在种植区域上，大体可分为中东部粮油产区，中西部大棚瓜菜区，西南部粮油、黄烟种植区。2017 年，全镇农作物种植面积 70300 亩，其中粮食作物种植面积 46500 亩，油料作物种植面积 11000 亩，蔬菜种植面积 10000 亩，黄烟种植面积 1700 亩，银花等经济作物种植面积 1100 亩。

玉米田

粮食作物

境内主要有小麦、玉米、高粱、地瓜、水稻，其次是谷子、绿豆、红小豆、豌豆、荞麦等小杂粮。新中国成立前，高粱大面积种植。1955 年引进地瓜种植，至 20 世纪 80 年代，地瓜大面积种植。1990 年以后地瓜、高粱、水稻等种植面积大幅减少，豌豆、荞麦等已基本不种，玉米种植大面积增加。

经济作物

主要以花生、大豆、西瓜、葡萄、蓝莓、西葫芦、大葱为主，其次是棉花、芝麻等。1990 年前黄烟散户种植较多，近年来植烟大户增多，连片种植面积扩大。20 世纪 90 年代，上冶西瓜种植面积达到 10000 余亩，总产量达 6 万多吨。2000 年以后花生面积增加，大豆面积逐年减少。2010 年山东豆黄金食品有限公司成立，带动大豆种植面积扩大，2017 年开始建设万亩大豆种植基地。

蔬菜种植

土地联产承包责任制以前，上冶蔬菜种植主要为自种自吃，自产自销。20 世纪 90 年代推行高效农业。兴国庄、曹家楼、大仲口、小仲口村一带开始试种大棚蔬菜。21 世纪以来，冬暖式蔬菜大棚发展迅速，到 2017 年，上冶已形成万亩大棚蔬菜基地，全镇成立 20 多家蔬菜种植合作社，开启自产联销，联户联销模式，种植品种发展到白菜、萝卜、胡萝卜、芹菜、菠菜、莕菜、油菜、茄子、辣椒、西葫芦、西红柿、葱、蒜、姜、韭菜、黄瓜、豆角、芸豆、土豆、芫荽、菜花等 40 多个大类、200 多个品种。

大仲口村大棚蔬菜种植

种植模式

常规种植模式有一年一作制、二年三作制、一年两作制，主要分布在丘陵地带，种植作物为小麦、玉米、大豆、花生、地瓜、谷子等。中华人民共和国成立前，一年两作制面积很少，20 世纪 50—70 年代以后，大搞农田基本建设，兴修农田水利，耕作条件不断改进，随着夏季作物面积的发展，两季田不断增加，上冶平原地带基本上都实行一年两作制；一年多作制，80 年代以后，随着农业技术的不断推广和农水条件的改善，水肥条件较好的地块实行粮菜、瓜菜、粮粮、菜菜间作等一年多作模式。

农业机械

中华人民共和国成立前，农用工具主要是锄、镰、镢、锨、犁、耙、耩子，牛拉人抬。20世纪70年代起，各村开始使用12马力、24马力的拖拉机耕种运输。1983年实行土地联产承包责任制后，政府鼓励农民购买农业机械，家庭购买手扶拖拉机、播种机、收割机、三轮车、抽水机、喷灌机、喷雾器等农业机械越来越多，农业机械化进入快速发展阶段。2010年以后，联合收割机、大型拖拉机等机械也广泛应用于农业生产，农业机械化水平全面提高。2017年，全镇有农机具3.6万台套，机耕地面积占总面积的99%。

化肥农药

农药使用从20世纪50年代开始。1952年贯彻农业部提出的“药剂为主”的治螟方针，使用农药防治玉米螟、棉铃虫等害虫。1955年使用喷粉器等农业药械

无人机喷洒农药

开展大面积防治。1968 年，开始使用费县化肥厂生产的氨水，1970 年代初开始使用磷酸二铵、复合肥、尿素等进口化肥，主要农药有“六六六”“滴滴涕”“乐果粉”“1605”“1059”等。20 世纪 80 年代后，随着农业植保工作的推进和科学技术的发科技快速发展，化肥、农药迅速普及应用。1985 年开始使用日本、美国、苏联进口化肥。1986 年，常用的化学肥料有碳铵、尿素、过磷酸钙、二胺、氯化钾、硫酸钾、复合肥及锌硼微量元素等品种，氮肥用量最大。20 世纪 90 年代以后，施肥出现了“重无机、轻有机，重氮轻磷钾”的现象，农家肥的使用越来越少，造成土地效益下降和不良的农业环境后果。1997 年开始，上冶镇开展花生、小麦、土壤养分丰缺指标试验和花生氮、磷最佳比例实验。2000 年后，哒螨灵、扫螨净、阿维菌素等高效低毒低残留的环保型农药和除草剂普遍应用。2005 年开始测土配方施肥推广，氮肥用量逐年减少，复混肥及配方肥用量逐年增加，全镇配方施肥面积达到 3 万亩。2010 年后，生物天敌防治技术在上冶蔬菜、果品生产上得到推广，农药使用逐年减少。2017 年，90% 以上的农田实现配方施肥。

良种应用

中华人民共和国成立后，上冶镇重视种子改良工作，对农作物品种进行提纯复壮，不断改良，同时引进推广新品种。1982 年开始，费县种子公司在上冶建立玉米良种繁育基地 5 处，繁育玉米良种 200 余万公斤。1990 年秋季开始，建立“1、2、5”三级小麦良种繁育体系，即县建立万分之一的一级原种繁育基地，乡镇建立千分之二的良种繁育基地，村建立百分之五的良种田。1996 年在双邱、古城等村建立小麦二级良种繁育田 3000 亩。1999 年在姚河、城南头等村建立玉米良繁育基地 5000 亩。2000 年后，结合国家对小麦、玉米、水稻、棉花、花生良种补贴项目的实施，大力推广农作物新品种。2017 年全镇小麦、玉米、花生、棉花等主要作物全部实现良种化。

农技培训

上冶农技培训始于 20 世纪 50 年代，当时主要通过乡村基层干部和利用乡村

曹家楼大棚种植西葫芦农技专家现场指导

各级各种会议、夜校等形式对农民进行培训和指导。1964 年成立公社农业技术推广站，全面承担起农技培训和推广任务，农技培训逐渐经常化。20 世纪 70 年代后，农技培训主要形式有印发科技资料、办科技宣传专栏、进行实物图片展览，1990 年代后，设立科技示范户，培训农民技术员，科技下乡、印发明白纸、举办培训班、召开现场会、电视新闻宣传报道、进行田间地头现场指导和建立农业科技示范园区等成为农业科技培训的主要方式。2000—2017 年，全镇共举办各类农业技术培训班 300 余期，培训人员 46000 人次；召开种植、管理和观摩现场会 86 次，参会人员 12600 人次；印刷技术明白纸 26 万份；进行田间地头现场指导 16000 人次；赶科技大集 68 场，技术咨询服务 48000 余人次。

种植技术

中华人民共和国成立前，上冶农业种植落后，管理粗放，当地人常称：“庄稼活不用学，人家咋着咱咋着。”基本靠天吃饭。中华人民共和国成立后，重视农业发展，20 世纪 50—70 年代，通过多年深翻改土，大搞农田基本建设，兴修水利，增施肥料，加强植保，引进良种等一系列农业基础工作，改善了农业生产条件。实行联产承包责任制以后，上冶针对农业生产中出现的新形势、新变化，不断转变工作方式和工作方法，围绕农业技术推广，积极进行新技术、新品种、新肥料、新农药等各种实验示范活动，推广高效立体技术、旱作农业增产技术、保护地栽培技术、大棚瓜菜栽培技术、秸秆还田技术、病虫害综合防治技术等重大农业科技项目和地膜覆盖、温室大棚栽培技术。

1983 年上冶首先在蔬菜、花生上推广地膜覆盖技术，花生覆膜亩增皮果 99.4 公斤，增产 37.2%。

1985 年上冶承担省科委下达的小麦中产突破技术开发项目，在全镇 41 个行政村实施，聘请山东农业大学刘佃英教授作为技术顾问。北村安排了鲁麦 1 号、5 号、8 号高肥水品种示范片，开发第一年（1988—1989）平均亩产 540.52 公斤，增产 8.2%；第二年（1989—1990）平均亩产 584.52 公斤，增产 8.1%；开发第三年（1990—1991）平均亩产 601.25 公斤，增产 2.9%。

1986 年上冶被设立为全县立体农业发展试点乡镇，麦套玉米 1000 亩，麦套瓜菜 1000 亩。

1988 年上冶镇 5 次组织村干部及部门负责人到苍山、寿光、潍坊等地参观学习西瓜种植技术，并且聘请日本专家讲课，1990 年西瓜种植达 10000 亩。

现代机械化耕作

1990 年县委、县政府在上冶镇实施“吨粮田”项目。通过项目实施，双邱、曲池村粮食种植当年全部实现“吨粮田”目标，其他村试验田小麦、玉米双季亩产也达到 1000 公斤。

1996 年推广 3 种 3 收的种植模式，即早春大棚西瓜、越夏蔬菜、秋延迟瓜菜 1 万亩，取得较好收益。

2000 年新建三层农业技术综合服务大楼，农技站配备了发芽箱、触摸屏、机防喷雾器。

2010—2012 年，上冶镇承担了农业部下达的花生万亩高产创建项目。项目区分别设在万仓村、水湖村、民义村，建立了 10 亩高产攻关田、百亩示范片、千亩高产核心示范区各一处，辐射带动 10000 亩。

农田水利

1956 年从玉泉修砌石渠，引玉泉水灌溉双邱农田 2000 余亩。1960 年建成上冶水库，1970 年代，上冶公社各大队沿浚河、紫荆河、红河先后建设扬水站 17 座，灌溉面积 15000 多亩；修建机井 230 眼，建提水站 63 座，受益面积 3000 亩。1986 年建设东西主干渠两条，全长 9000 多米，引上冶水库水源灌溉农田面积 17000 亩。1996 年以水利配套为主，建设塘坝 10 处，总库容 986646 立方米。2005 年建节水干渠 10895 米，受益面积 19000 亩。2011—2012 年，实施全国小型农田水利重点县建设工程，投资 4932 万元，铺设主管道 42195 米，安装出水阀 4000 多个，改善和扩大灌溉面积 28000 亩。到 2017 年，全镇灌溉面积达 5.8 万亩。

电灌站

农田建设

20 世纪 50 年代开始深翻改土、压沙换土；20 世纪 70 年代丘陵地带实行打堰造田，建设高标准梯田 26000 亩；20 世纪 90 年代先后进行刘官北岭、蔡庄岭、白石崖岭、万仓、大仲口、兴国等6处农田基本建设项目，为农业产业规模化奠定了基础；2014年实施农业综合开发万亩高标准农田建设项目，涉及大仲口村、兴国村、仲口屯村和永兴村4个行政村，共2408户，9152人，其中，农业人口8290人。项目总面积10200亩，项目总投资1065万元，建设高标准农田0.9万亩；新建200立方米蓄水池8座，改建2000立方米蓄水池1座；新建塘坝1座，清淤加固塘坝4座；新建扬水站8处，架设高压线路1.9千米、低压线路1.1千米，埋设低压电缆0.74千米，100千伏、50千伏配套变压器各1台；新建大口井1眼，改建大口井2眼，铺设引水管道32.5千米，新建渠系建筑物353座。整个项目区实现田成方、林成网、渠相通、路相连、旱能浇、涝能排的预期目标，基本实现田园化。1986年上冶镇粮食总产量1.45万吨，2017年2.01万吨。

上冶镇历年农民人均收入（可支配收入）明细表

表1

年份	农民人均纯收入（单位／元）	年份	农民人均纯收入（单位／元）
1985年	335	2002年	2747
1986年	366	2003年	3032
1987年	434	2004年	3158
1988年	529	2005年	3778
1989年	518	2006年	4206
1990年	557	2007年	4866
1991年	617	2008年	5606
1992年	669	2009年	6156
1993年	859	2010年	7177
1994年	1199	2011年	8362
1995年	1590	2012年	9556
1996年	1890	2013年	10878
1997年	2053	2014年	12252
1998年	2182	2015年	11244
1999年	2272	2016年	12274
2000年	2359	2017年	13304
2001年	2485		

注：2015年后，农民人均纯收入指标变为可支配收入指标。

上冶镇历年粮食面积产量过录表

表 2

年份	播种面积（亩）	单产 / 公斤	总产 / 万公斤
1995	68502	390	2668.4
1996	68658	398	2729.3
1997	66323	402	2666.2
1998	65382	413	2701.6
1999	65880	413	2721.2
2000	68180	340	2319.9
2002	70271	304	2139.4
2003	55365	359	1989.6
2004	60447	358	2164
2006	63413	363	2299.4
2007	63649	360	2289.4
2008	56021	384	2151.2
2009	55237	370	2042.9
2010	54599	406	2216.7
2011	54320	402.8	2188.1
2013	58002	409.5	2374.9
2014	57098	417.5	2384
2015	56942	418	2379.9
2016	55840	421	2350.8
2017	46540	432	2010.5

林果业

林业

历史上大田庄乡一直归属上冶区、上冶公社管辖。1976 年大田庄乡从上冶划出，在此之前的上冶林业，森林覆盖达 11 万多亩。

中华人民共和国成立前，上冶一带农村主要是利用房前屋后、河沿沟坎栽植树木，有刺槐、侧柏、国槐、杨树、椿树、楸树等几十个品种，品种虽多但数量甚微。中华人民共和国成立后，上冶每年进行群众性的植树造林活动。1976 年以后，上冶林业主要由速生杨用材林和果树林组成，20 世纪 80 年代以后，林业逐步推行联产承包责任制，全镇河滩沟渠、路旁地堰等区域全部承包到户，造林面积不断扩大，林业生产迅速发展。1986 年，成立由林业站、果树站等部门组成的绿化造林领导小组，实施农田林网工程和速生杨丰产林工程，大力发展经济林，建设生态林，境内林地面积达到 14600 亩。1993 年，上冶镇发展万亩杨树农田林网和“八五”绿化造林工程，林地面积增至 20900 亩，森林覆盖率增至 18.5%。2002 年启动绿色通道、绿色走廊工程，蒙台公路，汶泗公路及全镇主要交通干道两侧全部栽植速生杨，日东高速公路连接线两侧 50 米内全部规划为绿色走廊，栽植速生杨树。2005 年三村、五村、翟家村新建经济林葡萄园 1000 余亩，高速公路连接线沿途 10 个村新建丰产林 5000 余亩，全镇四旁植树 90 万余株，林地面积增至 26000 亩，活立木蓄积 7500 立方米，森林覆盖率增至 27.7%。2010 年建设国、省、县、乡道绿

紫荆河岸丰产林

色生态长廊工程，林业用地面积增至 26475 亩。其中防护林 675 亩，经济林 9000 亩，用材林 8400 亩，四旁植树 103 万株，折实面积 8400 亩。森林覆盖率增至 29.97%。活立木蓄积 8700 立方米，林业总产值 26000 万元。上冶镇被评为市级绿化模范乡镇，有 5 个村被评为省、市级绿化达标村。2017 年有林地 31000 亩。

果业

中华人民共和国成立前，上冶果树栽植零星分散，农民仅利用房前屋后栽植石榴、柿子、核桃、山楂、杏等果树。20 世纪 70 年代，各村以生产队为单位成片发展苹果园，成为当时集体副业收入的重要来源，至 1979 年，全镇发展果园 3200 亩。1983 年，实行土地联产承包后，集体果园被个人承包，一部分果园因树龄老化，品种退化，或管理不善被砍伐淘汰，部分果园更新。1986 年，上冶镇果树栽植以苹果、山楂为主，主要集中在东岭、里仁、兴国、双邱、宁国、三村、五村、大青太、西毕城等村，成片发展。到 20 世纪 90 年代栽植品种与重心发生转移，以北村为中心发展保护地栽培果树 200 亩，主要是桃、杏、葡萄等品种。1997 年

为果树喷洒农药

游客在北村金太阳杏大棚里体验采摘乐趣

兴国村无公害黄瓜

在北村村北蒙台路东侧规划大棚保护地栽培桃树、杏树、葡萄等，新建大棚50个，2000年以后，与山东农业大学结对子，聘请果树专家定期培训高档优质果品生产技术，逐渐淘汰老品种，更新为桃、杏、葡萄、核桃等树种，品种结构更趋合理。2010年3月，县委组织部、县科协、县果业局到上冶各村培训大棚葡萄生产技术，6月份市、县电视台到三村拍摄制作葡萄夏季管理技术纪录片。2011年聘请市农科院、县果业局果树技术专家多次到果园、地头培训讲课，现场观摩人数达5000人次。上冶一村、二村、东岭、东埠子等村新发展桃园1500亩，以兴国村为中心新发展京亚葡萄保护地栽培1000亩，以北村为中心新发展杏、桃1000亩，三村、四村发展藤稔葡萄1000亩。西沟村种植蓝莓30亩。

2017年，上冶镇共有果园面积6735亩，其中桃2160亩，苹果1100亩，杏680亩，葡萄2600亩，蓝莓195亩，年产量33000吨，总产值5000万元，果品专业合作社5个。

畜牧业

上冶镇传统养殖品种主要是鸡、鸭、鹅、猪、牛、羊、兔等。中华人民共和国成立前，为农户散养或圈养，生长缓慢，商品化低，收益不高。人民公社时期曾以生产队为单位集体饲养牛、猪等大牲畜。牛主要是使役，作为生产工具犁地、拉车等，养猪作为集体副业收入。20世纪80年代以后，政府制定扶持政策，鼓励

三村肉食兔养殖场

化海肉鸡养殖专业合作社

农民大力发展养殖业，推广优良品种，加强动物防疫，强化畜禽产品质量安全等一系列措施，规模化养殖在上冶逐步推进。

1986 年上冶镇牛、猪、羊、兔存栏量分别为 3306 头、21500 头、10061 只、24950 只；肉蛋奶产量分别为 1985 吨、235 吨、18 吨。1989 年畜牧业总收入 3102 万元，比 1986 年增加 980 万元，增长 52.1%。2000 年牛、猪、羊存栏量分别为 860 头、18560 头，21120 只，三禽蓄养量 12.3 万只。2003 年部分村成立养殖协会和产销合作社，开展技术、信息、饲料、兽医、兽药和疫病防治等服务，协会成员所饲养的牲畜达 10.1 万头。禽业规模养殖多为大棚养殖，种类有肉食鸡、肉食鸭、蛋鸡、鹌鹑和鸽子。大棚养鸡、鸭规模较大，每个棚可养 4000 只到 2 万只，年养 4 ~ 5 期，年出栏成品肉鸡（鸭）2.5 万只到 10 万只不等。全镇达到 100 多个大棚，各村都有养殖专业户。专业村以东埠子村为最，全村 209 户人家就有 70 个养殖大棚，年产成品鸡（鸭）100 万只。大仲口村林化海年饲养肉鸡达 200 万只。由于短期内一哄而上，养殖场地分散，因陋就简，畜禽气味，粪便严重污染环境。2010 年前后，政府制定政策，统一规划，重点扶持规范化、标准化、无害化养殖，培育了 12 家养殖合作社，其中化海肉鸡合作社成为养殖龙头企业。2012 年化海肉鸡养殖合作社固定资产 5000 多万元，2016 年在翟家村、城南头建成两处无害化国家标准肉鸡养殖基地。2017 年，在兴国庄村建立一处无害化国家标准肉鸡养殖基地。

现代农业

上冶镇现代农业发展开始于20世纪90年代，推行冬暖式大棚瓜菜种植，大、小仲口村、曹家楼、兴国庄等统一规划，连片建设蔬菜大棚。随着种植规模不断扩大，各村相继成立了不同形式的蔬菜生产合作社。2015年上冶镇着力打造“一区四园”现代农业，一区是指现代农业发展区，四园分别是浚河渔业垂钓园、紫锦葡萄生态产业园、蓝莓大棚杏桃采摘园、农产品加工产业园。

绿色农业

20世纪90年代以来镇农技部门加强技术指导和服务，统一制定生产标准，购进良种，使用有机肥，不施或少使化学肥料，推行生物除虫技术，不用或少用农药。大棚瓜菜品种以西葫芦、西红柿、秋延迟辣椒等为主导品种。2017年种植面积15000亩，大棚8500个，实现产值3亿元，人均增收18600元。

品牌农业

2000年以后，上冶镇开始实施农业品牌战略，发展种植合作社54家，养殖合作社12家，传顺食品、京宝食品、田旺瓜子、金秋栗业等农牧业产业化龙头企业4家。以各种形式的合作社为依托，注册“蓝鹏”牌蓝莓，“鲁根”“众口香”牌蔬菜，“桃花岭”牌花生油，“绿盈”牌西瓜，“维岭”牌花生，“翰程”“蒙冠”“玉泉观”“子禾”等11个农产品品牌。以传顺食品、京宝食品、田旺瓜子等深加工企业为平台，注册了“传顺烧鸡”“豆黄金”天然腐竹、豆干、豆包、油皮，“傻旺”瓜子、“大红二红”全羊汤等9个食品品牌。其中，“鲁根”蔬菜、“桃花岭”花生油、“传顺”烧鸡、“豆黄金”天然腐竹、“豆黄金”豆干等产品，进入各大连锁超市和大型餐饮饭店，形成了农产品和超市饭店的直接对接，“传顺”烧鸡、“豆黄金”豆干还成为国内著名的旅游食品。

休闲农业

主要为2015年重点打造的浚河渔业垂钓园、紫锦葡萄生态产业园、蓝莓大棚杏桃采摘园。

浚河渔业垂钓园 位于上冶镇刘官村岭南头自然村南，浚河北岸，西靠平邑浚河橡胶坝和公路大桥。项目占地1000亩，开挖建设4个单体垂钓鱼池，含1个温室垂钓池，1个儿童体验摸鱼池，单池占地4000平方米，配套建设火龙果及猕猴桃采摘园、生态饭店，是目前山东省内最大的人工垂钓园和单体垂钓池。2017年已建成2个垂钓池。

浚河垂钓园

紫锦葡萄生态产业园 成立于2015年5月，是山东紫锦葡萄生态农业科技有限公司开发的家庭农场式农庄葡萄园，位于上冶北部、上冶水库西岸，北临蒙山景区，东临天蒙景区，农庄主打生产绿色无公害优质果品为主，致力于优质、安全、高端、鲜食葡萄种植及种苗培育，2016年注册“紫锦”商标。项目占地3000

小仲口村草莓采摘园

紫锦葡萄山庄

亩，其中 100 亩农庄葡萄种植示范基地，300 亩农庄葡萄采摘基地，2600 亩农户葡萄种植基地。园区依托山东农业大学葡萄种植系专家研发优势，进行安全、优质、高端鲜食葡萄种植，红酒酿造葡萄种植及种苗培育。配套建设专业外景婚纱摄影基地项目 1 处，餐饮住宿室外棚 30 处，“我是地主”自留地 100 处，绿色蔬菜大棚 10 处，沂蒙黑猪养殖场 1 处，垂钓园 1 处，露天游泳池 1 处。是集农产品生产、红酒酿造、观光旅游、科教研发、技术培训、商务洽谈、生态休闲特色餐厅为一体的现代科技农业园区。2017 年生产优质葡萄 10 万余斤。

西沟村蓝莓

蓝莓大棚、杏、桃采摘园 分别位于西沟村、国庄村、兴国村、上冶北村。占地面积 260 亩，国庄牛奶草莓、西沟蓝莓已有十几年的种植历史，大棚杏、桃采摘园既可春季赏花、又可夏季采摘，2017 年农民增收 2000 万元。

农产品加工园

始建于 2003 年，位于日东高速公路出口周围，上冶镇中心工业园内，占地 3000 亩，园内有山东豆黄金食品有限公司，费县传顺食品有限公司，费县六和化海食品有限公司，费县田旺瓜子有限公司，金秋栗业冷库，（邦基）玖瑞饲料有限公司，临沂汇和磷脂有限公司等农产品加工企业。其中，豆黄金食品荣获“中国“绿色食品”认证，第十三届中国国际农产品交易会金奖和第十六届绿色食品博览会金奖，被评为：“山东省著名商标”，在日本、美国、韩国、德国、英国、香港 10 余个国家和地区注册商标；六合化海食品日屠宰肉鸡 8 万余只。

2017 年 10 月德国专家到豆黄金考察

上冶镇志

SHANGYEZHENZHI

工业经济

GONGYEJINGJI

原京宝食品——豆黄金厂址

上源热电厂全景

上冶是费县的工业重镇。多年来，大力发展以民营企业为主体的工业经济，实施“工业兴镇、工业强镇”战略，推行“大众创业，万众创新”活动，不断引导企业调整产业和产品结构，拉长产业链条，在“高、精、新”上下功夫，力推产业转型升级，培育具有市场竞争力和有知名度的品牌，着力发展壮大产业集群。全镇工业经济占 GDP 的比重迅速上升，逐步成为带动全镇经济发展的主导力量，形成造纸、木业板材、家具制造、食品加工、饲料生产、新型材料等六大支柱产业。2017 年，全镇各类企业 864 家，其中工业企业 142 家，规模以上企业 38 家，从业人员 14855 人，实现工业总产值 87.3 亿元。

发展历程

中华人民共和国成立前，上冶主要有木工、烘炉、油坊、土布纺织、土陶烧制、条柳编织等家庭手工业。1958 年，从各村抽调部分烘炉工、木工，在上冶一村成立上冶铁业社，为上冶农业机械修配厂的前身，主要生产锄头、镰刀、铁锨、

20 世纪 60 年代老木匠

20 世纪 70 年代打铁烘炉

镢头、铧犁等农用工具，成为上冶集体工业的开始。

20 世纪 60 年代，上冶先后成立瓦厂、炸药厂、木器厂、拖拉机站 4 家集体企业。上冶农机修配厂从上冶一村搬迁至东岭村西、费县三中对过，更名为费县机床厂，产品也升级换代，生产 Z512 型钻床、Z32K 万向摇臂钻、C630 车床等机械产品，为临沂拖拉机厂配套生产 195、295、495、解放等型号和品牌的发动机和水箱。当时解放军驻蒙山牛岚部队因军工生产需要，从东北购得一台 Z32K 万向摇臂钻，辗转数千里路运回营房，拆箱一看，竟是上冶农机修配厂的产品，牛岚与上冶相距不过数十里。此事成为上冶人茶余饭后的谈资，一直流传多年。

1971 年成立工交办公室，负责社办工业的管理，1986 年更名为上冶镇经济委员会，1995 年又更名为上冶镇经济贸易办公室。

1978 年，上冶公社在埠后村南岭筹建社办造纸厂，当年建起 3 间厂房，招收 10 多名工人，手工制造火纸，1986 年，新上卫生纸生产线，工人发展到 300 人。后该厂又连续扩建文化纸生产线，规模不断增大。同时期，上冶大力提倡发展个体经济。从 80 年代中后期开始，埠后村先后创建一家烧鸡厂，十几家小造纸厂；二村建起一家纯净水厂，翟家村建起面粉厂，个体私营企业开始在上冶各村出现。

1995 年，费县造纸厂提前两个月完成利税 2200 万元的年度目标。为此，费县县委、县政府在费县造纸厂举行庆功大会。1997 年上冶造纸厂组建成立山东光华纸业集团有限公司，上冶建筑队注册成立上冶镇建筑工程公司，两家公司成为上冶镇的龙头企业。

2000 年，木材旋皮业成为上冶民营经济的主导产业，村村都建旋皮厂，2002 年发展到 100 多家，仅埠后一个村就有 60 多家。2003 年 7 月，上冶镇实施“工业进园”行动。建成“三通一平”(场地平整、路通、电通、水通)的中心工业园，制定优惠政策，招商引资，积极引导企业向规模化、集群化、效益化发展。同年开始实施乡镇企业“公转民”改制，2004年全面完成改制工作，累计盘活资金3000余万元，签约引资项目4个，新上技改项目4个，合同利用外资1.3亿元，引进资金8500万元，总投资2亿元，初步形成造纸业、食品加工业、板材加工业为主导的三大产业，十几个门类。民营企业达300多家，其中规模以上工业企业13家，完成工业增加值7.6亿元，获“费县乡镇企业先进乡镇”称号。

20世纪80年代的油坊

早期的旋皮厂

2010年后，冠骏科技公司、六和化海食品有限公司、山东豆黄金有限公司、邦基(费县)玖瑞饲料有限公司、临沂汇和磷脂有限公司、山大木业、千森木业集团、临沂恒瑞新材料科技有限公司、金隅新型建材有限公司、金鳌加工厂等10多个大项目、大企业先后落户上冶工业园。全镇规模以上企业21家，从业人员3489人，实现产值24.84亿元，增加值4.2亿元，利税总额2.5亿元。

2017年全镇各类企业864家，其中工业企业142家，规模以上企业38家，企业从业人员14855人，全镇实现工业总产值87.3亿元，利税总额8.6亿元。

上冶镇从2003年规划建设工业园，至2017年建成一个镇工业园，14个村工业园，形成以镇工业园为中心，村工业园共同发展的格局。

镇工业园

2003年规划建设，位于镇驻地南部，东西方向有工业大道、兴业路、工业二路、青岭路、浚河路 5 条主干公路。园区内建有费县上源热电厂，110 千伏变电站 1 座。2013 年，上冶镇依托自身优势，重新规划调整，根据上冶轻工业发展板块的功能定位，打造上冶镇“一园六区，一心三轴”，其中“一园”为轻工业产业园。“六区”包含：以工业地产和厂房出租为代表的新兴产业培育区、造纸与新兴材料产业区、食品加工区、木制品加工区、物流商贸区、配套服务区等六个子园区。“一心”为日东高速出口区域，围绕公园绿地和商贸区建设园区的中心景观。“三轴”分别为光华路发展轴、高速公路发展轴和红河滨水景观轴。占地面积 9.59 平方千米，北部为传统工业区，南部为新兴工业区。

园区中心有日东高速公路出口，园区南 3 千米处是在建的鲁南高铁费县站，具有“高速经济圈、高铁经济圈、蒙山旅游圈”三圈叠加的区位优势。

园区定位为打造费县北部以轻工业和商贸物流为主导的费县北部产业园区。按照“一个主导产业，多个龙头企业，一批配套企业、一个区域品牌”集群发展模式。构建造纸、食品加工、板材家具、商贸物流和建筑材料、服装箱包、粮油加工、机械制造“5+3”现代产业体系，大力实施“建链、补链、强链”工程，产业发展质量不断提高，效益明显增强。2015 年 6 月被确定为费县经济开发区北区。2017 年园区内有各类企业 146 家，其中规模以上企业 38 家，安置农村剩余劳动力 12000 余人。

附：

2017 年已入驻镇工业园的规模以上企业

山东光华纸业集团有限公司

费县上源热电有限公司

费县六和化海食品有限公司

费县传顺食品有限公司

临沂京宝食品有限公司

山东冠骏清洁材料科技有限公司

费县玖瑞饲料有限公司

临沂汇和磷脂有限公司

临沂山大木业有限公司

临沂格莱瑞木业有限公司
费县凯鑫利木业有限公司
临沂鑫凯利木业有限公司
费县富洋多层板厂
费县知春树木业有限公司
临沂镇远木业有限公司
费县上冶俊鑫峰木材加工厂
费县森利达板材厂
临沂市玉泉沥青有限公司
临沂凯森木业有限公司
费县上冶镇明大多层板厂
临沂国正木业有限公司
费县丰源建材有限公司
临沂市永胜化工有限公司
费县凯林板材厂
费县福兴板材厂
费县福正木业有限公司
费县崇山板材厂
费县金浩板材厂
费县祥瑞木业有限公司
费县乾鑫板材厂
费县东森板材厂
费县鲁升木制品加工厂
山东千森木业有限公司
费县森涛板材厂
费县森富板材厂
费县晟利源板材厂
费县层峰木材加工厂
费县米源板材厂

村工业园

上冶镇现有14个村工业园，分别为埠后、水湖、西毕城、大青太、北村、兴国、上冶二村、东岭、姚河、里仁、民义、万仓、古城、仲口屯工业园。

埠后村工业园 建于1999年，位于埠后村西，新埠路两侧，占地面积310亩。2017年园内有板材厂29家，旋皮厂57家，家具制造、汽车修理、化工生产等90多家企业，其中规模以上企业12家，外来从业人员2000多人，埠后村是上冶镇最大的木业板材专业村。全村板材工业年产值1.2亿元。

西毕城村工业园 位于西毕城村北，创业一路和青岭路两侧，于2007年规划建设，占地面积200余亩，2017年，入园企业47家。有板材加工、家具制造、机械制造等多种门类，年产值7000万元。

大青太村工业园 位于大青太村西，沂蒙公路两侧，于2007年规划建设，占地120亩，主要有板材加工、家具制造等。

北村工业园 位于上冶镇北村西，蒙台公路两侧，于2007年规划建设，占地面积180亩，主要有板材业、花岗石、建材等园内共36家，年产值8500万元。

兴国村工业园 位于上冶镇兴国村东，文泗公路两侧，主导产业为板材加工、服装生产，2007年建成，2017年有企业32家。

姚河村工业园 位于姚河村东南，2007年建成。主要以加工扫帚为主，年产扫帚100万把，2017年有加工企业20余家，从业人员300余人，年产值600万元。

里仁村工业园 位于里仁村东，连接线以西，占地100亩，2007年规划建设，2017年有25家企业，主要是板材加工业。

民义村工业园 位于民义村东，紧靠上冶镇工业园，主要是板材加工，化工制造等企业。2007年规划建设，2017年有31家企业。

万仓村工业园 位于万仓村东，2007年规划建设，主要为板材加工和金蛋制造业。2017年有12家企业，

古城村工业园 位于古城村西、宁国自然村东，2017年有邦忠板材厂，旋皮厂、水泥制品等11家企业。

东岭工业园 建于2007年，2017年有24家企业，主要为家具制造、木业板材等。

上冶二村工业园 位于光华苑以南，里仁工业园以北，2007年规划建设，主要为板材生产，2017年共有企业37家。

水湖村工业园 位于水湖村，田石公路两侧，2007年规划建设，主要为金蛋等工艺品生产，2017年共有企业107家。

仲口屯村工业园 位于仲口屯村东，2007年建成，主要为板材加工业，至2017年有8家企业。

循环经济

1990年代初期，上冶镇以造纸厂为龙头的镇办企业和个体私营企业发展迅速，上冶镇大力发展循环经济，不断加大对环境污染的治理力度。2000年后，上冶镇充分发挥和利用木业家具、食品加工、饲料生产等自身优势，大力发展以木业下脚料再利用、工业固体废物再利用和农作物秸秆利用为主要内容，工业废水回收再利用为辅助内容的工业循环经济，走出了一条可持续发展的路子。

木片秸秆再利用

山东光华纸业集团有限公司年产各种机制纸15万吨。主要生产原料为木业制板的下脚料杨木片和小麦秸秆，年可消化杨木片30多万吨，麦草15万吨。当地众多的制板厂、旋皮厂不仅在家门口为上冶造纸业提供了得天独厚的木片资源，节省了大笔运输费用，而且也为板材厂解决了下脚料无处存放的后顾之忧；上冶当地及周边地区均为小麦产区，麦草资源丰富。恒联集团2005年并购光华纸业，而后把恒联集团的战略发展重点放在了上冶造纸工业园。2010年成立恒联冠骏科技有限公司，生产新型清洁材料，2016年成立恒联桦林公司生产特种纸，光华纸业公司利用当地杨木片生产的化机浆，不仅能满足公司生产需要，而且还可以外

恒联光华纸业 2640 生产车间

卖。2017 年，光华纸业公司扩大制浆产量，淘汰蒸球制浆，新上连蒸连煮设备，制浆能力提高近 1 倍，浆产量可达 10 万吨，木片和麦草需求量也随之翻番。

制浆糠土再利用

上源热电有限公司利用光华纸业制浆筛选工艺剔除的木片麦草糠土，按一定比例掺进煤炭投入锅炉燃烧，充分利用糠土中残留的木质素等可燃物质。为进一步利用当地丰富的农作物秸秆资源，上源热电公司还专门设立了秸秆收购点，季节性收购玉米秸、棉花秆、黄烟杆、花生壳等以及旋皮厂杨树皮渣。仅糠土掺煤燃烧一项技术可为上源热电公司每年节约标煤 4.5 万吨。2017 年上冶镇已设立 3 处农作物秸秆收购点，年收购各种农作物秸秆、树皮等 300 万吨，其中大部分用于费县上源热电公司锅炉燃烧，一部分加工牛羊饲料，一部分外卖。同时，该公司采取炉外脱硫技术，利用本集团光华纸业有限公司碱回收白泥作脱硫剂，脱硫副产物石膏，全部运往石膏板厂制作石膏板，脱硫效果达 92% 以上。粉煤灰、灰渣全部外卖，作为水泥生产原料。

废水废渣再利用

1994年以后，山东费县造纸厂（1997年后改建为山东光华纸业集团有限公司）逐步加大环境保护和治理力度，成为临沂市水污染防治的先进企业。该公司把抓好造纸黑液治理作为企业的“生命工程”，不断进行工业废水处理技术的改造和升级，处理后的造纸废水能达到70%回用，剩余部分再经多道工序的技术处理后达标排放。2011年以后，该公司处理后的造纸黑液被泗水华泰集团、临沂环保科技设备有限公司等企业作为化工原料，年销售额1000多万元。

光华纸业黑液处理过程中，还会产生大量的黑泥和白泥等工业固体废物。多年来，该公司不断进行黑泥、白泥的开发利用研究，先后利用黑泥开发出木质素、水泥助强剂等多种产品，与临沂环保设备科技有限公司以及临沂市罗庄区、费县薛庄镇等化工化肥企业达成协议，出售给其作为工业原料。2016年，光华纸业公司对碱回收工程进行技术改造，开发研制出利用白泥生产人工石膏、轻钙等产品，年产石膏1.8万吨。对工业固体废物的开发利用，既有效防止造成二次污染，又提高了企业经济效益，成为上冶工业循环经济的一大亮点。

企业简介

山东光华纸业集团有限公司

位于红河湿地以南，日东高速公路以北，西靠沂蒙路，东临紫荆河。厂区面积157000平方米，职工780人，是临沂市最大的浆纸生产企业。公司前身为山东省费县造纸厂，始建于1978年10月，原为上冶镇办集体企业，1997年组建成立山东光华纸业集团有限公司。2005年上冶镇企业实行“公转民”改制，光华纸业整体出售给山东潍坊恒联集团。母公司恒联集团为国内造纸20强企业，山东省内第二大造纸企业集团。改制后，恒联集团当年注入资金8000万元，对光华纸业进

山东光华纸业集团有限公司厂区

行技术改造，同时变麦草制浆为草木混合制浆。

公司现拥有具有国内先进水平的造纸机 10 台，配套制浆、碱回收生产线各 1 条。主要产品有胶版印刷纸、半透明纸、牛皮纸、轻型纸、铜版纸、静电复印纸、高效表面施胶剂、石膏等 20 多个品种。公司 2000 年通过了 ISO9000 国际质量体系认证，轻型纸等 3 个品种曾获农业部“乡镇企业科技奖”“山东省科技进步三等奖”“临沂市科技进步二等奖”“费县科技进步一等奖”。公司先后荣获“山东省守合同、重信用企业”“山东省管理示范企业”“山东省一轻系统明星企业”“山东省安全生产先进单位”等十多项荣誉称号。

公司高度重视环保治理和可持续发展，通过了山东省清洁生产审核验收，被评为“山东省工业污染源达标排放单位”“山东省环保优秀企业”“山东省环境保护先进单位”。2017 年公司淘汰蒸球制浆和元素氯漂白工艺，投资 1 亿元新上连蒸连煮设备，改用二氧化氯漂白工艺。当年完成机制纸产量 11 万吨，产值 5 亿元，利税 8000 万元。

费县上源热电有限公司

位于上冶工业园中心位置，建于 2003 年 10 月，占地面积 6707 万平方米，职工 120 人，是经山东省经贸委备案，原为山东光华纸业集团有限公司技术改造的热电联产项目。2009 年 9 月成为恒联集团独立子公司，一期投资 8500 万元，两炉一机，主要从事发电、供热，年发电量 8800 万千瓦时，供汽量 200 万吉焦，基本满足上冶工业园用汽需求。2017 年投资 1.6 亿元新上 150 吨循环流化床锅炉，当年实现产值 1 亿元，利税 2000 万元。

上源热电有限责任公司一角

公司十分重视环保工作，运用炉内脱硫和静电除尘技术，炉外脱硫系统技术改造等措施，各项环保指标全部达标，通过了山东省清洁生产审核验收。公司先后被授予“节能先进单位”“工人先锋号”等荣誉称号。

冠骏清洁材料科技有限公司生产车间一角

山东冠骏清洁材料科技有限公司

是山东恒联投资有限公司投资 6 亿元设立的全资子公司，成立于 2011 年，为恒联集团费县上冶镇光华科技产业园四家企业（光华纸业、上源热电、冠骏科技、桦林公司）之一。厂区占地面积 190000 平方米，2016 年成功申报国家高新技术企业。南邻费县上源热电有限公司，东接光华纸业厂区，西靠日东高速公路连接线。

公司主要从事复合清洁材料的生产、研发及经营，是国内首条水刺三层复合清洁布生产线。主要产品是工业、民用、电子医疗器械及精密仪器擦拭布，产品技术含量高，附加值高，30% 以上用于出口，年产量 5 万吨。

山东豆黄金食品有限公司

建于 2010 年，占地面积 78000 平方米，职工 210 人。主要产品为“豆黄金”牌纯天然腐竹、油皮、豆包和休闲类食品豆干，年产量 4000 吨，是华北地区规模最大的豆制品生产企业，获中国“绿色食品”认证。2015 年被评为山东省中小企

业创业互联网 + 卓越创新企业，获第十三届中国国际农产品交易会金奖和第十六届绿色食品博览会金奖。2016 年“豆黄金”被评为“山东省著名商标”。

2016 年，公司投资 1600 万元建立豆黄金研发中心，与中国工程院院士盖均镒联合成立中国第一家豆类企业院士分站，拥有 21 名研发人员，其中硕士 3 名，博士 2 名。与海底捞、巴奴、小天鹅等 90 多家国内大型餐饮巨头企业签订合作协议。拥有 2.75 万亩非转基因大豆生产基地。

2017 年，公司新增全自动腐竹生产线 70 条，豆奶生产线 10 条，实现销售收入 1.2 亿元，利税 4000 万元。

豆黄金研发中心

山东化海农牧集团

前身为费县化海肉鸡养殖合作社，2017 年 8 月组建，是一家专业从事肉鸡养殖加工和饲料生产的现代化农牧业集团公司，下辖林瀚养殖、六合化海食品、玖瑞饲料、汇合磷脂 4 个子公司，重点打造林瀚养殖板块。林瀚养殖在大仲口、城南头、兴国庄、翟家村、南山阳分别建成 5 个国家级标准化生态养殖基地，总

六和化海食品有限公司

投资 7.3 亿元，占地面积 216775 平方米，建标准化鸡舍 68 栋，单批养殖量 300 万只。

林瀚养殖与山西大象农牧集团合作，引进国内最先进的三层立体笼养技术，相比传统养殖模式节约土地三分之二，实现标准化、集约化、现代化绿色环保养殖。

林瀚养殖实行全自动化操作和控制，喂料自动化、喂水自动化、通风自动化、鸡舍温湿度调节自动化、清粪自动化。采用工业污水处理技术，对养殖污水和粪便进行无害化处理。对鸡舍进行高压冲洗后的废水经排污管道进入黑膜厌氧发酵池进行处理。处理后的污水再经管道输送到藕塘及蔬菜种植基地，实行种养结合，农牧循环。清理的肉鸡粪便集中运送至无害化处理厂，生产生物天然气，实现资源化利用。

2017 年，集团出栏肉鸡 2000 万只，屠宰加工 3000 万只，生产配合饲料 18 万吨，大豆浓缩磷脂 2 万吨，载体磷脂 4 万吨，实现产值 13 亿元，利税 5800 万元。

费县传顺食品有限公司

建于1988年，经过近30年的发展，公司规模不断扩大，产量逐年提高。公司占地39000平方米，建筑面积18000平方米，员工260余人。主要生产“传顺”牌烧鸡及其系列产品，生产能力可达每天2万只以上，该公司已通过ISO9001：22000食品安全质量管理体系认证。“传顺”牌烧鸡先后荣获“临沂名吃”“泰安金秋美食节特色名吃”等奖项。2017年实现产值1.2亿元，

传顺食品有限公司

费县六和化海食品有限公司

属农业产业化龙头企业，总投资1.2亿元，主要从事肉鸡加工屠宰，日均屠宰肉鸡6万只以上，年产值5亿元，产品主要供应肯德基、麦当劳、大型超市等高端餐厅及零售点，新增就业岗位1100多个，年增加群众工资收入3000多万元。

邦基（费县）玖瑞饲料有限公司

由世界500强企业邦基集团与上冶化海肉鸡养殖合作社理事长林化海等人以租赁加股份的形式合作建成，占地46000平方米，职工300余人，总投资1.2亿元。该公司于2013年6月开始建设，2014年1月投产。公司主要生产经营高能量农牧配合饲料，包括猪全价饲料、浓缩猪料、鸡鸭配合饲料等。产品主要销往临沂市三区九县及鲁西南市场，并不断向周边辐射。年生产饲料18万吨，2017年实现销售收入4亿元。

临沂汇和磷脂有限公司

是青岛和实中润油脂科技有限公司旗下的一家子公司。公司占地10000平方米，职工1202人，车间面积3960平方米，总投资6200万元，拥有国内先进的大豆磷脂油连续生产线四条。主要生产大豆油精炼过程中水化脱胶、经真空浓缩脱水制成的大豆浓缩磷脂，以及将浓缩磷脂与玉米粉混合制成的磷脂粉。2017年，生产磷脂油、磷脂粉5万吨，产值1.5亿元。

临沂格莱瑞木业有限公司

成立于2004年6月，是全国50强出口板材企业、国家级板材示范企业、省级“林业产业化龙头企业”、临沂市外贸出口一类企业、临沂市十大优秀板材企业之一。公司占地4700平方米，现有职工500多人，大专以上文化水平的专业技术人才30人。拥有胶合板生产线14条，其中大型设备热压机14台、冷压机20台、砂光机4台、抛光机1台。主要生产高档防火板、地板基材、贴面胶合板，具有防火、防水、防虫、无醛四大特点。产品广泛用于家具制作、装修、集装箱、建筑等领域。产品通过美国CAPB认证、美国无醛豁免认证、美国加州空气资源委员会认证、欧洲统一安全认证、FSC森林认证、《全国人造板生产许可证》质量认证，拥有自营出口权，产品全部出口美国、加拿大、法国、以色列等国家和地区。

格莱瑞木业有限公司

年生产能力 80000 立方米，2015 年又投资 8000 万元新上技改项目，新增出口额 1000 万美元。2017 年完成出口交货值 1.5 亿元，利税 1600 万元。

临沂山大木业有限公司

始建于 2009 年 8 月，占地 66000 平方米，建筑面积 38000 平方米，职工 560 人，总投资 1.47 亿元。主要生产杨木、杨桉、全桉多层生态板基板、家具板、生态板和桐木、杨木、马六甲细木工板、生态板。年产量 6 万立方米，产值 2.6 亿元。产品主要销往北京、四川、重庆、江西等

山大木业有限公司办公楼

国内十几个地区。2017 年实现销售收入 8 亿元，利税 5000 万元。

山东千森木业集团有限公司

成立于 2012 年，下设山东千森木业有限公司，临沂益鑫化工有限公司，临沂永胜化工有限公司，费县友利木业有限公司，职工 650 人，集木制品产品开发、生产、销售于一体。集团旗下拥有“畔森”品牌，在全国有 150 多家专卖店。主要产品有重组木地板、多层板、EO 级环保生态家具板及环保脲醛胶，年产家具板 15 万立方米，木地板 25 万立方米，甲醛 5 万吨，脲醛胶 6 万吨，其中环保脲醛胶的产量规模位居全国第一位，生态家具板产量位列临沂市前三位，全国前十位。

2016 年山东千森木业集团有限公司启动山东省人造板产业技术研究院项目建设。该项目为千森集团与中国林科院、北京林业大学、山东林科院合作共同建设，总投资 1.2 亿元，占地 30 余亩，是目前全省唯一一家木材产业研究院，主要进行无醛胶的生产和研发。2017 年集团完成生态家具板、木地板 40 万立方米，甲醛 5 万吨，脲醛胶 6 万吨，产值 5 亿元，利税 4000 万元。

千森木业

临沂恒瑞新材料科技有限公司

始建于1998年，是一家专门从事聚羧酸高性能减水剂、水泥助磨剂的研发、生产、销售及行业技术服务的高新技术企业。总投资1.3亿元，占地50700平方米，厂房建筑面积12600平方米，职工220人，生产设备97台套，年产6万吨，是目前世界上最前沿、科技含量最高、应用前景最好、综合性能最优的一种高效减水剂，无毒无害，绿色环保，稳定性好，对于配制高标号混凝土十分有利。2017年实现产值2亿元，税收2000万元。

山东金诺建筑工程有限公司

前身为上冶公社建筑队，成立于1971年，1985年更名为上冶公社建筑工程公司，2002年注册成立费县鑫源建筑工程有限公司，2004年1月改制成为民营企业，2010年变更为山东金诺建筑工程有限公司。公司现有固定资产4160万元，职工246人，工程师以上技术人员67人，其中高级工程师7人，建筑师15人。2017年完成施工合同额8000余万元，利税1340万元。

金隅新型建材有限公司

成立于2012年，公司占地14100平方米，建筑面积5500平方米，总投资3200万元。主要生产销售挤塑板(XPS)、EPS欧式造型、岩棉板、防火隔离带等保温、防火材料。2017年完成产值2000万元，利税200万元。

邦基（费县）玖瑞饲料有限公司

上冶镇志

SHANGYEZHENZHI

城镇建设

CHENGZHENJIANSHE

镇驻地中心

中华人民共和国成立前，上冶驻地民房和临街店铺多为土木、石木结构的草房，建筑无序，街道狭窄，曲直不一，村内外道路皆为土路。

1947 年后，上冶人民在中国共产党的领导下，清理战争废墟，重建美好家园。1949 年，上冶驻地占耕地 4476 亩，驻地人口 5109 人，驻地内房屋破旧，布局混乱，南北、东西主街各一条，宽度不足 8 米且蜿蜒曲折。后又陆续建起粮管所、邮电所、供销门头、医院、小学等。60—70 年代，工厂、商店逐步增加。1986 年，上冶镇多次对水、电、路、讯、供销、金融、文教、卫生等基础设施进行建设改造。镇区面貌焕然一新，各项基础设施日趋完备，城镇承载力、辐射力全面加强。1987 年镇政府将两条主街拓宽至 18 米。1991 年又拓宽至 25 米，1992 年，道路两侧形成以新瓦房为主的商业街。1994 年被省政府列为“百新工程”试点镇。2000 年被省政府列为中心镇。2001 年再次对镇东西中心大街拓宽改造，沿街楼房为上居下店式三层建筑，下半年对玉美河进行改造。2003 年、2004 年、2005 年连续 3 年获得临沂市小城镇建设一等奖，2005 年被临沂市政府列为示范镇。到 2013 年已基本形成以红河为界，南部为工业新区，北部为商贸居住区的城镇建设格局，镇区面积达到 4.37 平方公里，镇区人口 2.5 万，城镇化水平 41.9%。近年来，城镇建设步伐进一步加快，2017 年建镇区面积达到 5.75 平方公里，镇区人口 3.5 万，城镇化水平 55%。先后被评为“省级文明单位”、山东省“明星乡镇”，被确定为山东省首批中心镇、全省“百镇建设示范行动”第二批示范镇、山东省特色小镇、全国小城镇建设试点镇、全国重点镇。2017 年 5 月，被选定为中德鲁巴合作共建特色小镇示范镇。

城镇规划

20 世纪 80 年代前，上冶镇建设无规划，建设布局混乱，最宽主街沂蒙公路也只有 10 米左右。1986 年成立村镇规划办公室，根据费县人民政府《关于村镇建设规划意见》对镇驻地各村进行详细规划，编制规划图和说明书。1994 年，上冶镇聘请省设计专家对镇驻地做出总体规划，城镇发展方向重点向南、向西，逐

上冶镇（2014—2030）总体规划

日东高速公路上冶出口连接线

步控制南北狭长的建设局面。2002 年 8 月，再次编制了小城镇建设总体规划。以红河为界形成两大片区，南部产业园区龙头带动形成新区，北区为老区，东西两翼适当拓展。南北两区有机联系，构成有机整体，并充分利用旧区空闲地及改建用地。2013 年，上冶镇聘请浙江大学城乡规划设计研究院对上冶镇总体规划进行修编。新规划立足于国家、山东省、临沂市、费县和上冶镇五个层面，解读分析了上冶镇的经济、文化、旅游、基础设施、区位交通等各方面优势。以“加快上冶——费县一体化建设，加快费县北部区域城乡统筹建设，加快上冶省级示范镇建设”为目标，确立了构建上冶“泉河古邑”特色品牌的文化旅游名镇和“工贸新城”区域性重镇的总体思路。进而以工贸带动转向多元驱动，推动上冶的全面跨越升级，建成特色鲜明、经济发达、交通便捷、宜居、宜业、宜游的综合型小城镇。

规划基期 2014 年、近期 2015 年，中期 2020 年，远期 2030 年。建成现代工贸型新城。规划控制向北、向西发展，适度向东滨水发展，大力向南发展，形成“一核、三点、三带，两廊、五区、多轴”联动发展格局。“一核”即城镇综合服务核心，指镇区，包括购物餐饮，旅游观光、商贸市场、商业娱乐等休闲服务以及医疗卫生、文体科教、商务办公等公共服务。“三点”指镇域内三个旅游服务节点，即西毕城特色村旅游服务节点、上冶水库休闲旅游节点、兴国庄乡村旅游节点。“三带”指三条滨河景观带，即紫荆河人文休闲景观带、红河生态产业服务景观带、浚河生态观光景观带。“两廊”即两条交通联系走廊，分别为南北向234省道区域联系走廊与东西向日东高速区域联系走廊。“五区”指低山丘陵农业综合发展区、中部设施农业发展区、上冶品质生活区、互通口产业集聚区、古鄫国遗址公园景观区。“多轴”指“三横两纵”的5条对外联系轴，即田石公路、紫荆路、新埠路、文泗公路、北疏港公路，对接县城、临沂市区、平邑县城等经济中心，并向外辐射周边乡镇。

商住设施

中华人民共和国成立前后，上冶街道商位设施主要集中在上冶卫生院至大礼堂街道两侧，1956年上冶成立供销社，先后利用民房、商铺设立小学，建立粮管所、信用社、工商所、税务所、医院和费县第三中学等。

1962年，在原上冶公社大院北30米处，建成上冶大礼堂。1974年拆除重建，主体建筑24间，895.44平方米，内设1000个座位。附属建筑含平房2间及售票处29.67平方米。为当时上冶第一座大型建筑，也是费县区乡一级驻地最大公共建筑。

玉泉社区

20世纪90年代前后上冶先后建成移动公司、联通公司、医院大楼、农行、农村信用社（农商行）大楼。1992年，沿镇驻地东西大街两侧建成沿街楼52栋，建筑面积 12480 平方米。2000 年玉泉路西段区域沿街楼 24 栋，建筑面积 5760 平方米。

2007 年，百新路两侧建成沿街楼 40 栋，建筑面积 9600 平方米。2015 年，紫荆路段先后建成沿街楼 36 栋，建筑面积 8800 平方米。沿街建成的各种楼房店铺，将镇中心南与埠后村，北与翟家村，东和东岭村连成一片，融为一体，形成了玉泉路、百新路、紫荆路三条商业街。

2010 年上冶开始实施社区建设。当年完成紫荆社区（二村）一期工程，2012 年二期工程竣工。同年，玉泉社区（五村）(翟家村）竣工。2013 年，光华苑社区、紫荆社区（二村）扩建工程竣工，北村建成小康楼 26 座。总建筑面积 76900 平方米，安置 592 户。

2014 年，上冶把社区建设体系确定为“中心镇区——农村新型社区——社区居民点”三级结构。全镇社区综合分类为 5 个城镇居住社区：紫荆社区、玉泉社区、玉美社区、河东社区、新埠社区；6 个农村新型社区：兴国庄社区、北村社区、大青太社区、顺合社区、刘官庄社区、城南头社区；2 个旅游特色村：西毕城村和古城村。通过社区化管理，实现人口逐步向新型社区和镇中心区集中，在城镇建设影响区内的村庄创造条件向城镇社区集中，其他村庄通过“增减挂”逐步实现新村社区化。

2016 年，紫荆社区、玉泉社区 E 区、新埠社区、龙居花园、财富广场、里仁庄居民点等新型社区全部实现“气上楼、水治污、暖入户、环卫保洁市场化”的标准。总建筑面积 20 万平方米，安置居民 1460 户。入住农民实现了“低成本进城、大空间发展、高质量生活”的目标。

紫荆社区

2015 年，在上冶

大集原址建成银座上冶大集一期工程。2016 年，万福广场项目开工建设，是蒙山前规模最大、档次最高的综合商贸城。2017 年，上冶继续开工建设新埠社区二期工程，打造集休闲、居住于一体的沿河现代化新型社区。

交通邮电

道路

1930 年前，上冶便有东通岚山头，西通鲁西豫北的东西通衢一条，终日商旅不绝。1964 年冬，建成文泗公路上冶至汪沟乡石庄子村路段。1969 年建成上冶驻地至大仲口西岭路段。1970 年，建成陡向公路紫荆关至上冶段。1987 年将文泗公路和沂蒙公路两条主街拓宽为 18 米，并进行混凝土路面硬化。后又经 1991 年、1992 年、2001 年三次改造，拓宽到 96 米。1996 年对四村、五村道路拓宽改造长

紫荆河西岸滨河路

907 米，宽 83 米，建成百新公路。1998 年，兴郝公路开工建设，当年完成土方，1999 年竣工通车。2003 年，日东高速及上冶出口连接线建成通车。2004 年修城建大道（新埠路）1600 米，2005 年修工业大道 1500 米，2006 年修工业园道路 2300 米。

2004—2008 年，实行村村道路硬化工程，硬化路面达 53 千米。2008—2017 年，先后修建牌坊路、礼堂路、创业二路、创业三路、兴业路、浚河路、紫荆河东路、紫荆河西路等 8 条镇区主干道。新增道路 32 千米，硬化面积 38.6 万平方米，总投资 5800 万元。镇区内已形成了五纵九横的主干道网络。

2017 年，全镇公路通车里程 212 千米（含村级公路），其中高速公路通车里程 30 千米。

桥梁

明清时期，上冶有西毕城义和桥，万仓村万善桥、万泉桥，里仁村太平桥，刘官庄利济桥、水平桥等十余座石拱桥、石板桥。抗战时期，日军侵略军曾在浚

玉美河大桥

河修建混凝土桥一座。1963 年在浚河建成 30 孔水漫大桥。1970 年，建成毕城浚河大桥，拆除原木板桥。1989 年建成文泗公路紫荆河大桥。1992 年前后，先后建成上冶大集玉美河桥、玉美河北桥、百新路五村大桥、四村大桥，连接线红河大桥等 5 座大桥。重建红河、玉美河 2 座大桥。2015 年建紫荆河湿地大桥，2017 年镇内共有大中型桥梁 9 座。

通信

1910 年设县城至上冶邮运干线。1923 年费县邮政局在上冶设邮政代办所，最全县最早的三个邮政代办所之一。1932 年，费县邮政局在上冶局设小额汇兑邮寄代办所。1933 年，上冶可与县城直接电话。1938 年，中共山东费县工委在上冶城南头村建立交通站，杨诚任政治交通员。1946 年，温河县设抱犊崮山区至蒙山县上冶邮运干线。1952 年设县城至上冶邮路。1955 年 8 月，开通农村电话业务。1956 年架设农村电话线杆。1978 年农村电话基本实现水泥杆化，同年实现电路载波化。1985 年，建上冶邮电支局。1994 年，实现农村四通工程，新上光纤传输设备，实现传输数字化。1995 年，实现村村通电话。1998 年，邮电局机构改革，邮政、电信分离，成立上冶网通和上冶邮政局。1999 年，建设营业办公综合大楼 1 座，建筑面积 900 平方米，配备数字化设施，营业面积 200 多平方米。1995—2003 年全镇通信实现程控交换，数字传输。2003 年，移动公司上冶营业厅落户。2009 年，联通公司上冶营业厅开展业务。2017 年，完成邮电业务量 791 万元，增长 17%。年末固定电话用户 4860 户，移动电话用户 42650 户，互联网用户 13850 户。

驻地绿地一角

公用事业

绿化

1990 年后，对镇区内道路进行绿化美化，两侧铺设大理石地面 7000 平方米，铺设人行道彩砖 6000 平方米，栽植雪松、樱花、女贞、竹子、红叶石楠、紫叶李、小龙柏、连翘等各种乔、灌绿化品种 270 万株，绿化面积 26 平方千米。2007 年在镇中心大街东南角、上冶大集西侧建成综合性休闲公园紫荆广场。广场内有奇石、草坪灯，景观灯、射灯。广场占地 7000 平方米，绿化 4200 平方米，铺设大理石、曲径彩砖等，硬化面积 2800 平方米。2012 年在沂蒙公路西侧、玉美河南岸建成玉美河健身广场、老年门球场，占地面积 4200 平方米。广场内铺设大理石地面 1800 平方米，配置 20 多种健身器材，栽植水杉、法桐、小龙柏等，绿化面积 2400 平方米，建有水冲式厕所。

2013 年后，先后在玉美河、红河、紫荆河流域镇区段建成 3 处湿地工程。沿河栽植垂柳、女贞、雪松等各种绿化乔木。河道内种植香蒲、芦苇、荷花等各种水生植物，设多级跌水台、潜流池。河两岸建多处景观台、人行栈道等。

2017 年，在高速公路交通口处公路两侧建成“省级特色小镇”“全国重点镇”标志性建筑；围绕互通口安装假山石，栽植黄山松、雪松、大叶女贞、红叶石楠等各种绿化树木，铺设人工草坪，打造成与费县县城相匹配的费县北入口形象节点。

亮化

1996 年，在玉泉路、百新路两侧安装路灯 247 盏。2012 年以后全部更新为 LED 节能灯。2013 年在沂蒙公路纸厂至三村弯道段安装光伏太阳能路灯 260 盏，在文泗公路东岭段至兴国段安装光伏太阳能路灯 70 盏，在光华路从中心大街到高速公路段安装 LED 节能路灯 58 盏，在四村到北村段安装光伏太阳能路灯 56 盏，在田石路国庄到水湖路段安装光伏太阳能路灯 60 盏，在三村弯道至四村桥段安装 LED 节能路灯 30 盏，在转盘路口、加油站路口、四村路口安装射灯 48 盏，在公路站北侧民房楼顶安装地标灯 1 盏。

沂蒙路上冶段光伏太阳能路灯

排水

上冶镇驻地地势平缓低洼，易涝难排。为此，上冶在大规模实施道路、桥梁建设的同时，注重城镇内涝积水治理。在所有街道道路两旁，利用砖石砌筑地下排水沟或铺设地下排水管。1991—2017 年，共砌排水沟 12600 米，铺设地下管道 21800 米，形成四通八达的地下排水管网。镇区生活污水和雨水分别进入地下管网，排入玉美河、红河两处湿地，经湿地内水生植物净化和多级跌水处理再进入镇工业园尾水潜流湿地进一步净化。

供水

上冶境内地表水资源充足，有一座中型水库，4 条较大河流，沟渠水塘众多；地下水源丰富，多处泉水喷涌，井水遍地可采。2002 年，投资 1206 万元，建成枕流泉水厂和滔达水厂，生产生活用水和高端瓶装水。2009 年开始筹建上冶水厂，

上冶水厂

至 2017 年共进行了五期建设，总投资 3420.64 万元。供水范围覆盖上冶全镇及大田庄乡、南张庄乡和费城街道 198 个村庄，受益人口 86737 人。

供电供热

1969 年 4 月，费县 10 千伏配电线路延伸至上冶。1978 年 6 月建成上冶水电站。1979 年成立上冶供电站。1982 年成立上冶供电所。2012 年进行弱电下地 7400 米。2014 年在上冶工业区建成 110 千伏变电站，供电范围覆盖上冶镇区。

2005 年建成上源热电厂，供热范围覆盖上冶镇工业园及各大居民社区。

上冶 110 千伏供电站

上冶镇志

SHANGYEZHENZHI

商贸物流

SHANGMAOWULIU

万福广场
营销中心 招商中心
电话:5812888
电话:5812887
万斤蜜柚疯狂送!
3号楼
耀世开盘
品鉴专线
0539 5812888
临沂
豆黄金

万福商贸综合体

中华人民共和国成立前，上冶传统贸易主要依靠“集”和“会”进行。新中国成立特别是改革开放后，上冶大力实施商业基础设施建设，发展商贸物流，2013年，聘请浙江大学规划设计院对上冶镇商贸区进行整体规划，2017年提出打造“鄪国古都、工贸新城”口号，主动承接临沂物流功能辐射，发挥高速经济圈、高铁发展圈、蒙山旅游圈叠加优势，逐步形成繁荣的镇区商贸新格局。

集市贸易

上冶自古就是蒙山前平邑、仲村、梁邱、上冶四大重镇之一。《费县志》记载，在蒙山南部有一条重要的商旅通道，东通渔盐海港码头东口（今日照市岚山头）和青口（今江苏省赣榆县青口镇），西至山西、内蒙古。这条古道上终日商旅不绝，被称为“东西通衢”。木轮车、牲畜、人力担挑是主要的运输方式。大批食盐、海货从东海港口而来，而上冶当地的花生油、布匹、牲畜等生活、生产物资源源不断的运送到各地，上冶就是这条古道上的重要站点。

上冶农历“一、六”逢集，每五日一期。大集一般早8点左右开市，下午5点左右散集。每集上市人数约30000人左右。集市上人声鼎沸，摩肩接踵，农闲季节尤其热闹。每逢集日，广大村民手提背负，肩担车载，从四面八方涌入集市，把自家生产的农副产品通过集市出售，换回生活、生产必需品。行商、坐贾也将工业日用品等在集市上销售，同时收购农副产品转外地销售。市场内划片成市，百货杂品、服装鞋帽，面食蔬菜，鱼肉禽蛋、粮油柴木、陶瓷器皿等应有尽有，井然有序。集日饭市尤为繁忙，各种风味小吃达几十种，主要有丸子汤、牛羊猪肉汤、馄饨、馓子、油条等。

上冶镇每年还有两次集市大会，即农历四月初八的“春会”和十月十一的“秋会”，规模比平日的集市大很多。尤其是“春会”，也就是春季物资交流大会。因蒙山前牲畜多，骡马交易量大，故这个会也称“骡马大会”。上冶地处费县、蒙阴、平邑三县交界处，上冶大会又称三个县的会。其实来赶会的不止三个县，北到济南、滨州、潍坊、烟台、聊城；西至济宁、菏泽；东到青岛、日照；

20 世纪 90 年代上冶大集一角

南到枣庄。还有江苏省、河南省等地的客商都来赶会。实际上是三个省的大集会。上冶骡马大会从四月初六开始，到四月十六结束，时间持续 10 天之久。初六为初会，十一为“中会”。大会期间，挑挑的，担担的、推车的、步行的、骑驴骑马坐轿的，从四面八方，齐聚上冶。集市上黑棚、红棚、棚棚相连，遮天蔽日。大会上市的骡、马、牛、驴、羊、猪等多达上千头。远道来的骡、马、驴蹄上钉掌，连猪都穿上定做的皮套保护猪脚。从骡马市到兴国村的路上，曾经有一条长 1000 多米，宽 20 多米的跑马趟子，买主看中了马匹，先在跑马趟子上试骑，觉得满意才买下。牲口交易要委托经纪人（大牙行、小牙行的人）讲价，由买卖双方的经纪人，把手藏在衣服下摆或袖筒里，双方摸手讲价，口诀是“捏七别八勾子九”。即使讲话，别人也听不懂，行内人叫行话，行外人叫黑话。大会时集场子从一村到四村、五村，以玉美河为轴，河两边都是商摊，面积上百亩，人数近 10 万。

更热闹的是赶年集，每年腊月十六以后，逢集不再分市口摆摊，称为“乱市”。上冶方圆几十里内几乎家家关门闭户，大人小孩都赶年集。通往上冶集的各条路上，路多长，人流多长，路多宽，人流多宽。上冶大街小巷到处人山人海。

中华人民共和国成立前，上冶还有个叫作“八股系”的行当。“八股系”也叫底架子或托子，即用四根木条钉成正方形的架子，两根绳子分别从底架上的小孔穿出来，这样就变成四根绳，担子两头一边一个底架子就成了八根绳，能长能短，能松能紧。“八股系”又分为软八股和硬八股。挑着布匹、估衣、鞋帽等商品的叫软八股；挑着铁器、木制品，家具等叫硬八股。“八股系”有的赶集卖货，有的下乡叫卖。

除集市贸易外，上冶还有货郎挑子。货郎手摇货郎鼓子，走村串巷，沿街叫卖。货郎挑子里大都是价值几分钱、几角钱的针头线脑、梳子、篦子、发卡、网子等妇女用品，烟袋嘴、烟袋锅、烟袋杆等老头用品，以及糖块、年糕、泥人、泥哨、泥老虎、小风车等儿童用品，可用钱买，也可用鸡蛋、妇女梳下的头发等物品交换。

中华人民共和国成立后，集市贸易仍保持了过去的传统。“文化大革命”期间曾搞过“社会主义大集”，和全县其他集市统一规定为“逢五排十”开集。但时间不长，上冶便恢复了“一、六”为集的传统集日。后来，由于大牲畜日渐减少，慢慢不再到集市上进行交易，骡马大会风光不再。逐渐消失的还有柴草市、磨市、窑货币、盐市等。再后来，上冶集饭市逐渐缩小。但是，随着人们生活水平的提高，布匹、成衣、鞋帽等工业日用品市口不断扩大，布匹成衣市一望无

沿街门头

际，花色艳丽，多达上千个品种品牌。蔬菜瓜果、鱼肉禽蛋等食材类市口更加繁荣。蔬菜有本镇大棚基地和农户现摘现卖有机蔬菜，也有来自寿光、苍山等全国著名菜区的稀有品种。2010 年以后，花木鱼鸟市场从无到有，从小到大，日益繁荣，自成一市。

上冶集场子面积也比从前扩大很多，除大集原址外，沿文泗公路东至紫荆河大桥，西至光华苑小区；沿沂蒙公路北接翟家村，南至红河桥，沿路两侧各平交路口，断断续续都设有摊点。为制止集市占道经营，造成交通拥塞，2015 年投资 1.2 亿元在大集原址，玉美河桥北实施集市改造升级，建成“银座上冶大集”一期工程。新集市由地下农产品交易市场和地上商业街区两部分组成，地下部分建设 210 个柜台式摊位，地上部分建设 2 ～ 3 层商用单体楼房 11 栋，可容纳 110 户商家入驻，形成全县第一家地下是集市、地上是商铺的立体式大集。大集地面全部为混凝土硬化、既干净又整洁，又遮阳挡雨、冬暖夏凉，让老百姓赶集也成为一种享受。

批发零售

20 世纪 50 年代，实行私营工商业社会主义改造，个体私营商业分别加入国有或集体商业。1952 年成立供销社，后在各村相继设立门市部或代销点。1954 年成立上冶食品组，后改为食品站，承担上冶、张庄、田庄、薛庄等地生猪、鲜蛋的收购调拨。1955 年成立粮管所，在上冶和万仓设立 2 处粮站。1979 年 10 月，费县药材公司在上冶设立经营组。逐步形成了国有集体商业和统一的社会主义商品市场。

20 世纪 60 年代，由于商品不足，供应困难，对粮、棉、布、油、肉、蛋等生活日用品实行票证和计划供应。随着经济的发展，物质日益丰富，1983 年 12 月 1 日起废除票证制实行免票供应。20 世纪 80 年代初，国家逐步改革商业体制，允许个人经商，建立了多渠道少环节的开放式流通体系，个体商业得以发展。国有集体商业实行承包经营或股份合作经营，实现了由卖方市场到买方市场，由国有

批发零售摊点

集体经营到私营民营的转变。1996 年在市场经济的作用下，上冶供销社以承包经营和出售的方式，全部转变为个体经营。

2004 年，上冶第一家综合零售商业康惠超市建成开业。2007 年，万福龙超市、亿客隆服装超市开业。2012 年，上冶飞翔汽贸有限公司成立，翔通汽贸、杨峰汽贸相继开业，开启汽车零售贸易时代。

2013 年宇泰购物（超市）开业。2015 年 12 月万福龙超市更名为福念超市。同年，建成银座上冶大集一期工程。2016 年康惠超市拆旧建新，更名为康惠金街购物广场；万福广场同期开工建设，当年完成主体工程，2017 年进入粉饰施工阶段。

截至 2017 年 8 月，上冶镇已有大型超市 4 家，在建大型购物广场 1 家，大型汽车贸易公司 3 家，沿街批发零售企业 520 家（其中 1 家国有烟草批发企业），个体工商业户 1560 家。42 个自然村各类商业网点、小型超市 132 家。

2012 年全镇实现社会消费零售总额 33444 万元。2017 年全镇实现社会消费零售总额 53510 万元。

万福商业广场 地处上冶镇中心地段，配套建有高档住宅小区、商务酒店及商务会所、休闲文化广场、万福购物中心。集合了超市商品、连锁餐饮、特色小

万福龙超市内景

吃、精品百货、电影院线、KTV 酒吧等日常消费业态。配套五金机电、汽车用品、建材装饰等专营市场，还有以儿童为主题的儿童娱乐、儿童教育培训等项目，配有停车位1700个。是集批发零售、购物、餐饮、休闲娱乐等为一体的大型商贸中心。

食宿服务

自明清以来，上冶商业繁荣，商贾云集，客栈业发达。中华人民共和国成立前，上冶一村、五村开店的较多，分为客店、小车店、大车店、槽棚店等，最多时达到 20 家，大多为餐饮住宿一体的店家。

当时，规模和影响较大的上冶一村有 3 家刘家店、1 家李家店，五村有董家店、曹家店、吴家店、于家店，任家小车店，晏家、李家、刘家三家槽棚店，孙家猪店等。其中最为有名的是晏家槽棚店，主要接待买卖牲口或用牲口运输的商人，方圆千里都知道上冶晏家店。晏家店有客房、牲畜栏，店房面积 1000 多平方米，常备 10000 多斤草料，雇用四五个工人铡草喂牲口，店里常有骆驼队入住。那时，骆驼都经过训练，会跪着爬进店门，但也曾发生过顶翻门楼的笑话。

抗日战争时期和解放战争时期，由于战乱频繁，客源稀少，上冶客栈业日渐萧条，大部分关门歇业。到 50 年代，私营工商业社会主义改造后，在大集东北玉美河东岸成立上冶饭店，隶属上冶供销社管理。1988 年供销社又在现康惠超市附近建成玉泉饭店。20 世纪 90 年代后，上冶食宿服务业如雨后春笋般发展起来，有周家饭店、骆家饭店、建筑酒家、玉泉饭店、赵家饭店、汇泉酒家、鑫源酒家、清华酒家、龙腾宾馆、星江宾馆、薛家猪肉汤馆、任家狗肉店、赵大狗肉店、老李羊汤馆、鸿润羊汤、东岭全羊汤、吴四全羊、镇东宾馆、川东火锅、贾四庄户鸡店等 60 多家饭店。2010—2017 年，万福楼食府、王子快捷酒店、乡村豆腐坊、尚客优连锁酒店、艳华饭店、家苑宾馆、国正宾馆等大型饭店先后建成开业。家苑宾馆建成七层建筑，并配有大型观光电梯。

亿客隆超市

辖区范围内水湖村、兴国村、大青太村、小仲口村、曹家楼、埠后、西毕城、万仓村等较大村庄及工业区内外都有饭店及各类餐馆。这些饭店宾馆，不但能接待客人食宿，还能承接婚宴、生日宴、升学宴、乔迁宴等各种大型宴席。2017 年，上冶登记在册的饭店 122 家，大型宾馆 11 家，各类餐馆、小吃店 360 多家。

物流运输

2000 年以后，上冶主动承接临沂商贸物流功能辐射，大力发展物流运输。相继建成兴蒙物流、荣泰物流、华顺物流等物流运输企业。2007 年盛安物流有限公司成立，2009 年凯翔运输有限公司注册成立，2011 年浩正物流有限公司成立，

2014 年兴政物流有限公司成立，2015 年同鑫物流有限公司注册成立。2017 年，上冶已有 9 家大型物流运输公司，全镇拥有大型货运汽车 2600 辆，物流运输企业管理人员 197 人，驾乘人员 7800 余人，实现运输业年产值 11 亿元。

随着上冶汽贸业、物流运输业的发展，2017 年与之配套的深港机动车检测项目投入使用，7 层建筑的太平保险公司大厦主体工程建成封顶。

飞翔汽贸有限公司 成立于 2012 年 8 月 31 日，位于上冶镇工业园内，日东高速公路出口南侧路东，公司经营面积 20000 平方米，员工 68 人。是集整车销售、车辆保险挂牌、旧车检测维修、零配件供应、售后服务、信息反馈、购车信贷、运输服务等业务为一体的汽车经营企业。主要销售中国重汽、陕汽、欧曼、解放、江淮、天龙、宝马、奔驰、奥迪、大众、丰田、本田、马自达等 20 多个品牌的大中型货车及家用轿车等。2017 年销售量 1000 余台，销售收入 1.1 亿元。

翔通汽贸有限公司 成立于 2012 年，位于日东高速公路与沂蒙公路立交桥西

飞翔汽贸厂景

南西毕城村工业园内，经营面积 13300 平方米，员工 16 人。主要经营范围为东风启辰日产、海马、现代丰田、本田、斯威等 16 大家用轿车系列及汽车配件销售，汽车美容等。2017 年完成销售量 500 台，实现销售收入 5600 万元。

凯翔运输有限公司 成立于 2009 年 1 月，位于日东高速公路费县出口南侧，

经营面积 20000 平方米，是一家专业货物运输企业。公司挂靠并拥有中国重汽、陕汽、欧曼、解放等品牌的大型运输汽车 600 多台。主营线路以云贵川一带和东北地区为主，辐射全国各地，公司通过微信平台和互联网为客户提供便捷服务。2017 年，实现货运收入 6000 余万元，交纳税费 200 万元，累计为当地公益事业投资捐款 20 万元，被上冶镇授予“捐款助学”和“爱心企业”等荣誉称号。

浩正物流有限公司 成立于 2011 年 8 月，位于上冶工业园北部，埠后村西。占地面积 8000 平方米，员工 11 人，主要经营机动车检测、普通货物运输、专用运输、大件运输、汽车、煤炭销售，二手车交易等。公司有挂靠车辆 400 余辆，有汽车修理厂一处。2017 年完成货运收入 4000 万元，利税 1200 万元。

费县运源物流有限公司

上冶镇志

SHANGYEZHENZHI

科教文卫

KEJIAOWENWEI

镇中学操场

文化

上冶文化底蕴深厚，乡土气息浓郁，素有“小戏之乡、书画之乡、舞蹈之乡”的美誉。戏曲、书画、摄影、诗歌、散文、小说创作等艺术创作人才辈出。村级业余文化生活丰富，文艺表演遍及全镇各村，广场舞曾多次组队参加全县农民文艺会会演及省、市、县组织的各种赛事。至 2017 年已建有 26 处文化广场，拥有 28 处文化大院。

文艺表演

中华人民共和国成立前，上冶有多处民间剧团，演出靠山梆子、柳琴戏、吕剧、预剧等地方剧种。里仁庄、彭家林、姚河庄、岭南头等村都有文艺爱好者组成的庄户剧团，自排自演《杨家将》《穆桂英挂帅》《五风岭》《铡美案》《对花枪》等历史古装戏；民间说书艺人经常在村中巷口说唱《雷公子投亲》《清官断》《薛礼还家》等大鼓、三弦曲目；耍猴人、杂技队、魔术师等也常走村串巷演出；每年腊月到次年正月十六，各村还组织舞龙灯、耍狮子、划旱船、打花棍、踩高跷、扭秧歌等各种民间艺术上街表演。

中华人民共和国成立后，民间剧团多自排自演《三世仇》《白毛女》等忆苦思甜剧目。“文化大革命”期间，公社和各村都成立毛泽东思想宣传队，演出《红灯记》《沙家浜》《智取威虎山》等样板戏。同时还自编自演歌曲、舞蹈、快板、相声、数来宝、三句半、对口词等各种曲艺节目。各村之间相互送演，以此联络感情，增进友谊。1973 年成立公社电影队，“文化大革命”结束后，电视逐渐普及，文艺演出活动有所减少，但仍有部分村庄利用冬闲时间开展文艺表演活动。

2000 年以后，各村陆续成立文化大院或文化广场。2005 年，东岭村注册成立“沂蒙新红嫂艺术团”，演出大型现代剧《青山恋》，古装剧《化蝶》《小姑贤》以及自编自演节目《观蒙山》《情歌对唱》《逛新城》等，不但在各村巡回演出，还多次

紫荆舞蹈队文艺演出

到镇敬老院、部队驻地等进行慰问演出。

2010年，上冶一村李永芝组织成立紫荆舞蹈队。2014年到2016年，紫荆舞蹈队在费县第二届、第三届、第四届广场舞大赛中连获三届一等奖。2015年获山东电视台“幸福舞起来”大赛临沂赛区一等奖。2017年获费县第二届全民运动会文艺演出全县第一名。

上冶三村王桂兰组织成立上冶业余艺术团，2017年注册定名为“欣欣艺术团”。表演的节目2013年在临沂电视台农科频道《乡村民情》栏目连续播放一周，其活动事迹被《沂蒙晚报》刊登报道。自编自演的快板说唱《上冶处处展新颜》《清正廉洁莫要贪》等节目被费县文广新局收录为《一村一场戏》演出剧目。

紫荆舞蹈队和欣欣艺术团的广场舞带起上冶全镇各村广场舞热，2017年上冶28个村都成立广场舞蹈队。舞起来，跳起来，唱起来，笑起来，成为上冶农民的生活新时尚。

文学创作

清代，上冶有李恕、任毓秀、英书台等诸多文化名人，创作了《文献存徵》《列儒传》等文献资料及《异人传》《英雄传》《义丐传》《义仆传》《断梁记》《霸半天》等文学作品。新中国成立后涌现出任志玺、葛文峰、冯增芹、王兆武等众多文学创作者。

任志玺 当代乡土诗人代表人物，作品在《人民文学》《人民日报》文学副刊、《星星》诗刊、《绿风》诗刊、《诗神》《青春》《青年作家》等杂志刊登。散文诗《雁行》入选中央广播电视大学课本。

葛文峰 在《山东文学》等报刊、网站发表小说散文 300 余万字。已出版长篇小说《理想上铺香花》《寻宝》，长篇报告文学 (合作)《逆势而袭》，散文集《一角心境》《才女的烦恼》，故事集《费县有趣的村名传说》等。作品获齐鲁文学年展 (2015) 最佳作品奖、第三届人文地理全国散文大赛二等奖等，长篇小说《一脉清流》被山东省委宣传部选为向建党 95 周年献礼的精品。

冯增芹 作品在《人民日报》《工人日报》《扬子晚报》《民间文学》等刊物发表。获 2010 年 11 月山东省散文学会主办的“山东省优秀散文评选”优秀奖等，原创电影剧本《奇石星云》荣获首届“沂蒙文艺奖”。剧本《窦娥奇冤》被拍成电影在全国各大影院公映。

王兆武 出版长篇小说《杨田生认亲》《天山的回声》《愤怒的琴声》《沂蒙山的呼声》等。

书画艺术

上冶历代工书画者众多。中华人民共和国成立前，庙宇殿阁，墓地碑碣，刻有数不尽的书法珍品。受先人书画艺术影响，涌现出众多的书画爱好者和优秀作品，上冶兴国庄就是著名的书画之村。全村上至 90 高龄老者，下至 4 岁孩童，习练书法绘画者多达 1000 余人。2012 年 9 月，兴国庄在费县县城举办首届书画展，并出版《兴国庄首届书

上冶兴国村书画展

画展作品选》，收录书法、篆刻、绘画、剪纸等作品 150 余件。上冶镇以兴国庄为中心，先后成立了书法协会和书画协会，吸收会员 1000 多人，为全镇书画艺术爱好者提供了切磋技艺的平台，成就了朱六善、张颖昌、张传森、尚廷震、王法芝、王全兵等众多书画艺术家。

教育

上冶最早的教育机构，有史可查的可上溯到清代，即清嘉庆十年（公元 1805 年），监生吴子衡、附贡任淑美共同出资在上冶紫荆河东侧的玉泉观北建立的玉泉书院。玉泉书院是费县清代八大书院之一。除玉泉书院外，上冶还有 8 处私塾，培育出武举 2 名，贡生 3 名，禀生 1 名，生员 11 名。

清末上冶私塾一览表

表 3

塾学名称	塾师姓名	塾师籍贯
一村马德修家塾	英书台	兴国庄
二村家庙王家书塾	王光灿	
西毕城吴家书塾	吴化南	西毕城
大仲口李家书塾	田炳星	龙雨庄
兴国朱氏家塾	朱景怡	兴国
东岭任家书塾	任毓秀	东岭
水湖孙家书塾	孙承章	水湖
一村雹仙庙书塾	凌家琪	临沂

清朝上冶科甲人员一览表

表 4

姓名	功名	考取年龄	籍贯
英书台	廪生	55	兴国

续表

姓名	功名	考取年龄	籍贯
英维彬	秀才	35	兴国
朱凤彩	秀才	40	兴国
朱希恩	秀才	45	兴国
张廷彦	秀才	36	兴国
张凤文	秀才	32	兴国
朱树阳	秀才	30	兴国
朱景怡	秀才	35	兴国
任毓秀	贡生		东岭
刘凤岐	贡生		
孙占甲	秀才	35	东岭
任毓淑	贡生		东岭
李纪兴	秀才	40	一村
吴化南	秀才	60	西毕城
赵宝贵	秀才	45	四村
吴绍年	武举	40	一村
吴冠英	武举	45	一村

1905 年，清政府废除科举，上冶的旧式私塾变为改良私塾，增设史地、算术、格致等课程，按周排课，按节次上课，开始了现代教育的萌芽。自“中华民国”初年直至抗日战争时期，上冶的改良书塾主要有 14 家。

“中华民国”时期上冶改良书塾一览表

表 5

书塾名称	塾师姓名	塾师籍贯	办学时间
古城周家书塾	周成润	方城	1927—1933
万仓常家书塾	常富武	万仓	1930—1942
宁国韩家书塾	韩富训	宁国	1936—1937

续表

书塾名称	塾师姓名	塾师籍贯	办学时间
东岭任昌玺家塾	任纪卫、孙富堂	东岭	1923—1938
双邱任继奎家塾	任继奎	双邱	1936—1937
西毕城吴家家塾	吴继备	西毕城	1924—1929
民义刘恒祥家塾	刘恒祥	民义	1931—1933
一村李兴贵家塾	李兴贵	一村	1915—1935
二村任家书塾	任增福	二村	1918—1938
三村赵家书塾	赵启同	四村	1931—1936
四村孙宝生书塾	孙宝生	四村	
五村牛王庙书塾	翟 XX	莱芜	1914—1917
埠后郁家家塾	郁 XX	埠后	1933—1937
兴国庄书塾	朱希后、英若林 英若章、英书台 英维彬、孙占甲 张子青	兴国	1924—1939

1923 年，兴国村前清秀才朱景怡在该村办起上冶第一所新式学校（又名“洋学堂”）；1928 年，费县国民政府将朱景怡学堂改为县立第 44 初级小学。朱宝素（兴国人）被当时的县文教科评为特级教师，月薪大洋 18 圆。

1935 年 9 月费县国民政府在上冶设立乡农学校，“七七事变”后停办。1936 年兴办短期小学；冬季举办农民夜校，进行扫盲教育。

中华人民共和国成立后，上冶教育得到快速发展，教学设施逐步改善，教师队伍不断壮大，教学质量稳步推进，规范化程度不断提高。

管理机构

1946 年 8 月成立上冶区中心校，领导管理全区的教育工作，下辖堂子、上冶、万仓、曹车 4 个学区。学区管理辖区内村小。

随着行政区划的调整，1955 年的上冶区中心校下辖堂子、渐富、上冶、兴国、万仓5个学区；1957年增设姬庄学区。1958年改名为上冶人民公社中心校。1962年从原店子公社划辖张庄学区和石沟学区。1971年更名为上冶公社教育组，管辖堂子、青云、渐富、上冶、兴国、万仓、蔡庄、张庄、双邱、小青太10个学区。1976年堂子、青云、渐富学区划给五圣公社，

1980年教育组又改名为中心校。1985年张庄、小青太学区划给南张庄乡。1988年中小学分开办学，改为中心初中、中心小学、幼儿教育中心、成人教育中心管理体制。1997年设立镇教育委员会。2008年，幼儿教育中心、成人教育中心并入中心小学。

镇中心幼儿园

幼儿教育

上冶幼儿教育始于1958年。在“大跃进”的热潮推动下，1958年10月—1961年，一村、埠后、五村、大仲口先后开办起幼儿园或托儿所，受当时条件所限，很快停办。

兴国村幼儿园建于1978年，是当时费县最早的两所农村幼儿园之一。位于兴国村北，校舍6间，有小皮球、跳绳、计数器、看图识字、看图讲故事等教具。幼儿园对幼儿不收保育费，还配备了炊事用具，农忙时节，幼儿在园内吃午饭。1983年，县妇联配给了小椅子、手风琴、打击乐器、哑铃、演出服装、茶缸等教

学具和生活用具。

1983 年公社妇联开办社直机关幼儿园。1986 年全镇各小学附设学前班。1991 年设立镇中心幼儿园，开办于一村北老镇政府大院内，1994 年搬迁至五村老完小。1999 年清退代课教师，除中心幼儿园外，各村小学前班停办。

2000 年凌志幼儿园开办，是上冶镇第一个民办幼儿园。此后兴起民办幼儿园热潮，小博士幼儿园、大风车幼儿园、群睿幼儿园、宝贝家幼儿园、启明星幼儿园、银座幼儿园、城南头社区生态幼儿园等先后开办。2008 年中心幼儿园合并到中心小学。2011 年投资 500 万元重建中心幼儿园，占地面积 6542 平方米，建筑面积 2800 平方米。园内设有幼儿活动室、寝室、盥洗室、多功能活动室、舞蹈房、科学发现室、图书阅览室，卫生保健室等各类特室。教室内安装了空调，电视机、电脑、电子监控等教学设备及教学辅助设施。厨房配备了不锈钢电气化炊具设备。有 11 个班，400 名幼儿，30 名教职工。成为山东省省级示范性幼儿园、临沂市“五好”幼儿园。2012 年万仓小学、明德小学附设幼儿园。2013 年水湖小学、永兴小学、兴国小学附设幼儿园。2017 年 8 月，全镇共有 19 所民办幼儿园。公办幼儿园 8 所，在园幼儿 600 名，幼儿教师 42 名。

小学教育

在抗日战争后期和解放战争初期，上冶区公所在上冶设立北大寺、埠后、东埠子、北村、兴国、里仁、万泉、双邱、大仲口、城南头、姚河、新庄、水湖、东岭 14 处庄户小学。学生农闲时上学，农忙时停课，教学以识字为主。1946 年 10 月，上冶镇中心小学始建于上冶五村牛王庙。1947 年春，国民党军占领费县，庄户小学停办。

1947 年后，小学教育迈入正常轨道。1948 年恢复设立上冶完小、北村、兴国、大仲口、姚河等 5 处小学，时有教师 25 人，学生 260 人。适龄儿童入学率 13%，学校学生占总人口的 1.2%。

中华人民共和国成立后，有条件的村队先后建立起小学校。1953 年秋季，实行学生由春季入学改为秋季入学。当时各村小师资匮乏，办公设施简陋。各校教师白天为小学生上课，夜晚为夜校农民、妇女识字班上课，为少年儿童的启蒙教

上冶小学一角

育和青壮年的扫除文盲运动做出了重大贡献。1977 年，上冶公社代表费县参加地区教育局组织的业余教育现场会，顺利通过扫盲验收并获奖。到 1983 年，全镇 41 个村除了三村、彭家林、葛家庄、沿河、姚河、富民村外，村村建有小学校，在职教师 259 人，在校学生 5780 人，适龄儿童入学率 96.5%。当时的教室是黑屋子，桌凳是土台子。为改善办学条件，1986 年，村镇两级投资进行“有教室、有院墙、有大门、有桌椅板凳、有厕所、有旗杆”的六配套建设，学校面貌焕然一新。1988 年中小学分开管理，各自办学。1992 年 3 月上冶中心小学迁至一村南，学校占地面积 19600 平方米，建筑面积 8790 平方米，绿化面积 4604.1 平方米；有教学楼 3 幢，综合楼 1 幢，各类专用教室齐全；运动场内有人工草坪足球场、塑胶跑道、篮球场、排球场、乒乓球台等体育设施。被评为市级规范化学校和市级教学先进学校。1993 年全镇普及初等义务教育。同年 8 月实行“校长负责制、教师聘任制、岗位责任制”三制改革。1995 年实行教师易村任教。1997 年全镇小学实施“校长负责制、教师聘任制、岗位目标责任制、教学业绩工资制”四制改革，全面提高学校管理的整体水平与教学质量。

1999 年开始调整农村小学布局，翟家村小学、岑北崖小学并入北村小学，东埠子小学并入上冶完小，集中规模办学，提高办学效益。此后几年，将规模较小、

上冶小学足球场

生源较少的村小逐渐撤并。2001 年 8 月，小学学制由“五三”制改为“六四制”。在小学高年级开设英语课。2002 年全镇符合条件的 96 名民办教师转为公办教师。2007 年全镇小学免除课本费；10 月实行每周双休日制。2010 年上冶中心小学被评为临沂市教学示范学校和小学教学先进学校。

2014 年，利用国家教育均衡化发展政策，借助国家配套资金，对上冶完小、北村小学、双邱小学、兴国联小、万仓小学、明德小学进行改扩建，各校配备了综合实践活动室、科技活动室、图书室、心理咨询室、美术教室、音乐教室、舞蹈教室、计算机教室、德育室等专用教室。

2015 年，北村小学、宁国小学、上冶完小代表费县顺利通过教育部教育均衡发展检查组的验收，并获得好评；上冶中心小学先后接待了聊城、菏泽、蒙阴等市县学校的参观学习；校长王元光被评为首届临沂市名校长。

2016 年，上冶中心小学建设教育资源公共服务平台和教育管理公共服务平台，实现宽带网络校校通、优质资源班班通和网络学习空间人人通，教育教学走进信息化时代。同年 6 月，省教育厅义务教育薄弱学校改造现场会观摩了上冶中心小学。

至 2017 年，全镇共有 10 处小学，其中上冶完小、万仓联小、明德小学、北村小学、双邱联小、兴国联小是完全小学，仲口屯小学、宁国小学、水湖小学、永兴小学是办学点，在校学生4323人，在职教师197人。其中上冶中心小学有40个教学班，在校学生2303人，教职工113人。同年，上冶中心小学获得“国家级足球特色项目建设学校”称号。

中学教育

上冶中学教育起始于费县第三中学，是县政府于1958年1月在上冶玉泉书院旧址设立的，开始只招收初中班。1969年起费县三中开始招收高中班，成为上冶唯一的一所县立完全中学。1991年7月撤并到县城的费县第二中学。

1958年秋，上冶人民公社创办农业中学，校址在现粮管所处。其前身是上冶人民公社“火箭连”，后来更名为“红专学校”，白天进行生产劳动，晚上进行文化学习；1959年9月定名为上冶农业中学，学生半天生产劳动，半天学习，有生产基地70亩。上冶农中是当时临沂地区农村职业教育的一面旗帜，国家教育部直接拨付经费10000元，省教育厅拨款5000元和价值4000余元的教学仪器。省《大众日报》多次报道上冶农中先进事迹。刘西五老师两次出席省群英会，并于1960年7月出席中央群英会，受到刘少奇主席的接见。上冶农业中学于1962年停办，毕业两届学生。

原费县三中

1964年9月，上冶公社同时开办了三处农业初级中学。其中，上冶农中校址先在东埠子东南畜牧场，后迁至玉泉观旧址，有生产基地8亩；双邱农中校址在双邱农场，生产基地17亩；万仓农中校址在万仓村东北。1969年，

原上冶一中大门

公社在上冶、兴国、万仓、蔡庄、双邱五处学区驻地小学内设立初中部，叫作联办初级中学（简称联中）。上冶农中、双邱农中、万仓农中合并到各学区建立的全日制联中。中小学实行一体化管理。1970 年 4 月，中小学全体教师集合到县城参加“一打三反”运动。1976 年，部分人口多的村自己办起了初中班。1976 年兴国、万仓、蔡庄三处联中开办了高中班，至 1978 年 7 月取消高中班。取消村小初中班。

1988 年，中小学分开办学。在里仁村东新建上冶中心初级中学，上冶联中由翟家村小学迁入中心初级中学。后中心初级中学迁至费县三中旧址。

1991 年中心初中承办山东省基础教育管理工作现场会；9 月，兴国联中、万仓联中、蔡庄联中、双邱联中迁入东岭费县三中旧址，为中心初中东校区。1992 年国家教委考察组来中心初中西校区考察。1993 年，中心初中更名为上冶一中，东校区组建为上冶二中。2004 年 9 月两校合并为上冶镇初级中学，分东西两个校区办学；全镇普及初中义务教育。

原上冶二中教室

2011 年镇政府投资 3100 万元按省级规范化学校标准重新建设上冶中心初中。学校占地面积 6.07 万平方米，建筑面积 2.15 万平方米。东为生活学习区，有办公楼、教学楼、综合实验楼、餐厅楼、学生公寓楼等 6 幢，图书馆藏书 48738 册；西为运动健身区，有天然草坪足球场、塑胶跑道、篮球场、排球场、羽毛球场、乒乓球场等设施，成为山东省交通安全示范学校，临沂市规范化学校。

2014 年 1 月撤销西校区；9 月在教室内铺设地暖设备。2015 年建成乡村少年宫；9 月，上冶中学 39 名教师到小学支教。2017 年，上冶中心初级中学 24 个

上冶中学鸟瞰

教学班，教师 125 名，学生 1200 人。

体育

上冶体育有着深厚的群众基础，随着活动场所和体育设施不断增加，群众体育运动特别是武术日趋活跃，学校体育标准化程度不断提高。上冶中心初中被命名为国家级足球特色项目建设学校。

群众体育

群众体育历来与娱乐、游戏相联系。上冶传统的体育项目有耍龙灯、踩高跷、划旱船、舞狮子等，多在节日期间活动。流行民间的青少年体育活动有跳绳、跳房、游泳、滑冰、摔跤、藏猫猫、掰手腕、打拐、踢毽子、滚铁环、放风筝等，田间、街头、场院随处都是活动场所。武术是上冶的传统体育项目之一，以埠后

紫荆舞蹈队

村最为活跃。村民中习练武术者甚多，拳术自成体系，多次代表上冶出席县武术表演赛。

中华人民共和国成立后，党和政府把开展群众体育活动作为体育工作的重点之一，逐步推行现代体育项目，如篮球、乒乓球、田径、游泳等。1958年后在企事业单位建立了篮球场。1966年后在部分农村建立了篮球场，公社组建成立了农民篮球队，利用冬闲时间进行比赛。同时还结合民兵训练开展射击、游泳、登山、越野等项目的活动。

20世纪80—90年代，上冶多次组织企事业单位和各村进行篮球友谊赛、乒乓球赛、拔河赛等各种比赛活动。

1999年，举办全镇篮球比赛，乡镇各部门参加。

2000年以后，篮球、乒乓球、拔河等体育活动在全镇盛行。各单位和大部分村都建有乒乓球室、篮球场供农民、职工业余时间练习和比赛。

2017年第一届职工运动会

2005年上冶镇中心广场安装健身器材。以后，各村相继建成健身广场，安装各种健身器材供农民业务时间锻炼身体。

2008年，上冶镇在全县乒乓球比赛中荣获女子团体亚军，男子单打第四名；门球代表队参加县老年门球赛获第 3 名。2010 年以后，广场舞成为中老年特别是妇女健身活动的新时尚，在上冶迅速普及。

学校体育

学校体育是学校素质教育的重要组成部分。上冶中小学都开齐开足体育课程，配备了专职体育教师。2014 年，上冶利用国家教育均衡发展政策，筹措资金，对全镇中小学运动场地进行升级改造，对各种运动器材进行了标准化配备。截至 2017 年，全镇中小学共有标准篮球场 18 个，排球场 8 个，羽毛球场 8 个，乒乓球室 13 口，室内外乒乓球台 86 个，足球场 8 个。其中上冶完小建有人工草坪足球场和 2 条塑胶跑道，中心初中建有标准化天然草坪足球场。

上冶中心初中在 2010 年、2017 年分别获县运动会第三名，上冶中心小学女子足球队在 2016 年获县运动全第一名，市运动会第三名。2017 年春上冶中心小学被国家教育部、体育总局命名为“国家级足球特色项目建设学校”。

卫生

新中国成立前，霍乱、天花、伤寒、疟疾等传染病在上冶几乎连年流行。百姓染病，一是寄希望于巫医，烧香许愿祈求于鬼神，以致小病拖成大病，最后不治而亡；二是求救于中医。旧时中医师分为坐堂先生和游方郎中。上冶有名的坐堂先生有周连增、任兰俄、王金铎等人。游方郎中最有名的是一位被称为“船流大爷”的眼科医生（因其是兰山区半程镇船流村人），每逢上冶集春秋大会出诊。当时上冶只有三家中药铺，较有名的是“济生堂”。由于生活贫困、疾病流行、缺医少药，全镇人口的平均寿命只有 36.2 岁。

1952 年，上冶在私人诊所、药铺的基础上相继办起了多处联合诊所、管理区卫生所，选派多名接生员到费县人民医院学习新法接生。实行新法接生后，新生儿、孕产妇的死亡率大大降低。1953 年起，政府免费发放“疟得平”，对疟疾进行

上冶中心卫生院

预防治疗。同时开展预防接种疫苗，免费注射伤寒、霍乱混合菌苗，疫情得到初步控制。1954 年，马文成联合诊所在上冶五村设立，占地面积 1 亩，有医护人员 6 名，医疗用房 80 平方米。1955 年，政府组织医务人员进行麻风病调查，发现患者及时隔离，免费治疗。1956 年，马文成联合诊所由私立改为公营，从上冶五村迁到上冶二村，定名为上冶公社卫生所，有医务人员 18 名。在全社会的共同努力下，天花、霍乱、回归热等传染病在 50 年代被基本消灭。

1960 年，上冶公社卫生所改名为上冶公社医院，实行医政合一的制度，既是全公社的卫生事业的领导机关，又是疾病治疗中心。1965 年，上冶公社医院改名为费县人民医院上冶分院，迁到上冶一村南，占地面积 4 亩，有医务人员 28 名，医疗用房 270 平方米。上冶医院帮助各生产大队建立卫生室，培训卫生员。至 1966 年，已在上冶一村、北村、翟家村、岑北崖、兴国、埠后、大青太、双邱、曲池、西毕城、万仓、民义、水湖、宁国、古城、蔡庄、刘官、岭南头、仲口屯、石桥、里仁、大仲口等村设立了 21 处卫生室，选派 48 名医生或赤脚医生。1979 年 10 月，费县药材公司在上冶设立药材经营组。

1986 年，上冶医院改名为上冶中心卫生院，设有病床 30 张。能进行拍片、钡餐透视、心电图、血、尿等项检查，熟练操作中等外科手术。农民基本上小病不出村，一般疾病不出镇，就医条件大大改善。1988 年，实现计划免疫覆盖率 85% 以上的目标，麻疹、脊髓灰质炎、乙脑、流脑等传染病基本消灭。1991 年，上冶中心卫生院兴建 1900 平方米门诊楼。1996 年实行乡村一体化办医，村卫生室和乡村医生纳入镇中心卫生院统一管理。2001 年，镇中心卫生院新建 2680 平方米病房楼一座。2002 年，建成费县第一个“省级示范化预防接种门诊”。2002 年底至 2003 年夏，国内非典型肺炎疾病暴发流行，上冶镇积极应对，成立预防领导小组，设立“非典”监测站 46 个，全镇未出现非典型肺炎病例。

2005 年，镇中心卫生院购置日本东芝彩色 B 超机 1 台、美国 GECT 机 1 台；6 月，全市妇幼卫生工作现场会在上冶卫生院召开。2006 年 3 月，上冶镇实行新型农村合作医疗（简称新农合）。当年全镇 10.4 万人次得到报销补助，报销金额 77 万元。2010 年以后，上冶镇对五保户、低保户、优抚对象、残疾人、70 岁以上的老人免费参加新农合。2008 年，中心卫生院购置摇篮遥控 X 光机 1 台，10 余所卫生室达到标准化卫生室要求。2009 年，全面启动实施公共卫生项目服务，建立居民健康档案。

2010 年 1 月，国家卫生部党组书记、副部长张茅来上冶镇中心卫生院视察。同年，上冶镇先后对上冶一村、兴国、西毕城、城南头、万仓、翟家村、北村、曹家楼、东岭、埠后、双邱、彭家楼等 12 处村卫生室进行了标准化卫生室的重建或扩建。2011 年，镇中心卫生院和各村卫生室实行药品零差价销售。2012 年，对全镇 60 岁以上的老人、育龄妇女进行每年一次的免费健康查体。

曹家楼卫生院

2016 年春，镇中心卫生院新建综合楼。全院占地面积 9338 平方米，建筑面积 19350 平方米，有门诊楼 1 座，病房楼 1 座，综合楼 1 座，宿舍楼 2 座。全院有医务人员 128 人，其中执业医生 38 名，注册护士 37 人，床位 100 张。设有内科、外科、妇产科、中医科、口

镇村干部无偿献血

腔科、五官科以及化验室、特检室等13个科室，辖标准化卫生室28个，乡村医生93人。上冶中心卫生院是费县北部地区唯一一处急救中心，是山东省“一级甲等医院”，被国家卫生部授予“爱婴医院”称号。

2017年，上冶镇共有卫生医疗机构29所。其中，中心卫生院1所，村级标准化卫生室28处。“三和堂”“仁和堂”“德民堂”等零售药店22家。

科技

1986年，成立上冶镇科学技术协会，主要任务是科技推广。1990年秋种时，进行晚茬小麦地膜覆盖栽培试验，亩增小麦149公斤。2005年，全镇成立图书室38个，送科技图书11万册。2006年，科协组织技术演讲攻关队，以各种合作社、协会为基地宣传到基层。2010年，承担农业部下达的万亩花生高产创建项目，项目区设在万仓村，建立十亩的高产攻关田、百亩的示范片、千亩的高产核心示范区各1处，辐射带动1万亩。2010年，推广良种5000亩。

上世纪90年代开始，上冶镇把企业技改做为促进企业发展的重大举措，持续实施“科技兴企，科技强镇”战略，各企业相继成立技术研发部研发中心。1993年建设光华纸业2#1760抄纸生产线；1994年上马3#1760纸机生产线；到1995年，光华纸业已发展成为全县重点骨干企业，上冶镇企业技术改造已被列入全县重要技术改造项目。2010年实施光华纸业2640技改项目；新增生产能力1.98万吨；2014年上冶镇被列入费县骨干企业的技改项目有光华纸业6万吨特种纸、上源热电 2×75t/h 循环硫化床锅炉烟气治理，冠骏科技公司水刺复合布，格莱瑞木业有限公司自动胶合板生产线，山东豆黄金有限公司腐竹生产线等 6 个重点项目；

2015 年被列入费县百企技改重点项目的有山东恒瑞安装工程有限公司聚羧酸高性能减水剂，传顺食品有限公司新建车间及冷库改建山大木业高档板材 tffu8wh 重点项目；2016 年有光华纸业环保升级改造、千森木业林木科研中心和环保胶生产、六和化海公司食品加工等 6 个重点项目；2017 年有冠骏科技公司 3# 生产线，光华纸业制浆技术改造，千森木业人造板产业技术研究院、上源热电锅炉扩建及烟气超低排放等 6 个重点项目。依靠技术进步，促进了上冶镇企业快速发展，到 2017 年，全镇工业产值超过 87 亿元，利税超 8 亿元。

和谐村居——恒联光华苑社区

上冶镇志

SHANGYEZHENZHI

村庄社区

CUNZHUANGSHEQU

美丽乡村——宁国村

上冶镇原有42个行政村：上冶一村、二村、三村、四村、五村、北村、翟家村、许家庄、富民村、岑北崖、东埠子村、埠后、里仁、民义庄、西毕城、万仓庄、古城、宁国、水湖、国庄、彭家林、凌胜庄、石桥庄、大仲口、小仲口、仲口屯、兴国、曹家楼、城南头、葛家庄、沿河庄、姚河庄、蔡庄、刘官庄、岭南头、东沟、西沟、东岭、双邱、平安楼、曲池、大青太。

2004年上冶镇将42个行政村调整为38个行政村。许家庄村、富民村合并为许家庄村；彭家林村、凌胜村合并为永兴村；葛家庄村、沿河村合并为葛沿庄村；刘官村、岭南头村合并为刘官村。

2013年，38个行政村调整为28个行政村。葛沿庄村、城南头村合并为城南头社区；东鸭子沟村、西鸭子沟，合并为东西沟村；曲池村、平安楼村合并为平安曲池村；许家庄村、岑北崖村合并为坝前村；大仲口、小仲口村合并为仲口村；兴国庄村、曹家楼村合并为兴国庄村；宁国庄村、古城村合并为古城村；里仁庄村、石桥村合并为里仁庄村；上冶四村、东埠子村合并为上冶四村；水湖村、国庄村合并为顺合村。

村庄

上冶一村

位于镇驻地，文泗公路、沂蒙公路交叉通过本村。2017年，有居民650户，2209人，耕地650亩，主要收入来源以经商为主。村内有2条商业街和农贸市场。是早期的政府机关所在地，1956年在该村建供销社、银行、邮局，1965年费县人民医院上冶分院由二村迁来，1986年更名为上冶中心卫生院，1993年建镇中心完小。2013年建社区一处、紫荆广场一处。

清朝年间村内设私塾，1915—1925年兴国庄秀才英书台在该村马德修家私塾内教书，有学生20人，民国初设学堂，1950年建小学。

主要姓氏有张、王、赵、李、廉、罗、杜、曹、崔、朱、骆、潘、吴、孔、殷、尹、柏、孙、任、杨、詹、倪、汤、马、涂、秦、田、卢、二十余姓，以张、王、李、赵居多。

吴姓人家在清朝时期出了3个武举，在村北的东西大街中心处建有吴氏牌坊，1966年“文化大革命”时期被拆除。

上冶二村

位于镇驻地，紫荆河西岸，西接上冶一村，南邻埠后，北靠上冶三村。文泗公路、沂蒙公路交叉通过本村。2017年，有居民520户，1786人，耕地960亩。主要收入来源有经商、种植等，主要农作物有小麦、玉米、花生。

镇党委、政府机关各部门、国土所、检察室、交警三中队、农商银行上冶支行、药材公司、建筑公司、市场监督管理所、供电所、新华书店、交管所、种子站、邮政储蓄银行上冶支行、兽医站、检疫站、国税上冶分局等先后都设在本村。

1912年，该村设有王家书塾，塾师是兴国庄秀才王光灿。1972年建小学，村内有凌志幼儿园、群睿幼儿园两所民办幼儿园。1987年建卫生室，2012年在村东建设居民社区，占地面积42.8亩，建筑面积7280平方米，入住户数266户。

主要姓氏有任、张、李、王、曹、崇、刘、姬、杨、顾、戚、崔、凌、孟、卢、左。

上冶三村

位于镇驻地东北部，南靠一村、二村，西靠四村，蒙台公路通过本村。2017年，有居民310户，928人，耕地600亩。

民国初年建有学堂，1962年区政府在本村建大礼堂和工读学校，1968年建村卫生室，1969年建村小学，2016年建村文化广场。

主要姓氏有王、马、刘、张、李、杜、甄、许、徐、魏、边、曹、孙、崇、赵、钟等，其中以王、马两姓人口最多。

上冶四村

位于上冶镇驻地北部，东连上冶三村，西接兴国村，南邻上冶五村，北靠北村。辖四村、东埠子2个自然村，区域面积3.05平方千米。2017年，有居民860户，3312人，该村林果、葡萄种植业发达。沂蒙路通过本村。建有文化广场1处。1948年在该村设立费县第十一区区公所，后在该村建上冶粮管所、林业站。

其中东埠子村位于紫荆河东岸、上冶东岭西坡，以养殖业为主，2013年并入上冶四村。

主要姓氏有赵、张、李、王、孙、郭、刘、田、英、倪、韩、冯、边、杜、钟、唐、曹、沈、杨、任、胡、马等，以赵、张、孙姓居多。

上冶五村

位于镇驻地西部，玉美河西岸，西接兴国庄，南邻里仁庄，北靠上冶四村。百新路、文泗路穿村而过。2017年，有居民328户，1135人，耕地396亩。

清代村内有私塾，中华人民共和国成立后设立村小学，1990年撤销，上冶镇中心幼儿园建在该村，村内建有玉泉社区。百新路两侧建有万福食府、康惠金街购物广场等餐饮商业建筑。

主要姓氏有张、赵、李、孙、胡、曹、孟、魏、彭、王、倪、东野、姬、英、潘、葛、杜、沈、陈、刘、田、谭、周、吴、孔、甄、蔡、杨、姚等。

翟家村

位于镇政府驻地西北1.6千米处，沂蒙公路西侧。2017年，有居民809户，2100人，耕地面积2100亩。建于明代万历年间，以姓氏命村名。清朝雍正年间建有御赐季氏“贞节牌坊”。该村有大汶口文化、龙山文化遗址和周代、汉代遗址，2002年11月29日被费县人民政府公布为第四批县级文物保护单位。

该村为马扎、板凳生产专业村，有面粉加工厂一处，果园160亩，蔬菜大棚

翟家村小板凳专业户

300 亩。

全村 2008 年用上自来水。2012 年开始在蒙台路两边兴建沿街商业楼，建社区一处，2016 年改厕 600 户。2017 年率先使用天然气。

主要姓氏有张、季、王、刘、李、曹、韩、相、董、翟、赵、孙、曾、杨、林、侯、姜、姬等。

坝前村

坝前村辖三个自然村，即许家庄、富民庄、岑北崖，其中许家庄、富民庄于 2004 年合并为许家庄村。2013 年，许家庄、岑北崖两村合并为坝前村。该村因位于上冶水库大坝南，故名坝前村。西靠大田庄乡，东邻南张庄乡。2017 年，全村 638 户，2292 人，耕地 1609 亩，以农业、果业生产为主。

其中许家庄村是洪武年间由山西洪洞县迁移到平邑县哈哺庄的许姓，于明代崇祯年间迁到此地后，以姓氏取名的村庄。

主要姓氏有许、任、刘、陈、柴等。

富民庄又称五里庄，建于清代乾隆年间，因距上冶五里而得名，1989 年后以更名富民庄。

主要姓氏为臧姓。

岑北崖位于上冶水库大坝东南侧，因村南侧有个小而突出的断崖状山而得名。该村刘姓居多，元代一品宣武将军刘宽墓在村北小山南侧。

主要姓氏有刘、商、陈、王、李、张、周等。

岑北崖村蚂蚱养殖专业户

埠后村

位于镇驻地南1.2千米，东临紫荆河，西接里仁庄，南邻大青太村，北靠上冶镇二村。2017年，有居民770户,2827人。

民国初年建有学堂一处，1950年建立小学，2012年迁往上冶完小。2016年建成玉泉花苑社区，占地53.6亩，建筑面积19520平方米，入住户数115户。村内有卫生室、幼儿园各一处。

该村是上冶镇最大的板材生产和板皮加工基地，有凯鑫利、知椿树、森多等29家板材生产厂，57家板皮加工厂。紫荆河湿地、红河湿地在村东交汇。

主要姓氏有任、郁、左、韩、张、王、汤、孙、陈、刘、翟、吴、武、许、徐、李、田、谭、殷、聂、沈等二十多个姓。

埠后村首届广场文化艺术节

里仁村

位于镇驻地西南 2 千米。东连埠后，西接仲口屯，南邻民义庄，北靠兴国庄。耕地面积 2895 亩。2017 年，有居民 710 户，2595 人。主要农作物有玉米、小麦等。村北有文泗路通过。含里仁庄和石桥村两个自然村。

里仁村建于清代乾隆年间，以讲究礼仪、仁义取名礼仁村。村民以仁德修身，以仁爱睦邻，演化为里仁村。1948 年该村曾成立农民业余剧团，排演历史古装戏剧，在各村巡演。

村西有石桥一座，史称太平桥，建于乾隆四十四年，9 孔，长 18 米，是当年上冶通往平邑地方镇的必经之路。经年累月石板桥面被独轮车碾压出一条深约 3 厘米的车辙。该村郭氏家族世代加工上冶高桩馒头。村内有木杆秤加工作坊一家，已有 60 多年历史。2015 年建成文化广场，2016 年建成居民社区，村内有卫生室和小学。该村地处上冶工业园西部，是重要的板材加工业基地，有明大多层板厂、福兴木业等 18 家板材生产厂、56 家板皮加工厂，村东有餐饮一条街，以羊汤馆为主。

石桥村与里仁村一河之隔，一桥相连，因村东河上石桥而得名。该村为大棚西瓜生产基地。

主要姓氏有杨、韩、王、刘、郭、李、巩、曹、公、戚、亓、徐、陈、苏、英、窦、张、任、耿、英等。

民义庄村

位于镇驻地西南2.5千米，村南为日东高速公路，村北为红河，东临日东高速连接线，西靠田石路。2017年，有480户，1763人，耕地面积1640亩。原名小麦庄村，因村民重义、重礼、忠厚、诚信，清代顺治年间取名民义村。

1952年建立小学，1966年建立卫生室。

主要姓氏有李、刘、卢、郭、赵、张、王、房、缪、蒋、巩、英、孙等。

西毕城村

位于镇驻地南4.2千米，东临浚河，西接万仓村，南邻古城，北靠日东高速公路。2017年全村2820亩耕地，799户，2756人。

建于明代成化年间，因位于古鄪城北墙外西头，故以方位取名西鄪城，该村底蕴深厚，明清时间曾有多人考中进士。1980年因“鄪”字生僻而更现名。2014年被列为特色旅游村。该村黄沙资源丰富，泥塑亦小有名气。

主要姓氏有吴、周、贾、张、王、曹等，以吴姓居多。

万仓村

位于镇驻地西南4千米，上冶镇南部中心村，建于清代顺治年间，因地广土肥，故名万仓庄，又因泉多改名万泉庄，后因与方城万泉庄重名，于1981年12月恢复原名万仓庄。2017年有土地3166亩，867户，2747人。大部分村民从事废品回收加工，是远近闻名的“破烂”村，2016年政府加大治污力度，进行美丽乡村建设，彻底扭转了“脏、乱、差”的局面。

1953年上冶供销社在万仓村设门市部，1954年成立卫生室，建立万仓小学，

1957 年上冶粮管所设万仓粮站，1964 年 9 月设农业初级中学，1969 年改为联中，1986 年创办幼儿园，1987 年建镇敬老院，2006 年迁往兴国庄北。

万仓村有万善桥、万泉桥等两座清代古桥；桥头有三具石人，现存费县博物馆。

主要姓氏有唐、常、陈、葛、郅、田、周、薛、晏、邵、颜、巩、李、王、柴、刘、冯、赵、姬、张等。

古城村

位于镇驻地西 5.5 千米处，浚河绕村东南而过。辖两个自然村，东为古城，西为宁国，均在鄪国故城范围内。2017 年有 828 户，3074 人，耕地 2822 亩，主要农作物有小麦、玉米、花生等。该村河沙资源丰富。

古城村于明代洪武年间建村，因地外鄪国故城遗址而得名。宁国村于明代万历年间建村，原为宁归庄，逐渐演化为宁国庄，副业为打草苫子为主。

主要姓氏有韩、周、吴、赵、王等，以韩、周姓居多。

古城浚河大桥

永兴村

位于镇驻地西南 5 千米。东连民义庄，西接平邑县，南邻东西沟村，北靠仲口屯村。2017 年有 258 户，1236 人，耕地 1208 亩。永兴村含彭家林、凌胜两个自然村，以农业生产为主。

彭家林村建于明代万历年间，曾用名新利庄，崇祯年间因村西彭家林内柏树高大，故又更名彭家林。该村庄户剧团在中华人民共和国成立前以靠山梆子戏远近闻名。

凌胜建村于清代同治年间，因建村较晚取名新庄，后因与本县胡阳的新庄、城北的新庄村重名而改凌胜。

村内以彭姓人口居多。

仲口村

位于镇驻地西 3 千米处，西与平邑县卞桥镇接壤，北靠大田庄乡安太、西渐富等村，文泗路穿村而过，由大仲口、小仲口两个自然村于 2013 年合并而成，路

采收冬暖式大棚蔬菜

南为大仲口，路北为小仲口。2017 年有 1036 户，3032 人，耕地 3470 亩，是上冶镇重要的冬暖式大棚和黄烟生产基地。

大仲口建村于明代崇祯年间，因村西有沟而得名大仲沟，后改为大仲口。

1911 年，龙雨庄的田炳星在大仲口办“李家书塾”。1950 年建小学，2014 年社会办学建立幼儿园。1975 年，社员李连洪当选第四届全国人大代表并出席会议。该村建有化海大型养殖场、大型蔬菜批发市场、松菇批发市场。

小仲口亦建于明代崇祯年间，原名潘家村，因位于大仲口北而又偏小，于 1940 年更名为小仲口。

主要姓氏有李、许、赵、范、刘、孙、张、吴、邢、桂、林、任、姬、英、董等。

仲口屯村

位于镇驻地西 2.5 千米，东连里仁庄，西接平邑县，南邻永兴庄，北靠仲口村。日东高速贯穿东西，田石路贯穿南北。2017 年有 640 户，2520 人，耕地 2970 亩。原名牛家屯，后改名重口屯，光绪年间改名为仲口屯。村内建有小学和卫生室，村内有一棵古流苏树（详见“文物名胜”章节）。

主要姓氏有甄、巩、彭、张、孙、李、王、杜、高、潘、陈、侯、安、刘、周、杨、郭、牛等。

姚河庄村

位于镇驻地西南 9 公里、北邻蔡庄村、东连城南头，沿河村，西、南两面濒临浚河，与费城街道隔河相望。浚河岸边，丘陵跌宕，岸石奇峻，河面宽阔，林带茂盛，风景秀美。田石公路纵贯村东工业园，县西外环在村西临河而建，交通便利。

据《费县地名志》记载，建村于明代崇祯年间，由姚姓人家依河而居得名。新中国成立后，以尧帝喻比太平盛世，曾用名为“尧河庄”，后定名为姚河庄，是美丽乡村建设示范村。村容整洁，民风淳朴，崇教尚俭，青年才俊，多有所成。2017 年，全村有 425 户，人口 1350 人，耕地面积 1460 亩。特色产业为扫帚加工、优质水果种植、青塑工艺品制作和美丽乡村游等。

姚河村街景

主要姓氏为王、齐、姚、孙、周、田、玄等。

蔡庄村

位于镇驻地西南 7.5 千米，建于清代顺治年间，原名崔家庄，因为缺水而不能种菜，被外村人戏称为菜家庄，后改为蔡庄。2017 年有 550 户，1680 人，耕地 3100 亩，村南有果园 300 亩，村西是浚河，村北是压罗山，山上建有 1200 亩牡丹园。1959—1960 年间该村曾进行铁矿开采。村东岭有大量的园林石。

主要姓氏有李、齐、夏、周、王、刘、徐等，以李姓最多。

东西沟村

位于镇驻地西南 6 千米，东连万仓庄，西接平邑县，南邻刘官庄，北靠永兴庄。含东鸭子沟村和西鸭子沟村两个自然村。2017 年有 312 户，1398 人，耕地 1400 亩。该村金星砚雕刻远近闻名。

主要姓氏有能、王、涂、尚、康、陆、房、赵、聂等。

制砚大师王开泉

平安曲池村

曲池村为合并后行政村驻地，位于镇驻地东南 4 千米，东连南张庄乡，西接大青太庄，南临浚河，北靠双邱村，含平安楼、曲池两个自然村。2017 年有 496 户，1608 人，耕地 1648 亩。为柳编加工专业村，从业人数 300 余人。

平安曲池村柳编加工专业户

曲池村相传为春秋时曾、杞、莒三国会盟之地，属古地名。姓氏以王、孙、赵、潘、钱、吴姓为主。

平安楼位于曲池村南侧，浚河北

岸，又名南曲池。1943年，赶走日本侵略军，拆除炮楼后改名平安楼。主要姓氏有岳、陈、许、杨、田、张、孟、刘等。

东岭村

位于镇驻地东1千米，北靠文泗路，西临紫荆河。2017年有290户，1080人，耕地1100亩。村东有果园，村前多为菜园，该村羊肉汤远近闻名。

东岭村蒜黄加工生产户

明朝崇祯年间以姓氏取名吴家村，后因位于上冶东岭东坡改为东岭村。

该村文化生活气氛浓厚，从20世纪90年代开始，就有歌舞演出，后成立沂蒙新红嫂艺术团，排有话剧《青山恋》等节目。

主要姓氏有任、王、孙、赵、李、刘、吴、张、魏、陈、郑、沈、高、唐、崔、许、杨、田等。

双邱村

位于镇驻地东南2.5千米，西南为紫荆河环绕。2017年有456户，1386人，耕地1120亩。

清朝顺治年间曾名双孔桥，后来因该村先来居住的是吴姓和翟姓又名吴翟村。又因在村的西南有一像凤凰的小山丘，取名凤凰山：村北边另一小土丘，改名双邱（双丘）。

清朝末年，在凤凰山上建有药王庙，在村北的小土丘上建有关羽庙。

民国初年有学堂，1950年建小学，1962年建农中，1968年建双邱联中，2005年建幼儿园。

双邱原属白埠区店子乡，1952年供销社在该村设门市部，1954年划归上冶，后建乡，辖东岭、曲池、平安楼、大青太村。1958年秋，上冶人民公社在该村东南地片建立双邱农场“跃进队”，由公社直辖。1962设卫生所。

主要姓氏有任、刘、侯、蔡、王、许、葛、吴、陈、魏、高、梅等，任姓最多。

北村

位于镇政府驻地北1.9千米。东临紫荆河，西接翟家村，南邻上冶四村，北靠坝前村，因位于上冶镇北而得名。元代一品宣武将军刘宽即系北村人。2017年，全村总人口3268人，860户，耕地面积2568亩。该村为大棚林果基地，板材加工亦有较大规模。沂蒙路由村西通过。村内建有小学、卫生室、文化广场。村北建有刘家祠堂。村北岑山西侧有溶洞“狼窝”。

以刘姓、王姓为主要姓氏。

兴国庄村

位于镇驻地西2千米，含兴国村、曹家楼两个自然村。2017年有1136户，3592人，耕地3562亩。农业以大棚蔬菜、果园为主，工业以板材加工为主。

兴国村建于明代洪武年间，只有几户人家在此分散居住，相距很远，后来搬到一起形成村庄取名兴归庄，逐渐演化为兴国庄。东北有文泗路环绕，田石路穿村而过。1958年，本村女青年王桂兰出席全国第二次青年先进代表会议，受到中央领导人刘少奇、周恩来的接见。该村是上冶镇西部的中心村，1946年建乡，1949年建粮站，1950年建供销社，1951年建小学，1960年建卫生室，1992年开始道路硬化，2006年镇敬老院由万仓村迁入兴国庄，1978年建幼儿园。

曹家楼村建于清代光绪年间。因一姓曹的人在此盖过一座小楼，故以此得名曹家楼。

主要姓氏有英、张、吴、孙、朱、王、闫等。

顺合村

顺合村含水湖、国庄两个自然村，位于镇驻地西南 5.4 千米，南为水湖，北为国庄，两村紧靠，2013 年两村合并而得顺合村名，2017 年有 892 户，2886 人。田石公路贯穿南北。有村诊所一处、社会办学幼儿园益智幼儿园一处。

水湖村原名长安庄，建于清代雍正年间，因村东系古鄣城湖而由更名水湖。另传说村民孙自恒为保护村庄不受外敌破坏而设障眼法，外敌来时村周围都是水而得名。水湖村是石膏雕塑专业村、全国闻名的“金蛋电商村”，目前已形成集生产与电商销售于一体的产业链。

国庄建于清代康熙年间，以姓氏得名郭家庄，后因与新桥的郭家庄重名，故于 1980 年 12 月更名为国庄，该村柳编加工历史悠久，是柳编加工专业村。

主要姓氏有孙、王、陈、郭等。

水湖村电商服务中心

城南头村

位于镇驻地西南 7 千米，浚河北岸。含城南头、葛家庄、沿河三个自然村。2017 年有 340 户，1076 人，耕地 1100 亩，生产经营以种植业为主，园林石，石灰石储量丰富。二十世纪是玉米皮手工编织专业村。有金蛋电商两家。

城南头村建于元代至正年间，因位于费县故城西南角故名城南头。清末，德国传教士华德胜曾在此传教，建有教堂一座。村西南曾有清代庙宇一座，1938 年，中共山东费县工委在该村建立交通站。1950 年在庙址建村小学。1974 年设卫生室，2017 年，有文化广场一处、幼儿园一所。

葛家庄在城南头村南 1 千米处，东、南傍浚河，建于明代崇祯年间，因葛姓最早来此居住，故名葛家庄。

沿河庄在城南头村西南 1 千米处，南靠浚河，西临田石路，建于清代康熙年间，以姓氏命名阎家庄，因于本县方城阎家庄重名，故于 1980 年 12 月以南临浚河更名为沿河庄。2016 年建城南头幼儿园，在园幼儿 300 余人。

主要姓氏有蒋、赵、麻、曹、李、王、冯、许、高、范、刘、葛、张等。

刘官庄村

位于镇驻地西南 8 千米，浚河北岸，西与平邑县地方镇毗邻，含刘官庄、岭南头两个自然村。2017 年有 521 户，人口 1901 人，耕地 2560 亩，村北有小型水库一座，1966 年建成。

刘官庄建于清代顺治年间，以姓氏取名为刘家寨，因该村刘姓曾有人在京里做官，光绪年间改为刘官庄。村东有刘侍郎墓。史载："在县西北 35 里刘官庄之东，宋驾部侍郎御赐祭葬。至元间，浙东道按祭使孟祺《碑记》：'刘氏，当宋时有为京北留守者，有为汴京转运使者，为郎尉者复多有。此刘官庄之名由方欤？惜名俱无存。'"村内外有清代古桥两座，分别为庄前的利济桥，庄东的水平桥；有古树两棵，一棵是毛白杨，树龄 100 多年，高 25 米，胸围 2.3 米，冠幅东西 6 米，南北 9 米，另一棵是国槐，树龄约 110 年，高 7.5 米，胸围 1.3 米。

该村于民国初有私塾，于1950年建小学，1970年设卫生室，1976年建初中。

岭南头建于明代万历年间，因位于岭南坡，故得名。

1973年建小学，1999年撤销。2003年建一体化卫生室。2016年10月，建设省级垂钓园。

主要姓氏有刘、杨、高、陈、李、殷、咸、吴、董、常、韩、荆、赵、孙、庄、邵、武、卜、胡、凌、侯、方、王、朱、贾、潘等20余姓，以刘、杨、高姓居多。

大青太庄村

位于镇驻地南3千米，浚河北岸，西靠沂蒙路，北靠日东高速，东临紫荆河。2017年有333户，1268人，耕地面积1435亩。清代顺治年间麻姓来此建村，取名麻家庄，光绪年间因平定土匪之乱而更名青太庄。因村东有一小青太庄，故更名为大青太庄。1950年建小学，2004年建卫生室。

主要姓氏有于、王、吴、刘等。

美丽乡村墙绘

上冶镇志

SHANGYEZHENZHI

姓氏人物

XINGSHIRENWU

刘氏祠堂蒙阳分堂正堂

姓氏

清代康熙年间，上冶镇人口不超过2000人。1668年，临郯大地震，上冶镇部分康熙年间始建的村庄，大都属于震后移民。据2010年人口普查统计，上冶镇有姓氏110个，其中单姓108个，复姓2个，诸葛和东野，下面把上冶现有姓氏以五言歌式列出：

上冶姓氏歌

王刘孙任李，张吴朱周杨。
赵陈韩曹郭，潘英左彭房。
许高葛常凌，蒋能巩于唐。
齐田徐甄郁，马董岳闫臧。
卢姬涂魏林，夏侯胡乔商。
季贾翟崔骆，麻杜范曾姚。
郅孟尹陆吕，钱倪聂沈尚。
戚宋柴崇公，卜滕武窦方。
何冯黄姜孔，康柳颜邵梁。
石邢薛安柏，边郑袁牛庄。
殷钟晏罗苏，汤齐耿蔡藏。

费姓

费姓来源有六，其中三个出自上冶，其一出自嬴姓。颛顼的裔孙伯益助大禹治水有功，被封于费（今山东费县上冶一带）。伯益有两个儿子，长子大廉继承了他的爵位，次子若木没有得到爵位，就用父亲的封地名作为自己的姓，其后代以费为姓。又据史籍《姓纂》记载，春秋时，鲁懿公的孙子大夫无极的封邑在山东费县西北，人称费无极，费无极的子孙就以封邑“费”为姓，称为费氏。因此，这支费姓是鲁国公族的后代。又出自姬姓，为春秋时鲁桓公之子季友之后，属于以封邑名为氏。姓氏音读作 B ì 。据《梁相费泛碑》载：“鲁桓公子季友为大夫，有功封费，因氏焉。”春秋时鲁桓公的第四子季友受封于费邑，子孙以费为氏。这一支来源比较单一，主要是由春秋时鲁桓公之子季友而来，以封邑名称为姓。

季姓

季姓来源有七，其一出自上冶，源于姬姓，出自春秋时期鲁国大夫季友，属于以先祖名字为氏。春秋时期，鲁庄公姬同的小弟弟姬季友最终平定了庆父之乱，其后裔子孙以他的字命氏，称为季孙氏，世代在鲁国执政。姬季友的孙子季孙行父在执政时期，举贤任能，分财济贫，受到国人爱戴，谥号季文子。季孙氏后来简称季氏。季文子，季武子，季平子三代连续执掌鲁国国政，当时几代鲁君都昏庸无能，以致出现了鲁国人只知道有季氏，而不知道还有君主的情况。

在季文子，季武子，季平子三代的后裔子孙中，有以先祖字号为姓氏者，称季氏，世代相传至今。上冶镇今多分布在翟家村。

季姓以三思为堂号，典出季文子“三思而后行”。

王姓

以北村、蔡庄、水湖、兴国、曲池为多，人数虽多，但谱系不一。有孝王、宅后王、北村王之分。孝王为兰山鹅庄，王祥、王览之后；宅后王为青州王桓之后，明代由青到费任职，因居住县衙官宅之后，人称“宅后王”，传六代，生王雅量。王雅量（1566—1633 年）字有容，又字襟海，别号左海，生前任明监察御史，光禄寺卿，死后追赠户部右侍郎，与其父王慎同为县“乡贤祠”六乡贤之一，是县人崇敬的清官。北村王氏始祖讳宽，洪武二年由南京三山街到沂郡兰邑卜居王疃。至洪武 17 年（1385 年）由王疃迁于上冶北村定居，迄今已 500 余年。

上冶镇王姓人口 7500 人，占全镇总人口的 13.4%，排第一位。

刘姓

以北村、岑北崖最多，其他各村或多或少亦均有刘姓。正所谓“张王李赵遍地刘”，他们大都系元朝初年一品宣武将军刘宽之后。金末元初，刘宽祖父从河北唐县迁到探沂镇许由城村，刘宽的父亲又迁到上冶北村定居。宽好驰马，有勇力，文武兼修。在元灭宋之役中，累获大功，赐银牌一面，封宣武将军，定一之后，归家事亲。宽生七子“勤俭孝义，各尽睦族”。七百余年来，传几十代，刘姓遂成上冶大宗。

上冶镇刘姓人口约为 6000 人，占全镇总人口的 10.7%，排第二位。

李姓

主要分布在大仲口、民义、蔡庄等村，同姓但不同族，有三个以上支系。大部分为明初和清初移民，部分为当地土著。

上冶镇李姓人口 5500 人，占全镇总人口的 9.8%，排第三位。

任姓

上冶镇任姓为大宗，其先世居仁和庄，后迁居吴翟村，明季由吴迁至双邱，双邱为任姓先祖发祥地。二村、埠后、东岭、小仲口多有任姓居住，至今已近 20 代人。子孙繁衍，人才荟萃。人口约 4000 人，占全镇总人口的 7.1%，排第四位。

孙姓

人口散居全镇，尤以水湖、兴国、四村、东埠子人口最众。多数系蒙阳白埠孙氏，蒙阳孙氏祠堂在白埠村，占地近 4 亩，2012 被列为年费县重点文物保护单位，其先祖出自姬姓，传至宋代，费县孙姓始祖孙沔祖为越州会稽 (今浙江绍兴) 人，宋英宗时，加封安远侯，又为职庆州兼延州，徙延州时途经费县，死于途中。

宋英宗命葬费立祠，并移子一人来费县主祭。元末世乱，在费县奉祀的族人在此定居。元祖后四代孙孙思孝分九支，其中四支居白埠，为费县蒙阳孙氏祖先，上冶孙氏，亦多系白埠支裔，为费县旺族。

上冶镇孙姓有人口 3500 人，占全镇总人口 6.2%，和张姓并列为第五位。

张姓

全镇各村均有，犹以翟家村、民义、西毕城、仲口屯为多，几乎一村一族，支系甚多，多系明初洪武和清康熙年间移民。

上冶镇张姓人口 3500 人，占全镇总人口 6.2%，和孙姓并列第五位。

吴家林铭文

吴姓

主要分布在西毕城、一村、大青太等村，其先祖于明中叶从徽州迁兰山老屯。明代成化年间，吴姓又从兰山老屯迁毕城定居。500 年来，子孙繁衍，人才辈出，已成为上冶大姓。

毕城吴家耕读传家，诗书继世，不乏艺林精英。《重修采莲桥碑记》文采斐然，即出自吴连成之手，吴家老林门廊石柱铭文“创业维艰念祖父备尝勤苦，守成不易愿子孙永戒奢华”“承先世一脉真传惟忠惟孝，教后人两行正道曰读曰耕”。这是吴氏家训，外姓人看到亦深受教育。

上冶吴姓人口约 3000 人，占上冶总人口的 5.3%，排第六位。

齐姓

据《齐氏宗谱》记载，齐姓为齐国太公之裔、景公之后。明洪武年间自太原府迁沂州府，清康熙年间天亮祖从费县石井镇家峪村经仲村镇段庄（今属平邑县）迁居本镇蔡庄，乾隆年间齐德祖自蔡庄迁居姚河。目前，齐姓主要居住本镇蔡庄、姚河二村，人口 600 多人。

杨姓

多居里仁庄，刘官、五村、曹家楼等亦有分布，多系山西洪洞移民，一姓几族。杨氏的来源主要出自姬姓，

上冶镇有杨姓 2000 人，占上冶总人口的 3.6%，排第 7 位。

赵姓

主要分布在四村、翟家村、宁国、城南头一带，一姓但非一宗。四村赵氏祖籍系济南老僧口村，十四世孙赵富成自乾隆年间迁来，已繁衍 20 余代。宁国赵氏清代由南庄迁至宁国，亦传九世。

上冶镇赵姓约 1500 人，占全镇人口的 2.5%，排第八位。

常姓

大明嘉靖年间始祖常守正由济州城东常家营始迁于邹县城西南面坊村，清康熙年间三世祖支典改名志江迁于上冶镇万泉庄。

林姓

上冶林氏全部属于元郭林氏 ，起源于今天平邑县元郭村。分布在费城至方城

一带，多数散居。

林姓出自子姓，血缘始祖相传源自国神比干，“三代孤忠”的他以忠正敢言而闻名，后被暴君纣王挖心，他的夫人妫氏逃难到今天河南卫辉、淇县一带的长林，生下一个儿子。周武王姬发灭商后，赐他儿子林姓，并封在博陵（今河北安平县一带），此人就是林坚。林姓由他最早发源，后人尊他为受姓始祖。林坚的后人其中在鲁国的一支，徙居平邑元郭村，临沂地区姓林的大都迁自元郭村，称元郭林氏，其后人散居各地，上冶镇林姓主要分布在翟家村，东埠子等村。其字辈排序为：传化清本立，世泽庆远长．笃恭衍之广，积厚发其祥 。

凌姓

出自姬姓，以官为氏，是周文王姬昌的后裔。头一个以凌为姓的人，是出身于周代初年周文王幼子所建的卫国。当时卫国的位置，是在今河北、河南一带，他们的始祖是周武王的弟弟康叔。凌氏在早期历史上，似乎比较岑寂，一直到群雄并起热闹非凡的三国时期，在江左的东吴才有一位大将凌统，以赫赫军功而为这个家族扬眉吐气。郡望河间郡、渤海郡。历史名人还有凌蒙初、凌十八等。上冶镇凌姓主要居住于凌胜村，字辈排列为：××营修恩，在宗思继世，锡玉保乃庆，大智维可福，作德尚字圣。

贾姓

费县贾氏和整个临沂地区的很多贾氏是统一的族谱，祖先系明代山西洪洞县迁居此地，主要分布在西毕城村。字辈为：

文贵应宗，儒公秀克，廷殿玉中，学瑞俊彦，翔瀛恩厚，启润传荣，仁智义信，怀敬福增，永玖振鸿，继世圆善，余庆建基，恒远常隆”。

英姓

《古今姓氏书辨证·十二庚》记载：“皋陶之后，封国于英。春秋时，楚灭英，子孙以国为氏。春秋国名，地在今安徽六安。"《姓源》云："皋陶后仲甄，封六、英。后因氏。"因为皋陶是黄帝的后裔，所以英姓也是黄帝后裔。上冶镇英姓主要分布在兴国村，系明代为避倭寇从东海迁徙而来。

房姓

上冶镇房姓主要分布在宁国村、二村等村。房姓源自于五帝之首的尧，传承相对单纯，流向清晰，且其后代中大唐开国宰相房玄龄为"中国十大贤相"之一，故在史上向为望族。房姓渊源比较单一，血统比较纯净，有天下无二房之说。

陈姓

陈姓祖根在河南淮阳，始祖妫满。西周初年，虞舜后裔妫满被封于陈，其子孙有的以国为氏，姓陈。陈国共传 20 世、26 王，其间陈国公子完曾避难奔齐，改姓田。数代后取得齐国政权。田齐政权灭于秦后，齐王田建第三子田轸迁至颍川，恢复陈姓，所以有的陈姓人奉陈轸为始祖。

黄姓

黄姓的主源有两支，均系以国为氏：一支出于金天氏少昊。传说上古时少昊的裔孙台骀，任水官之职。台骀的子孙后来分别建立了沈、黄等几个小国。其中的黄国在春秋时为晋所灭，黄国的子孙以国为姓，奉台骀为黄姓始祖。

另外一支出于嬴姓伯益。相传伯益的后裔有 14 支，合称嬴姓十四氏。其中的黄氏在商末周初建立黄国。公元前 648 年，黄国为楚所灭，其子孙以国名为氏，姓黄。

周姓

周姓主要源出以下几支：其一，黄帝时周昌的后代。其二，商代太史周任的后代。其三，后稷的后代。由于周昌、周任的世系已不可考，因此一些姓氏书中把周姓的起源下延至周代，把周文王奉为周姓始祖。文王为姬姓，而姬姓的始祖则是后稷。其四，少数民族改姓。北魏时期代北地区的普乃氏、贺鲁氏，北周时的普屯氏后来都改为周氏。其五，姬姓所改。唐朝先天年间，姬姓为避玄宗李隆基名讳而改姓周。

徐姓

为嬴姓伯益的后裔，属以国为氏之姓。伯益因佐禹治水有功，被舜赐姓嬴氏。伯益有个儿子叫若木，夏代时被封于徐，至西周穆王时出了一位著名的君王徐若偃，史称徐偃王。

徐若偃以仁义著称，曾在挖河时得到一副红色弓箭，遂起代周天子而王天下的野心，率三十六国诸侯起兵反周。战争使民众生灵涂炭，徐偃王心有不忍，罢兵弃国。周穆王得知当地人怀念徐偃王，遂以偃的儿子宗为徐子，继续管理徐国。吴国于公元前 512 年出兵伐徐，引水灌徐国都城，灭掉了徐国。亡国后的徐国子孙，以原国名为姓氏，即徐氏。

朱姓

帝舜时有大臣朱虎，但一般认为朱氏出自曹姓，由邾氏去邑而形成的。颛顼帝的玄孙陆终有 6 个儿子，第 5 子名安，为曹姓。西周初年，武王封安的裔孙曹挟于邾，建立邾国。战国中期，邾国为楚所灭，邾国王族以邾为氏，后又去掉偏旁“邑”成为朱氏。北魏孝文帝迁都洛阳后进行汉化改革，鲜卑族的渴浊浑氏、可朱浑氏被改为朱氏。

马姓

马氏出自嬴姓，形成于战国后期，血缘先祖是虞舜时东夷部落的首领伯益，得姓始祖是赵奢。赵奢是战国时期赵国人，初任田部吏，主收田赋，不畏权势。

战国四公子之一的赵国贵族平原君赵胜家不肯出租税，赵奢依法治罪。赵胜认为他有才干，把他推荐给自己的哥哥赵惠文王，让他主管赵国田赋。后来赵奢升任将军，用兵如神。公元前 270 年，秦军大举进攻赵国重镇阏与，他奉命救援，大败秦军，因功被封为马服君。赵奢的子孙因以为氏，即马服氏，后又省“服”为马氏。上冶镇马姓人原是平邑县西历山马家乡人，清咸丰年间，因雨水过大，灾民流离迁居上冶镇一村，至今 140 余年。

胡姓

黄帝时期的胡曹是最早的胡姓人物，但胡曹之后已无世系可考，所以一般认为西周初年大分封时，帝舜后裔妫满被武王姬发封于陈，建立侯爵陈国，妫满死后谥号为胡公，故又称胡公满。他的子孙有的用他的谥号为姓氏，就是胡氏。

胡姓还有三支，其中两支源于周代的两个胡子国。一个胡子国，是楚国的附庸。公元前 519 年随楚国与吴国交战，国君髡战死，楚国回师途中顺便吞并了胡子国。另一个胡子国为归姓子爵胡国。公元前 495 年被楚国所灭，国君豹被俘。亡国后，王族子孙都以原国名为姓氏。北魏孝文帝进行汉化改革，鲜卑族的纥骨氏被改为胡氏，也是胡姓的来源之一。

何姓

据《路史》记载，黄帝时期已有何姓，源出归姓，惜无世系可考。其他姓氏书多认为何姓为韩姓转音而来，出自姬姓。

西周初年，周成王封其弟叔虞于唐，是为晋国的开国君主。叔虞的 11 世孙万，在晋国为官，食采于韩，其后以封邑为姓，姓韩。秦始皇统一中国后，韩姓子孙分散各地，其中有一支居于陈、楚境内淮河与长江之间的一些地方，当地人的口音把“韩”读作“何”，这些韩姓人遂变成了何姓，奉其祖叔虞为何姓始祖。

高姓

齐太公六世孙齐文公有个儿子叫公子高，公子高的孙子傒同齐襄公的弟弟公子小白相善。后来齐襄公被公孙无知所杀，傒联合其他大臣平定内乱，诛杀公孙无知，迎立公子小白为君，就是齐桓公。齐桓公命傒以祖父名高为姓氏，并封之于卢，其后绵延不绝，今之高姓人多出于此支高氏。

梁姓

传说伯益的后代有个人叫非子，因养马有功，被周孝王封于秦地，后逐渐强大，建立了秦国。到周宣王时，非子的曾孙秦仲任大夫，在征伐西戎时战死。他的 5 个儿子为报父仇，带七千人马奋勇杀敌，打败了西戎，收复了失地，因功均被封侯。其小儿子被封于夏阳梁山，建立梁国。公元前 641 年，秦穆公灭掉梁国，失国后的梁国子孙大都逃到晋国，以原国名为姓氏，就是梁氏。

郑姓

郑氏源出姬姓，为周宣王弟姬友的后裔。公元前 806 年，姬友被封于郑，是为郑桓公。公元前 770 年，西周王室为犬戎所逼，迁都洛邑。郑桓公之子郑武公先后攻灭郐、虢，建立新的郑国，都新郑。郑国在公元前 375 年灭于韩，共历 23 君、431 年，子孙播迁陈、宋之间，以原国名“郑”为姓氏。由于今河南荥阳、新郑古属荥阳郡，故有“天下郑姓出荥阳”之说。

唐姓

唐姓的主源有两支：一支出自祁姓，是帝尧的后裔；一支出自姬姓，是唐叔虞的后裔。尧在做天子前曾被封于唐（河北唐县），故称陶唐氏或唐尧。舜承继尧天子之位后，封尧子丹朱为唐侯，在今山西冀城西建立唐国。公元前 505 年，唐国为楚所灭，子孙以国为氏，就是唐氏。叔虞封唐后被称为唐叔虞，他的嫡长子后来又被移封于晋，只有庶出子孙仍留在唐地，后来以国为氏，也姓唐。这是出自姬姓之唐。

曹姓

曹姓主源有四支：其一，颛顼玄孙陆终第五子安，在禹时被封于曹（今山东定陶县），其后以曹为姓。其二，周武王封其弟振铎于曹。战国时，曹亡于宋，子孙有的以曹为姓。其三，周武王移封曹安的后代曹挟于邾（今山东曲阜），战国时，邾灭于楚，国人分别以邾、曹为姓。其四，东汉中叶，大鸿胪曹嵩原姓夏侯，由于宦官曹腾收养而改姓曹。

许姓

许姓的鼻祖是许由。许由是中国古代著名的隐士，相传尧曾让天下于许由，许由辞而不受；尧又请他做九州长官，他洗耳于颍水之旁。许由死后，葬于箕山，故又称箕山为许由山。西周初年，周武王封伯夷的后代文叔于许（今河南许昌），建立姜姓许国。春秋时期，许国在郑、楚等大国的逼迫下多次迁徙，战国初期为楚所灭，迁于容城（今河南鲁山），子孙为怀念故国，遂以国名“许”为氏。有专家认为许文叔是许由的后代。

钟姓

钟氏在明朝初即永乐时（1404）由山西喜鹊窝迁到济南洛口，此祖被奉为入山东的钟氏始祖。在光绪年间后人为生活所迫肩担手提。辗转到费县上冶镇居住。主要居住在上冶镇三村、四村。

郁姓

相传长支始祖佚名，二支艰苦创业，渐次发达，均在道光年间，迁至费县上冶镇埠后村（原籍未载）。主要居住在上冶镇埠后村。

彭姓

明朝万历年间（1573—1620），彭姓被封于平邑围沟，后迁至上冶镇兴国庄、彭家林、仲口屯、五村等村。

甄姓

约在公元1449年（十五世纪初），明英宗被鞑靼人掳俘后，景帝即位，即代宗（1450—1457），坐都北京。因连年兵灾，山东境内，有田无人种。景帝就实行人口大迁徙，甄姓始祖也被排列之中，从山西省洪洞县大槐树庄，迁入山东境内的牛家屯（即今费县仲口屯）。

玄姓

玄氏家族在费县的历史并不算长，至2017年有60多年的时间。玄月强1949年正式加入费县籍，他从莱芜王氏村迁居而来。

东野姓

原籍是平邑县卞桥镇东家庄。150多年前，因家庭困难，迁来上冶。

吕姓

自德州迁居王崮山村后又迁入上冶（具体年代不详）。

汤姓

世居凤阳，明初自旧邳迁居艾左汤家楼村，后迁上冶镇埠后村（年代不详）。

郅姓

郅姓来于山东临朐县。大概在康熙年间，迁居费县上冶镇万仓庄。

岳姓

岳氏宗派源于河南省相州宋代武穆王岳飞之后，由滕州迁于上冶镇平安曲池村。

柏姓

自清朝末年，由临沂柏家庄迁至上冶鸭子沟迁至上冶东岭后又迁至上冶一村，至今已有百年。

倪姓

清道光年间，从现在汪沟镇的颜家庄迁到薛庄镇通太庄。后又迁入上冶镇四村，靠民间文艺的艺术收入和农耕为生活来源，倪家是我县著名的民间艺术六大团体之一，唢呐是六大团体的绝活，演奏技艺以高超和精湛闻名遐迩。有一次一家丧事上叫了两个班子，当然这是叫劲的比赛，两个班头心中自然清楚，各个心中都憋着一股劲，当然都使出了浑身的解数。最后倪家使出了杀手锏，拿起沙壶头就吹了起来，这一招出乎对方意外，当场叫绝。

郭姓

中国姓氏的产生，有一种方式是以居住地为姓氏，如城、郭、西门、东闾之类。郭，意为外城，住在外城的人以居处为姓氏，产生了中国最早的郭姓。

公元前 767 年，周平王以郑武公护驾东迁有功，把虢地赏给了他。南方的楚国正欲向中原扩张，平王大恐，只好把虢叔的后裔姬序找来，封之于北虢。公元前 655 年，晋国假道于虞以伐虢，灭掉北虢。西虢在今陕西宝鸡东，是姬仲的封地，后于公元前 687 年灭于秦。虢叔、虢仲的后代以国为氏，就是虢氏。古代虢、郭音同通用，后来虢氏便转而为郭氏。上冶镇郭姓主要居住在国家庄、民义村及四村。

崇姓

始居于鸭子沟，建立祖茔，迁徙至南城头，后迁于新庄后复迁于上冶，迄今七世。

麻姓

清康熙年间由临沂城西迁徙来费县上冶镇城南头村。

韩姓

费北六十五里紫荆关前西南峪有村名曰韩家庄，韩氏始祖系沂水县小埠村，后裔始迁蒙阴县无粮店继迁费县韩家庄，后迁上冶镇曹家楼、埠后村等。

韩姓历史悠久，其最古老的渊源是华夏人文初祖黄帝。相传，黄帝娶嫘祖，生青阳和昌意，昌意居于若水，生韩流。韩流的后代以韩为姓。周灭商之后，周成王的一个弟弟分封于韩（今山西河津），西周、春秋之际为晋所灭，子孙以国为氏。后有韩武子为晋献公功臣，得封于韩原（今陕西韩城），子孙亦以韩为氏。一说韩武子为晋国王室后裔，食采于韩，遂以邑为氏。战国时韩国位列七雄之一。秦灭韩后，许多韩国故人以韩为姓。北魏孝文帝改革姓氏，将出大汗氏改为韩氏，又增加了韩姓的人口。

詹姓

清詹氏原籍江苏常熟，道光年间迁入山东德州宁津县詹庄，清末经营锯碗生意，后发展成白铁生意。后迁居上冶镇一村。

边姓

祖籍山东莱芜边家王许村。清末以打铁壶为生，后在上冶镇二村安家落户，迄今已有 100 多年历史。

能姓

来自济宁，迁居于费县东沟村。考祖墓碑，其碑额曰：明故处士。

人物

刘宽

刘宽

上冶镇北村人，宋末元初人氏。其父名浩，由探沂镇许由城迁住上冶北村。有兄弟二人，刘宽居长，天生神武，内精韬略，好驰马，有勇力，文武兼修。中统元年，元世祖忽必烈安抚四方，诏宽为大名等处安抚副使。平定河北后，又承召讨之任，渡长江，累获大功，敕封一品宣武将军，钦赐银牌一面。及定一之后，告假养亲，赐本县县尉，掌铜印一颗。宽七子皆勤俭孝义，睦邻友好。数百年来子孙繁盛，遂成大宗。

任德鸿

字逵吉，清候选五城兵马司指挥，世居上冶东岭。晚年于玉泉北创一茅亭，疏泉凿池，同弟弟任德明游咏其间，怡怡终身，高密王熥为其堂题额“棣萼”。其子任毓淑，费县禀生。

任毓秀

上冶东岭人，贡生，字伯起，善歌词，工书法，精篆刻，有遗迹流传，人多宝之，兼通医药，活人甚众。著有《医学易知录》十二卷。曾重修枕流亭，清浚玉泉，并作《浚玉泉并重建枕流歌》。

李恕

字道一，号荆庵，别号枕流子，费县人。康熙十八年（1679）任费县教谕。博学多才，善述作。曾赴文场应试，见检搜者凌辱仕子，感叹道：“读书求荣，反求辱耶？”遂终身不应试。康熙己巳年间，费县县令黄学勤修《费县志》八卷，李恕病其简略，遂搜访遗佚，作《文献存徵》100卷，曰《纪》、曰《表》、曰《传》、曰《录》，百余万言。书今佚失，只余《自序》一篇载《费县志》中。作《列儒传》二百卷，《异人传》《英雄传》《义丐传》《义仆传》各十卷，今皆流失。曾随吴雍裔（字荆仲）游学，作《义士吴荆仲传》，又作《卓异杨公传》记述明朝费县县令杨果事迹。

曹振川

翟家村人，清咸丰末年为上冶圩长。输资财以裕战具，出薪米以助贫乏，所

“好义可风”牌匾

以能振奋人心，同力修缮守备。贼去后，保六品军功。后多次倡导赈灾捐米。费县知县王洵以“好义可风”四字为其住宅题额。

马鸿祥

马鸿祥（1915—1968）

祖籍泗水县历山，其祖父逃荒流落费县上冶镇。给刘姓商人“挑脚”送货，积钱成家，遂定居上冶一村。

九岁入村塾学习，刻苦用功，成绩优异。曾师从具有改良思想的前清廪生英淑台为先生，深受其爱国民主忧民思想的影响。亦曾求学济南，回乡后务农、经商。1937 年任上冶乡长，1938 年在上冶成立人民抗敌自卫团。1939 年 5 月，在兴国庄组织“费县抗日游击第八大队”，辖上冶、卞桥、资邱三个中队，有队员 170 多人，马鸿祥任大队长。1940 年 2 月第八大队编为 115 师 687 团特务营，马鸿祥任副营长，同年加入中国共产党。后调岸堤山东省军政干部学校学习，结业后转入地方工作，先后任费北蒙山县长。1948 年随军南下，任广西壮族自治区粮食厅厅长、区财贸办公室党组书记等职务。1968 年 9 月 24 日在极“左”路线迫害下含冤而死。1982 年 7 月 30 日，平反昭雪。

甄宝堂（1918—1950）

上冶镇仲口屯村人。1945 年参加民兵组织，1946 年 9 月参军，编入鲁中 4 师 12 团 3 营 9 连任卫生员。同年 11 月 5 日，参加了攻打安邱城的战斗，甄宝堂冲到城墙跟下，连续抢救 4 位伤员。1947 年 1 月，他随部又参加鲁南战役。同年 3 月，甄宝堂所在部队改编为华东野战军第 8 纵队 23 师，后又改编为 26 军 76 师。鲁南战役后，他又参加了莱芜、孟良崮、沙土集、洛阳、开封、许昌等战役。战斗中他不畏艰险，舍生忘死，抢救照顾伤员。1948 年 3 月，甄宝堂加入中国共产党。淮海战役中，甄宝堂多次火线抢救伤员，荣立三等功 2 次。1950 年 11 月 16 日，他随中国人民志愿军开赴朝鲜前线。在同月 27 日的抱川阻击战中，他带领 3 名卫生员把一个又一个伤员从战场上抢救下来，转移到安全地带。在返回战场途中遭敌机扫射而牺牲。军政部为他追记大功 1 次。

张运生（1921—1949）

上冶镇仲口屯村人，出身贫苦，9 岁就给人放牛。1945 年 6 月报名参加了区中队，不久升级到县大队，后又升级八路军主力四师。解放战争时期，改编为华东野战军 7 纵 21 师 62 团 3 营 9 连。张运生随部队参加了临费边联、宿北、鲁南、莱芜、孟良崮、泰安、沙土集、洛阳、开封、兖州、济南、淮海等战役。先后任战士、班长、排长、副连长等职，1946 年加入中国共产党。1948 年 7 月，在攻打兖州的战斗中，他带领爆破队员克服困难，完成爆破任务。保证了大部队取得全歼守敌 2.7 万余人的重大胜利。这次战斗张运生荣立特等功 1 次。1949 年 1 月 6 日，在淮海战役陈官庄战斗中牺牲。

任如武（1925—1950）

上冶镇二村人。1945 年 10 月参军，后随部队开赴东北，编为中国人民解放军 40 军 120 师 358 团工作队。1947 年 10 月 6 日加入中国共产党。在解放战争中先后参加了四平、临江、通化、鞍山、辽沈、平津、新乡、武汉、广州、海南岛等大小战役、战斗近百次，荣立三等功 2 次，历任班长、副排长。1947 年 9 月在东北柳河沟兵团教育战俘工作中，因工作成绩突出荣立二等功 1 次。1950 年 10 月参加中国人民志愿军，11 月在朝鲜云山战斗中牺牲。

附：

上冶镇烈士名录

表 7

姓名	出生日期	籍贯	参加革命时间	牺牲时所在单位	牺牲时间
葛永年	1921 年	万泉庄	1937.8	一一五师教二旅六团一营排长	1942.6
晏福千	1921.3	万泉庄	1937.8	一一五师教二旅班长	1941.3
王金田	1921	上冶一村	1938	一一五师教二旅战士	1941.8
王　恩	1928	上冶一村	1938	费北县大队战士	1942

续表

姓名	出生日期	籍贯	参加革命时间	牺牲时所在单位	牺牲时间
任寿朋	1921.4	上冶二村	1938.1	东北人民解放军连长	
崔德长	1918	上冶二村	1938.4	一一五师教二旅战士	1941
王光生	1923.8	上冶一村	1939	费北县上冶区中队班长	1941.4
翟西成	1918	上冶一村	1939.4	华东野战军战士	1948.6
李恒修	1913.3	大仲口	1939.5	一一五师教二旅战士	1941
孙绪臣	1914	水湖	1939.8	蒙山区基干队战士	1940.3
李如昌	1915	大仲口	1939.8	费北县县大队战士	1942 年失踪，50 年追烈
陈德成	1920	蔡庄	1940.4	一一五师教二旅连长	1946
孙宝坤	1921.2	上冶五村	1940.6	一一五师六八六团一营三连战士	1941.3
张明德	1920.5	上冶五村	1940.6	一一五师教二旅战士	1941.3
王富田	1923.4	上冶五村	1940.6	一一五师教二旅战士	1941.3
刘德顺	1923	万泉庄	1940.7	一一五师教二旅战士	1945.11
陈学	1923	万泉庄	1940.7	八路军 115 师 686 团战士	1941.3 青口盐滩战役
郁得余	1917.7	埠后	1940.8	一一五师教二旅战士	1941.3
张洪申	1922	兴国庄	1940.10	一一五师教二旅战士	1941.3
任志胜	1923	兴国庄	1940.10	一一五师教二旅战士	1941.3
张树生	1923	兴国庄	1940.10	一一五师教二旅班长	1941.3
彭金山	1920.11	彭家林	1940.10	一一五师教二旅副营长	1943
凌佩均	1918.4	刘官庄	1941.3	费北县独立营战士	1945.3
英占新	1923	兴国庄	1941.3	一一五师教二旅班长	1942 在战斗中失踪，已追认烈士
孙士荣	1896	兴国庄	1941.3	原鲁南军区三团特务营书记员	1942.2
王光生	1898.7	上冶北村	1941.6	费北县县大队战士	1942.3
刘忠孝	1907	石桥庄	1941.10	东北人民解放军三纵儿师 26 团三营教导员	1948.3
刘付海	1923	上冶三村	1942	四野连长	1949

续表

姓名	出生日期	籍贯	参加革命时间	牺牲时所在单位	牺牲时间
郭文安	1914	郭家庄	1942.2	蒙山独立营战士	1944.4
能恒胜	1915	鸭子沟	1942.3	滨海军区 1151 师 686 团侦查员	1943.4
刘宝荣	1924	上冶三村	1942.4	二野战士	1949
周洪法	1922.10	西毕城	1942.5	鲁南军区三师连长	1947.10
韩志德	1926	刘官庄	1943	东北人民解放军战士	1948
刘继忠	1920.9	上冶三村	1943	一一五师教导二旅战士	1943
房士友	1923.3	宁国庄	1943.2	东北人民解放军三纵九师二十五团班长	1948.10
孙仕江	1929.2	曲池	1943.3	滨海军区六团战士	1945.8
刘德宣	1921	里仁庄	1943.3	鲁南军区三团战士	1945 年在战斗中失踪，1982.2 追烈
曹瑞箱	1923	里仁庄	1943.4	东北民主联军九纵二十七师七九团三营二连班长	1947
刘德柱	1927.6	大青太庄	1943.4	东北野战军八纵副营长	1948.11
徐元亮	1925.8	蔡庄	1943.4	山东军区八师二二团三营七连战士	1946.7
张运胜	1926	仲口屯	1943.4	东北民主联军九纵二十七师七九团战士	1947.3
张聚刚	1925	曲池	1943.6	冀察热辽军区独立第九旅班长	1946.1
李学现	1922 年 .10	蔡庄	1943.7	志愿军二三军六七师一九九团二营四连副连长	1952.7
李友胜	1913.	上冶北村	1943.11	华东野战军八纵战士	1948.6
张景全	1921	上冶一村	1944	东北人民解放军三纵九师二五团一连班长	1948.2
常淑才	1928	万全庄	1944	华东野战军八纵二二师六六团战士	1947
蒋明礼	1920.7	民义庄	1944	东北人民解放军战士	1948.3
甄宝堂	1918	仲口屯	1944	志愿军二六军七六师二二六团三营医生	1950.11 大功 12 次入著名烈士名录
常印玺	1924	万全庄	1944.1	蒙山县上冶区武工队队员	1947
陈德胜	1927.10	蔡庄	1944.3	二六军排长	1949.4

续表

姓名	出生日期	籍贯	参加革命时间	牺牲时所在单位	牺牲时间
闫召可	1917.2	平安楼	1944.3	东北人民解放军三纵九师二七团二营排长	1948.6
张运生	1923	仲口屯	1944.6	华东野战军七纵二一师六二团副连长	1948.12
潘永录	1923	仲口屯	1944.6	华东野战军八纵二二师后勤部战士	1948.8
孙兴全	1923	仲口屯	1944.6	四O军一二O师三五八团炮兵三连班长	1950.4
杜传道	1919	仲口屯	1944.6	鲁中教导二团连长	1947.7
李树生	1920.3	民义庄	1944.7	东北民主连军三纵九师二五团三营九连战士	1947.7
蒋贵珠	1923.7	城南头	1944.7	志愿军四O军一二O师三五八团指导员	1950.11
齐可玉	1925.2	蔡庄	1944.7	冀察热辽军区独立第九旅班长	1947.2
张明礼	1926.4	西毕城	1944.7	鲁中南军区独立营战士	1944.10
吴士成	1922	大仲口	1944.8	华东野战军八纵二三师六九团三营八连战士	1948.11
李启瑞	1918.8	大仲口	1944.8	东北民主连军三纵七师二五团排长	1946.3
吴继新	1925.2	西毕城	1944.8	华东野战军八纵二三师班长	1948.10
杨志如	1925	刘官庄	1944.8	东北民主连军副班长	1946.3
张洪润	1924	兴国庄	1944.9	冀察热辽军区独立第九旅班长	1946.5
张京红	1912.4	刘官庄	1944.10	费北县独立营班长	1945.8
康兆法	1925.12	鸭子沟	1944.10	华东野战军二一师六三团二营八连通讯员	1947.3
李桂策	1926.6	蔡庄	1944.10	东北民主连军三纵九师二五团班长	1947
刘玉喜	1922.2	上冶北村	1945	四O军一二O师三五八团九连副连长	1950.4
王光余	1928	上冶北村	1945	华东野战军七纵二一师六三团一营二连通讯员	1947
韩邦永	1916	宁国	1945	四野战士	1949.4
吴开贤	1903.6	西毕城	1945.3	原鲁中军区八团炊事员	1949.4
任志泉	1920	小仲口	1945.3	东北民主联军排长	1950年4月海南岛战斗牺牲

续表

姓名	出生日期	籍贯	参加革命时间	牺牲时所在单位	牺牲时间
刘德居	1927.4	大青太村	1945.3	志愿军二十六军七十六师二十八团一营战士	1951.12
李化忠	1921	蔡庄	1945.3	东北民主联军班长	1946.5
李宝贵	1916	大仲口	1945.3	东北民主联军三纵七师二五团战士	1946.3
任昌柏	1914.4	上冶北村	1945.3	东北民主联军战士	1946.5
刘化荣	1928	上冶三村	1945.4	华东野战军三纵九师二五团一营三连战士	1947.2
任如武	1925	上冶二村	1945.6	志愿军四O军一二O师三五八团副排长	1950.11
英向国	1924	兴国庄	1945.6	志愿军副连长	1951
任庆恩	1922	上冶二村	1945.6	东北民主联军三纵九师二五团一营战士	1946.4
吴继修	1929	西毕城	1945.7	东北民主联军排长	1947.7
刘　超	1930.8	上冶二村	1945.8	蒙山县邮电局邮递员	1946
郁善五	1929.1	埠后村	1945.8	东北人民解放军三纵九师二五团二连战士	1948
王庆长	1924	里仁庄	1945.8	东北民主联军战士	1947
吴士富	1919	小仲口	1945.8	鲁南军区三团战士	1948
杨化富	1919	仲口屯	1945.8	4野3纵二六军侦察连战士	1949.4
刘备平	1925	刘官庄	1945.8	华东野战军二纵四师十一团三营七连战士	1948.4
张万友	1924.5	民义庄	1945.8	志愿军八六师二五八团连长	1952.4
孙纪言	1922.7	城南头	1945.8	志愿军四O军三五八团二营五连排长	1953.4
陈国兴	1923.7	水湖村	1945.8	26军侦察连战士	1949.4
赵成田	1925.9	曲池村	1945.9	警卫三旅六团排长	1947.2
曹凤洪	1928.7	曲池村	1945.9	东北民主联军战士	1947.3
许广胜	1921	双邱村	1945.9	华东野战军八纵排长	1948.12
杜士文	1911	上冶一村	1946	华东野战军二纵四师十二团二营六连战士	1947.2
能学坤	1919.2	东鸭子沟	1946.3	3野八纵22师66团3营7连战士	1946.3

续表

姓名	出生日期	籍贯	参加革命时间	牺牲时所在单位	牺牲时间
麻光胜	1925.5	城南头村	1946.4	鲁中军区四师战士	1947.1
王　三	1927.8	城南头村	1946.4	3 野八纵 22 师 66 团 3 营 7 连战士	1947.1
刘洪增	1925	城南头村	1946.4	3 野八纵 22 师 66 团 3 营 7 连战士	1947.1
李长喜	1924.3	上冶五村	1946.6	东北民主联军战士	1947
任继洪	1924	上冶一村	1946.8	华东野战军八纵二二师六六团七连战士	1947.3
任增贵	1927	上冶二村	1946.8	华东野战军八纵战士	1947
任庆信	1920.2	上冶二村	1946.8	华东野战军八纵战士	1948.11
孟凡军	1921.3	上冶五村	1946.8	蒙山县大队战士	1949 年在战斗中失踪
王光亮	1922.3	上冶北村	1946.8	鲷中军区六团战士	1947.8
武传友	1922.3	埠后	1946.8	22 师 66 团 3 营 8 连班长	1947.1
孙志源	1928	兴国庄	1946.8	3 野 8 纵 22 师 66 团 1 营战士战士	1947.2
张传杰	1927	兴国庄	1946.8	鲁中军区四师十二团战士	1947.2
王玉忠	1925	兴国庄	1946.8	鲁中军区四师十二团战士	1947.1
许大文	1924	兴国庄	1946.8	鲁中军区四师十二团战士	1947.1
朱讲善	1929	兴国庄	1946.8	鲁中军区四师十二团战士	1947.1
李忠仁	1921	石桥庄	1946.8	华东野战军二纵四师排长	1948.12
郭宝柱	1923	里仁庄	1946.8	华东野战军战士	1948.12
刘锡仁	1924	里仁庄	1946.8	华东野战八纵二二师六六团班长	1948.6
杨玉喜	1917	里仁庄	1946.8	华东野战八纵二二师六六团班长	1947.6
杨玉管	1927	里仁庄	1946.8	华东野战军战士	1948.2 在战斗中失踪，1962 年已追烈
任继存	1928	大仲口	1946.8	华东野战八纵二二师六六团二营排长	1948.12
李长明	1920	大仲口	1946.8	3 野 8 纵 22 师 66 团 1 营战士	1947 年 1 月在沂南战斗中失踪

续表

姓名	出生日期	籍贯	参加革命时间	牺牲时所在单位	牺牲时间
任继学	1920	大仲口	1946.8	华东野战军八纵二二师六六团六连排长	1948.12
李慎修	1918	大仲口	1946.8	华东野战军八纵二二师六六团二营四连战士	1947.7
范学忠	1930.3	大仲口	1946.8	华东野战军八纵二二师通信排战士	1948.5
巩玉胜	1929	仲口屯	1946.8	华东野战军八纵二二师战士	1948.5
蒋光胜	1924.8	民义庄	1946.8	华东野战军八纵战士	1947.2
张付德	1923.2	民义庄	1946.8	西北野战军二营战士	1948.2
周洪玉	1927.2	西毕城	1946.8	华东野战军八纵二二师六六团战士	1948.11
常维同	1919.6	万全庄	1946.8	志愿军副班长	1952.11
张付胜	1928.8	万全庄	1946.8	华东野战军八纵二二师六六团战士	1947.3
常淑义	1911	万全庄	1946.8	东北民主联军二五团战士	1946.10
刘一三	1915	民义庄	1946.8	华东野战军八纵二二师六六团战士	1947.4
曹青如	1921	里仁庄	1946.8	华东野战军战士	1947 年在战斗中失踪，1982.2 追烈
陈德才	1923.2	水湖	1946.9	华东野战军八纵二二师六六团班长	1947.9
陈佩荣	1927.2	水湖	1946.9	华东野战军八纵二二师六四团班长	1947.3
孙宝富	1925	蔡庄	1946.10	华东野战军八纵二二师六六团三营九连战士	1948.6
任继和	1921.11	东岭	1946.10	三野二五军班长	1949.4
任继彬	1921.4	东岭	1946.10	华东野战军七纵二一师一连文书	1947.2
张祥全	1929.7	曲池	1946.10	华东野战军二纵四师战士	1947.3
刘启云	1925	大青太	1946.10	华东野战军八纵二师战士	1947.5
任庆珍	1921.2	东岭	1946.10	志愿军班长	1953
齐可山	1922	蔡庄	1946.11	志愿军二六军七六师二二八团四连副排长	1950.12
郭宝太	1921	郭家庄	1947	志愿军战士 1951 年在朝鲜失踪	1962.2 追烈

续表

姓名	出生日期	籍贯	参加革命时间	牺牲时所在单位	牺牲时间
李桂英	1916	蔡庄	1947.5	四三军一二七师三八一团三营九连战士	1949.9
马文堂	1917	上冶三村	1947.10	志愿军二师高炮营管理员	1952.11
李胜祥	1931	大仲口	1947.10	志愿军战士	1950.11
王秀峰	1928.2	四村	1948	一军班长	1949.3
李金隆	1930.6	刘官庄	1948.2	三一军九三师二七八团班长	1950.2
常光瑞	1915	万全庄	1948.3	鲁中南二军分区修械所战士	1950
蒋桂胜	1919.2	城南头	1948.8	二七军七九师二三七团三营侦察员	1949.10
韩宝良	1919.6	宁国庄	1949.6	志愿军铁道兵团战士	1950.4
吴士良	1941.3	西毕城	1963.12	济南军区六O一五部队战士	1964.3
刘学德	1941.10	民义庄		蒙山县支前民工队民工	1946.6
张凤一	1912.2	翟家村		蒙山县支前民工队民工	1946.10

發
財
大
禧
恭
禧
大
發
財
财
連
福
福

上冶镇志

SHANGYEZHENZHI

民风民俗

MINFENGMINSU

集体婚礼

上冶风光秀丽，物产丰饶，民风淳朴，民俗文化历史悠久，内容丰富。千百年来，历经世世代代的不断锤炼，传承至今，凝聚着上冶人的淳朴善良、智慧和坚强。展示的是上冶人的过去、现在和未来。

节庆习俗

春节 俗称“过年”“阴历年”，为一年中最隆重的节日。进入腊月，年味渐浓，人们即开始制作新衣，置备年货，赶年集、买年画、对联、鞭炮、香纸等。准备的食品菜肴中必有豆腐、年糕、莲藕、鱼等，以示“全家都福”“年年高”“连年有余”。器皿中添加新碗新筷，象征人丁兴旺。春节前家家都要备“年礼”馈赠亲朋好友，以此向长辈表达孝心，增进亲朋之间的感情。除夕前上坟祭祖，清扫洗涤。除夕日贴春联，挂年画，筹办菜肴，全家人围坐饮酒，吃团圆饭。除夕夜全家“守岁”，妇女包饺子，午夜放鞭炮，烧香纸，敬天地，迎财神。绝大部分人家都赶在零点时发纸，取早发之意，早发财、早发家、早发达……其间禁忌批评和不吉利的语言。晚辈给长辈拜年，长辈给“压岁钱”，保佑孩子在新的一年里健康吉利，财源广进。敬完天地神灵，全家人一起吃饺子，当地有句歇后语：“大年五更吃饺子——没外人”。饺子与交子谐音，意为正交子时，寓来年诸事吉利。初一一早，晚辈结对上门拜年，长辈以糖果、烟茶招待。自正月初一起，民间文娱活动踩高跷、跑旱船、玩龙灯、扭秧歌、演小戏等传统节目。一直持续到正月十六。初二开始走亲访友。初五俗称“五马日”“破五”，因为从初一到初四过年的几天中，有许多规矩和禁忌，到了初五都可以打破了，故称“破五”。

春节贴挂门笺

元宵节 又称为“元夕”或“灯节”，在正月十五之夜。“元”为“始”，“宵”为“夜”，“一年明月打头圆”，元宵是春节后的第一个月圆之夜，也是春节后第一个庆祝性节日。上冶元宵节习俗主要有：吃元宵、放灯、放烟花。元宵又叫“汤圆”“糖圆”，由糖、花生等做馅料，在糯米粉中滚制而成。正月十五之夕，全家人围坐一起，喝酒、赏月、吃元宵，取团圆之意。元宵节又叫“灯节”，民间于元宵节采用各种方法制灯，最常见的有两种：一是用小麦或者其他杂粮面粉蒸灯，捏成各种形状，上锅蒸熟；二是用红萝卜或胡萝卜等刻灯。不管哪种方法制成的灯都在中间制成凹型，以盛放植物油，然后用小细棒或火柴棒缠上棉花插在灯碗之中，浇上植物油，点燃即可照明。近年来，又流行购买蜡烛灯，放灯时先到祖茔送灯，然后在院内天地桌上、门旁、灶旁等各种设施旁边，以及院外路边、河边、井边放灯。放灯的同时或放灯以后，燃放鞭炮、烟花。各种烟花腾空而起，如“天女散花”，五颜六色，五彩缤纷，照亮夜空。有的青少年还用刷帚疙瘩，或用木棒绑上棉布蘸油点火，去村外空地上抛向空中，风助火势，火借风力，火花闪亮。小一点的孩子放“滴滴锦”“白果花”“二踢脚”“地处溜子”等，元宵之夜，火树银花，流光溢彩，处处充满欢声笑语。

正月十六 正月十六，主要有吃杂面条和走娘家的风俗。杂面条用小麦面粉和大豆、绿豆、豇豆等小杂粮粉制成。这天早晨家家都要煮杂面条吃。出了嫁的闺女都在这一天偕夫携子回娘家，礼品中少不了生杂面条。

二月二 据说是“土地爷”的生日，又称“青龙节”。故有“二月二，龙抬头”之说，当地传统风俗，民众多到土地庙祭祀。这天户户早起，盛灰于簸箕之

二月二炒豆子

围仓囤

中，用木棒轻敲其舌，让灰屡屡而下，圈圆于庭院之中，分置五谷杂粮于其中，以祈丰年，俗称“二月二打簸箕”或称“打围”。同时口念“二月二，龙抬头，大囤满，小囤流”。这天还有吃“料豆”和喝面条的习俗。吃料豆是以大豆为主，掺以其他杂粮，头天泡好，第二天天明之前炒熟，有的拌上红糖或白糖，供家人吃，也叫吃“糖豆”，寓意“炒死蝎类毒虫，日子过得甜蜜”。喝面条是给生肖属龙的人吃面条，也叫龙须面，因这天叫龙抬头。

清明 上冶民间清明节习俗主要有“寒食节”“插柳”“扫墓”“踏青”“放风筝”等。清明的前一天称为“寒食节”，相传为纪念春秋时晋人介子推。这天禁烟火、吃冷食，故名“寒食”。另有“冬到寒食一百五，家家祭祖添坟土”之说。即冬至到寒食正好 105 天，这一天家家插松、插柳、上坟添土，有“清明上坟，后代出愣头青”之说。哪个坟头不添土，被疑为无后人。所以连远方的游子都尽量在“寒食”这一天赶回家上坟添土。一些比较富裕的家庭或有声望的家族，还常利用清明节续家谱，立谱碑，搞大型的祭祀活动。中华人民共和国成立后，政府机关、企事业单位、学校每年组织职工、学生到烈士陵园为革命烈士献花扫墓，以纪念英灵。

三月三 这天恰在清明节期间。人们往往三五成群带着冷食外出踏青春游。古时也称“探春”“寻春”。此时，正值春风和煦，春暖花开，春光明媚，大人孩子成群结队，或登山或涉溪或草地野炊做游戏，放风筝，令人愉悦放松，心旷神怡。三月三也是上冶纯阳观泰山圣母宫庙会，盛时车水马龙，香客云集，香烟缭绕，数日不绝。

四月八 上冶自古有“四月八”给已嫁闺女换季的习俗。每年的四月初六到十六是连续 10 天的上冶大集，俗称“四月八大会”。这几天大集，人们为已婚女儿、女婿选购换季服饰，把为女儿、女婿挑选好的衣服、遮阳帽、凉席、枕头等装车回家，再选个好日子给女儿家送过去，谓之“换季”。

端午节 防疫祛病，避瘟驱邪，祈求健康，平安和顺是端午节的精神内涵。是日，吃粽子、吃鸡蛋、挂香荷包、拴五色线、悬艾叶等是上冶民间端午节的主要内容。

端午节挂香包

六月六 农历六月初六也叫“小半年”。这一天上冶有“杀西瓜”、吃“伏羊”的习俗。把西瓜、桃、花馒头摆放在天地桌上，烧纸、磕头、敬天、放鞭炮，当地俗称“杀西瓜”，然后家族男性成员上坟。此外，还熬上一锅羊肉汤，俗称吃“伏羊”。

敬天馒头

七夕节 和全国一样，上冶也有乞巧的风俗，七夕夜晚，老人们给孩子们讲牛郎织女的故事，少女们在院中望星空、数星星，希望自己像织女一样心灵手巧。

中元节 农历七月十五是中国传统的中元节，也称“盂兰盂节”“鬼节”，这天家族男性成员要上坟祭祖。

中元节祭祖

中秋节 节前人们走亲访友，互赠礼品，络绎不绝。节日当天上坟祭祖。节日晚上，明月初升，在庭院里安上供桌，摆上酒菜、水果、月饼，例行上香、烧纸、放鞭炮、磕头敬天，拜月仪式之后，全家围坐一起品尝月饼，赏月祈福。

重阳节 节日前后进行各种形式的尊老爱幼、敬老活动。

腊八节 因农历十二月又叫腊月，所以，初八这天称“腊八”。是日喝“腊八粥”。

辞灶 腊月二十三日俗称“辞灶日”，也叫“过小年”。民间大部分二十四日辞灶。是日晚上，家家贴灶君像、摆灶糖（也可用糖果代替）、柿饼、软枣、山楂等供品，用秫秸扎马（用以驮灶君上天），焚纸烧香，送灶王爷上天庭，祈求灶君“上天言好事，回宫降吉祥”。

信仰崇拜

敬奉老天爷 民间所谓的“敬天”，比较重要的几次是春节、六月六、八月十五等节日的崇拜。此外，每遇到比较重要的事件或活动，如婚丧、打井、盖房等都要“敬天”。旧时经济条件不好，普通人家一年中很少吃几顿白面、酒肉，所以家里每吃面食或有宾客出席，主妇都是要“敬天”(向地下夹少许饭菜)，家人才可吃饭。一直到现在，一些讲究的老人，每逢酒宴，都要先往地上滴一点酒，夹一点菜，谓之“敬天”。

敬奉土地爷 在上冶土地爷是仅次于“老天爷”的第二大神，几乎每个村庄都建有“土地庙”，每年的二月二是祭拜“土地庙神”的日子，人们把家里的“炒料豆”或者其他供菜上供给“土地神”。家中有老人去世，都要到土地庙泼汤祭拜。除此外，在春节、中秋节等重大节日，也去土地庙焚纸供香祭拜。

白石崖圣水泉

敬奉观音菩萨 传说当人们遇到灾难时，只要念其名号，观音菩萨便来相救。上冶民间拜观音者多为中老年女性，请一尊观音像回家，多于室内墙壁挖一方洞安放，面前放一香炉，早、晚或定期烧香祷告，祈求观音保佑家人平安、诸事顺利。

敬奉财神爷 敬财神爷者，多为商贾之家，供奉在商店或者住宅中，有请财神塑像的，有挂财神画像的。每年春节后，一般在正月初六开门开市，一大早敲锣打鼓，放鞭炮迎财神。

敬奉朱龙王 朱龙王是当地传说中的神龙，遇到大旱，上冶镇方圆几十里的村民，结伙成群，带着供品从南张庄乡龙雨庄，途经上冶、小麦庄（现民义庄村）、万仓等名称吉利的村，到水湖村给“朱龙王”上供求雨，求雨队伍赤脚光背，抬着“朱龙王”画像和猪头三牲等供品，敲锣打鼓，沿途围观村民往求雨队伍身上泼水。

灵物崇拜

崇拜动物 有对龙、虎、黄鼬（又名黄鼠狼）等动物的崇拜。民间把黄鼠狼称为“仙家”“仙姑”，把燕子视为吉祥之鸟，认为燕子在谁家垒窝，会给谁家带来好运。把喜鹊视为喜庆之鸟，流传着“喜鹊叫，喜事到”俗语。

崇拜植物 柳树和桃树被认为有“驱秽避邪”的作用。过年时把桃枝用煮饺子的水烫过，刻成桃木刀剑、桃木人，用桃核刻成“元宝”“篮子”等饰物，给小孩带在身上、帽子上镇妖驱邪，保佑孩子平安健康。小孩外出时，包被内放桃枝或手拿桃枝，也能驱邪。

崇拜石头 上冶很多村庄内都有拜“石干娘”的风俗，有些住宅在冲路口的墙上都嵌放刻着“泰山镇宅石敢当”的砖石块。

崇拜红布 民间普遍认为，红布有辟邪的作用。

崇拜露水 认为露水有灵气，可治病。

生育习俗

挂红子 孩子出生谓之“添喜”，出生的第三天在大门口上方挂红子，告诉大家这家添了人口。如果生的是男孩，挂的红子由红布、弓箭和一对大蒜头组成，寓意孩子长大后“骑马射箭，能打会算，文武双全”。红布一尺见方，两下角用红线拴铜钱，现多用一元的硬币，弓箭用红高粱秸秆扎成。若生女孩，红子则由红布、一对蒜头和一双筷子组成，寓意孩子一生平安，长大后勤快（筷），

挂红子

报喜用的四色礼之对鸡

能打会算（蒜）。

报喜 挂好了红子，主家就要打发人去孩子的姥姥家报喜。报喜人一般是孩子的叔叔和哥哥同去，要准备四色礼（肉、一对鱼、一对鸡、粉皮），临行前剪一红布条，生男孩，用红布条系在公鸡脖子上；生女孩，红布条系在母鸡脖子上。前去报喜的无须说明，别人会根据红布条系在哪只鸡脖子上断定生的是男孩还是女孩。报喜人到了后，孩子姥娘家把送来的礼品肉上割一小块（割多了瘦外孙），拿两张粉皮炒菜招待报喜人。饭后姥娘家把送来的礼品作为回礼，还要再加上红糖、鸡蛋、小米、面、尿布等，并给报喜人赏钱。临走时把来时系在鸡脖子上的布条换在另一只鸡脖子上，寓意下一个孩子换个性别，儿女双全。

铰头 铰头也叫“送粥米”“送助米”。一般男孩出生后 12 天，女孩出生后 9 天，如有特殊情况，如恰巧铰头日是初一、十五，剖腹产、住院等可适当提前或延后。现在女孩也有 12 天铰头的。是日，孩子姥娘家和其他亲朋好友会携小米、

送粥米

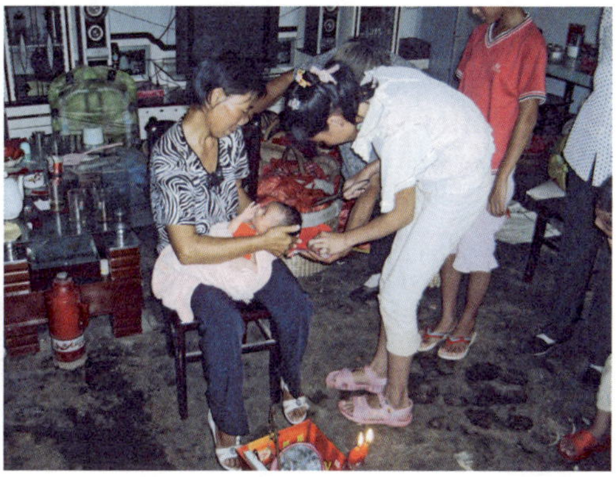

铰头仪式

面、挂面、鸡蛋、红糖、花布、婴儿衣服等前来送粥米。邻里乡亲得知谁家有生孩的，为表示祝贺和增进情感，也会在孩子出生后到铰头这段时间里携鸡蛋、挂面、小米、小孩衣服等礼品或现金前往祝贺。

铰头仪式一般在中午 12 点进行，关系比较亲近的客人可先在铰头之前看看孩子，给孩子数目不等的“见面礼钱”。铰头时，准备好一个升（木制方形容器，上阔下窄），放在堂屋内太阳晒到的地方。升内放算盘、木秤、葱、香、艾蒿、书本、麸子、钱币等物，女孩还可放梳子、镜子、鲜花等。孩子由母亲或奶奶抱着，面南而坐，面前放升，点上长命灯（油灯），奶奶先在升里放上压底钱，舅舅是剪第一剪刀的人，拿剪刀象征性地在油灯上烤一下，手捏住小孩头上的一小缕头发，轻轻剪三下。接着，孩子的姑姑也剪三下。舅舅姑姑铰完后，把准备好的铰头钱放进升里。接下来，奶奶用剪刀在孩子的头、嘴、手、脚上面空剪几下，边剪边说：铰铰头，吃喝不愁；铰铰嘴，别贱嘴；铰铰手，别打架；铰铰脚，别乱踢。之后，来客们选几个代表，手持剪刀，象征性地在孩子的头上比划两下，纷纷把铰头钱放进升里。铰头钱几十元、几百元不等，下不保底，上不封顶。最后由孩子的姑姑点钱报数，不够整数的由爷爷奶奶补齐，交给孩子的父母。仪式结束后，来宾们入席吃饭。酒席过后，主人将备好的礼品回赠给客人。

起名 名字有乳名和官名之分。上冶也叫“小名”或“大号”“大名”。小名出生时即起，大名到上学或学徒做工时才起。小名一般由长辈或亲属给起，大名由老师、师傅、有文化的人或阴阳先生给起。起小名一是顺手拈来，随意而为。以前父母长辈多不识字，只有从身边或传说中的最熟悉的动植物、山川河流、自然现象等给孩子随便取个名。如：龙、虎、江河、石头、兰花、芹、云、珍等；有的按兄弟姐妹的排行起名，如：小二、小三、小四、大妮、二妮、三妮等。二是用名字寄托父母对孩子美好的愿望，希望孩子将来大富大贵，如：满仓、富贵等。希望孩子平安健康叫留柱、栓柱等。女孩多的，希望生男孩的起名，有招弟、换弟等。还有的怕孩子夭折，认为给孩子起名越不好听越好拉扯，如：猪、狗、狗剩、狗蛋、狗屎等。三是讲究命相五行相克，找阴阳先生根据孩子的生辰八字取名，命中缺啥取啥名，如：金、银、铁蛋、杨林等。后来随着社会的发展，人们文化水平的提高，起名也与时俱进，带有强烈的时代烙印。中华人民共和国成立后，有叫建国、解放、国防、国庆的。“文化大革命”时有叫“红卫”“卫东”

的。改革开放后，又出现了一些带有洋味的名字，如：娜娜、莎莎、安琪等。也有的为了显示与众不同，专找怪字生僻字取名，大部分人不认识，电脑上又打不出来，带来很多不便。现在孩子生下来就要报户口，大多数孩子不再分大名和小名，而是按辈分前面加个姓氏后面加上一个字，3 个字合起来即成一个大名，也有起四个字的，长辈称呼时，省略掉姓，直接呼后面两个字，俗称“连名起”。也有的不按辈分，自己挑字起，有的起两个字的，讲究的是字义、寓意。市面上也有很多起名公司，专门为孩子起名。

婚嫁习俗

婚嫁是人生中最大的喜事，民间当作是“终身大事”。礼节名目繁多，每家操办起来都是尽可能的隆重热闹，但必不可少的几步都有：相亲、送日子、下催妆、迎娶、回门等。

相亲　又称“见面”“相媳妇”。即通过媒人将素不相识的两个男女约到一起，相互接触认识。相亲过后，如果双方满意，下一步就是定亲了。定亲又叫“递手布子”（毛巾）、“换红”“下柬子”“传启”等。女方由娘家人陪同到男方家中“相家”，男方需备酒席招待，最重要的是定亲礼。定亲礼是布料、衣服、毛巾等。新中国成立后，随着经济的发展，人们生活水平不断提高，到 20 世纪 80 年代，已经是“四大件”：即手表、自行车、缝纫机、收音机，也叫“三转一响”。到 20 世纪 90 年代后，是“三金一银”，金戒指、金耳环、金项链、银手镯。到 2000 年后，定亲礼普遍改叫“彩礼”，成了“万里挑一”（10001 元钱）、“万里挑妻”（10007 元钱），富裕之家还有给女方买轿车的。现在除了买汽车，还有的富户彩礼多达 8 万、10 万。定亲时还通知男方的亲戚前来赴定亲宴，每位来宾拿数百元不等的贺礼。

送日子　也叫“下柬子”，可以男方直接给女方，也可托媒人转交。先找人（或自己）查日子，用红纸写上结婚日期、时辰、事项及禁忌生肖。用新红布包袱包好“日子”和 4 斤点心，同时奉上数目不等的现金。

准备发嫁

拜堂用的天地桌子

下催妆 男方给女方送出嫁时穿戴的衣服、鞋袜、首饰及梳妆用品，同时附四色礼：一对鸡、一对鱼、一块猪肉、一捆粉皮。在结婚的前一两天，男女双方亲戚都要到各方随礼，给女方的礼叫“填箱”。给男方的礼叫“送饭”。

迎娶 女方叫“出门子”，男方叫“娶媳妇”。结婚礼仪繁杂，贫富有别。富庶之家讲究排场，诸事豪华；一般人家讲究不失脸面就行。送女儿出门子叫发嫁，要陪送嫁妆，送亲队伍数十人不等。发嫁路上也有好多讲究，如出西门，进东门，过村过桥放鞭炮，遇碾遇井盖红纸等。新媳妇娶进婆家的大门，叫“过门”。男方要庭院干净，里外粉刷一新，屋门大门贴喜联，影壁贴喜字，窗户贴红纸。天地桌上点红烛，摆花草，张灯结彩，一派喜庆气氛。新媳妇来到婆家门前，先调轿（有调教之意），调轿礼几十元不等。现在结婚多用小轿车，调车也叫调轿。再勒性子，其实是搬嫁妆。过门时由两位架媳妇的妇女，也叫上头的，搀扶新娘下车，走红地毯（或红席）、过门槛、放鞭炮、超火盆（寓意日子过得红火）。新郎新娘站在天地桌前方正中，在司仪的主持下，一拜天地，二拜高堂，夫妻对拜，送入洞房。然后是“吃面汤”，男喂女，女喂男，象征性的吃一口，剩下的面汤分给参加婚礼的小孩，寓意小孩吃了富贵吉祥，长命百岁。是日，喜主大宴宾客。到晚上新

开脸

人喝交杯酒，同辈下辈闹新房。新婚第二天，新媳妇开脸、上喜坟、回门。2000年以后，随着经济发展，社会进步，越来越多的年轻人自由恋爱，结婚不再拘泥于旧形式，而采用越来越文明的形式结婚。如旅游结婚、集体结婚、照婚纱照、录像、找婚庆公司主持等，形式灵活多样。

上冶民间婚嫁喜宴中的最高规格为“十大碗”，经多年传承沿袭，也成为上冶一带民间宴席的招牌菜。

敬酒

操办“十大碗”手续严格，从肉到菜到调料，到各种食材，均需精挑细选。同时还要做到节约不浪费，办多少桌席，需用多少肉菜，调料，事前须核算清楚。办“十大碗”一般要杀猪，猪的大小根据酒席桌数而定。

“十大碗”由多人完成，主厨、副厨、帮手，出菜、传菜、坐席等规矩礼节颇多，非常讲究。

制作菜肴分为不同的方式，炖、炒、煎、炸、蒸、烩等样样俱全。食材入锅前，先备好自制高汤（用猪大骨、猪蹄、鸡等为主料，加入八角、大茴、桂皮、砂仁、豆蔻、花椒等用慢火熬成）。所用蔬菜全部为当地用农家种植，新鲜无污染。酒席类型分为粉头席、黑头席等。头道菜中有粉条，叫粉头席，有海参叫参头席或黑头席。

坐席一般每桌 8 人，按辈分、年龄分宾主依次落座。出席流程依次为：上茶水、上糖果香烟、上盅筷、上碟子、上正菜，最后上饭食。上碟子分为 8 个碟、12 个碟、16 个碟不等，视主家意愿而定。碟子内容有甜碟、果碟、肉碟等，可随吃随撤。上正菜须按顺序，一般是头粉、二鱼、三和菜、四汤、五丸子、六鸡、七藕、八果子、九海带、十大肉。上到第五碗时，上两个点心碟，称作中饭，新郎新娘席前敬酒。然后，每上一道菜，喜主兄弟爷们依次敬酒。

丧葬习俗

中华人民共和国成立前，丧葬礼仪繁杂，费时耗资，且迷信色彩浓厚。在上冶民间，人死了称“老了”，丧事称“白事”。葬礼一般有上灵床、送路、穿孝、泼汤、报信、暖棚、送盘缠、吊纸、入殓、出殡、行路祭、下葬、守灵、圆坟、五七、百日、忌日、添土等主要程序。中华人民共和国成立后，在政府积极倡导下，丧葬习俗发生了巨大变化，20 世纪 60 年代起丧事较前节俭。20 世纪 70 年代初曾一度土葬平地深埋，不留坟头，各村建公墓，“文革”期间“破四旧，立四新”，红卫兵砸掉墓碑。1976 年起推行火葬，到 21 世纪尽管丧事还处处留有旧俗痕迹，但程序已有所简化，规模渐小，耗资渐少。丧事从简逐渐成为人们的共识和期盼。但随着经济发展，收入水平提高，有的地方办白事也有越来越铺张的苗头。2016 年，上冶镇重新要求简化婚丧习俗，减轻群众负担，实行文明操办。

上灵床子　老人病重弥留之际，家人把床放于房屋明间正中，头南脚北、儿女侍于床侧，询问遗嘱，摸脉搏、听呼吸，一旦出现死亡征兆，即给老人穿上预备好的寿衣。同时抓紧给老人剃头（男子），净面、洗脚。一旦停止呼吸（又称“圆气”），即让死者仰卧，捋直身体，脸上盖一张白纸或火纸（蒙脸纸），床前头部下方放一盏油灯（照世灯），灯前放一瓦盆，称“老盆”，用以烧火纸。如果病人死在里间，中隔房梁，则必须得“阴阳先生”，用符帖子、七尺白布或鸡等镇物将魂引出来。同时家人商量，请执客，找“扫当门”（打扫灵堂地面）的来主持办理丧事。

送路　首先由扫当门的烙好“打狗饼子”，饼子状如铜钱，用白面烙成，用线穿串，按死者年龄，每岁一枚，放在死者手中。然后在执客的安排下，由死者长子到通往自家老林的路口跪拜，送亡灵上路，孝子边跪边喊“爷（娘）啊，快上路啊”，连喊三声，不得啼哭。待返回时方可哀哭，以此发布丧事信息。

穿孝　送路之后，孝子孝眷张罗穿孝。死者儿子穿孝衣戴孝帽，孝帽前垂麻披、白棉球，拖腰绳（父母双亡拖 2 根，否则拖 1 根，男左女右），拉哀杖（鲜柳木或杨木制成，父死左手拖，母死右手拖）。长子手打迎魂旗，拉哀杖。儿媳、女儿穿孝衣、围褡头、拖腰绳、拉哀杖。五服以内近支子孙戴孝帽或穿孝衣。女婿戴孝帽穿孝衣，束白腰带，孙女婿束白腰带加红腰带，重孙孝帽上钉蓝布条，玄孙孝帽上钉红布条。

泼汤 送路之后开始泼汤。头遍汤也叫倒头汤。本家孙辈抬汤罐前行，吹鼓手随后，执客领孝子孝眷，男前女后，排队边哭边行，到土地庙跪拜浇奠。“倒头汤”之后，停灵期间，每日早、午、晚各泼一次汤。女婿及未过门的媳妇、侄、侄女、外甥等也要赶来参加泼汤。

暖棚 或称点戏。中华人民共和国成立前，请僧道诵经超度。后此习已除，改为请吹鼓手吹拉弹唱。“文化大革命”时期因破“四旧”、立“四新”不请吹鼓手。以后风气渐盛，吹鼓手伴随整个丧事过程。出殡的前一天晚上在灵棚下“暖棚”，晚饭后开始，半夜时结束。“暖棚”时儿女及至亲都要点戏。给吹鼓手点戏钱，每人几十元到几百元不等。如果点戏钱超过了鼓乐班子的总报酬，会在第二天退给丧主多余部分。

送盘缠 暖棚结束，孝子到通往坟地的路口为亡灵“送盘缠”。烧纸马（或把谷草、秫秸搭成马形）、烧火纸和亡人穿过的衣服。孝子口喊亡者上马。

吊纸 人死之后，在大门上贴白纸或火纸，谓之“封门”。用鲜柳棍或杨木棍捆白纸条（一岁一根）竖在门首，谓之“纸咕嘟”，与汤罐放在一起。灵堂内铺麦穰，门前挂帘子，搭灵棚。派人到亲戚家中送信（称报信）。出殡日亲戚联络本家近支前往吊孝。信主（顶头）礼重，余为陪吊。顶头主要是火纸、挽幛、明烛四式、现金（也称大礼）。陪吊为十元或几十元。丧主大门外安桌子，安排人登记吊礼簿、收礼金、写幛子。附份子后，信主领队参灵，灵屋内孝子磕头跪接。执客根据亲疏远近破孝（分发孝帽、孝带）。然后按先来后到依次到灵棚前行祭奠礼。行礼分为大八拜、小八拜、四拜等档次，至亲晚辈多为大八拜礼，远亲晚辈多为小八拜，平辈则是四拜礼。礼毕入席就餐一般 8 人一桌，每桌 10 个菜，主食多为米饭、馒头。饭场挂挽幛。席间孝子跪拜谢客。席散信主留人候殡，其余客人离去。

入殓 出殡当日，把棺材抬入屋内打开，由扫当门的扫棺，棺底铺麻秆、栗子枝、松柏枝、麸子、亡人穿过的衣服。大头放一瓦盆，内放一缝制布鸡。小头放一土块，将死者净面后，手握铜钱（后改为硬币），孝子移尸入棺，孝子亲朋绕棺一周，看最后一面。孝子孝眷持剪刀在死者衣带上比划几下，边铰边喊：爷（娘）呀留后代！此时，气氛肃穆，不准哭泣。然后盖上棺盖钉牢，叫“杀材口”。孝子孝眷放声大哭。1976 年当地实行火化后，入殓时把骨灰撒入棺内，铺上死者寿衣，其他习俗基本相同。

出棺　送殡多在下午进行。抬棺材（举重）的，将棺材抬出大门外，孝子领棺出门。孝子孝眷在棺前行八拜礼，围着棺材走一圈；再跪于棺前。执客抓起老盆，在长子（顶老盆的）头上比划一下，然后猛然摔往地上。若长子出继（又称出嗣）则有次子顶，以此类推。然后，孝子们及男性亲朋随棺上林。孝眷们则到此为止。儿媳们每人抢一块（老盆）碎片，争先恐后往家跑放在粮食屯里。女儿们则悲痛欲绝，哭的拉不起来，甚至有休克昏迷的。

行路祭　送葬队伍在路口停下，孝子们跪于棺侧，执客按信主亲疏顺序（从老亲到新亲）安排祭拜以示诀别。祭毕，随棺上林，寓再送一程之意。

下葬　出殡前先挖好墓穴，叫提圹，大小以放下棺材为度。大头处墓穴壁上挖一小穴，放置盛放五谷杂粮的草编粮囤和油灯。棺材入穴后，盖上白席，由添土的培土堆成圆锥形坟子，坟顶插秫秸以示中间。坟前插哀杖并垒一石桌，备放供品之用。宾客先行祭拜礼，后孝子及侄孙辈行礼。执客分发富贵饼（面粉做成），孝子每人一份，以孝衣腰绳束之，抱饼回家。余众则于坟前摘下孝帽撕开回家。

守灵　送殡后孝子要在灵屋内守灵，旧时守到五七（一个月左右），现在一般 3—7 天，晚上要到坟旁点灯煸火。

圆坟　送殡的第三天，儿女都要到林上哭祭，绕坟左三圈，右三圈。死者是女性则是右三圈，左三圈，儿女用衣服兜着土块往坟上扔，边扔边喊“爷（娘）打墙盖屋了”。

五七　是人死后最隆重的纪念日。儿女、信主分别摆上礼盒。内有酒菜、馒头、火纸、鞭炮等各种祭祀用品。女儿家还要购买各种纸扎品（又叫扎彩），系纸人、纸马、纸牛、纸箱、纸柜、摇钱树。近年来，又添上楼房、轿车、冰箱、彩电等。在亡者坟墓前焚烧祭奠。结束后，儿、侄、孙再到其他祖坟前烧纸钱。现在随形势改为出殡当天下午或次日即上五七坟。

百日和祭日 死后一百天，子女再上坟致祭。一周年祭日、三周年祭日过后，才可除孝。儿子儿媳才能进行送亲拜年，过年贴春联，陪喜客等喜庆活动。

添土三年后每年清明节、寒食节，儿孙上坟添土，其他节日到坟前烧纸致祭。

交际习俗

称谓 亲族间称谓至今沿袭父系家族为中心的旧俗。本姓近支称自已、自已家里。远支称本家。舅姑姨姐等外姓亲属一律称亲戚。亲戚又分老亲和新亲，远亲和近亲。亲族、亲戚间的称谓，分当面称呼和书面称呼。大致情况如下表。

亲族亲戚间大致称谓明细表

表 6

关系	当面称呼	书面称呼	旧时称呼或俗称或对外称呼	关系	当面称呼	书面称呼	旧时称呼或俗称或对外称呼
父亲	爸爸	父亲	爷、大大	姐妹之子女	外甥、外甥女		
母亲	妈妈、娘	母亲	娘	妻	可直呼其名、他娘、老婆、老伴	内人、贱内	屋里的家里的
父之父	爷爷	祖父	老爷	夫	可直呼其名、他爷、老伴老头子	丈夫、老公	当家的、外头的、老头子
父之母	奶奶	祖母					
祖父之父	老爷爷			妻之父母	爸爸、妈妈	岳父、岳母	老丈人、丈母娘、父母爹、老泰山
祖父之母	老奶奶			妻之兄弟	哥、弟、他舅	姻兄、姻弟	大舅子、小舅子、内兄、内弟
外祖父之父	老姥爷			妻之姐妹	姐、妹、他姨		大姨子、小姨子、妻姐、妻妹
外祖父之母	老姥娘			妻兄弟姐妹之子女及配偶	侄子、侄女、外甥、他哥、他姐等		

续表

关系	当面称呼	书面称呼	旧时称呼或俗称或对外称呼	关系	当面称呼	书面称呼	旧时称呼或俗称或对外称呼
母之兄弟	舅舅	舅父					
舅之配偶	妗子、舅母	舅母					
母之姐妹	姨	姨母		儿女配偶之父母	哥嫂、弟妹		亲家
父之兄弟	大爷、叔叔	伯父、叔父			亲家		
伯、叔之配偶	大妈、大娘、婶子			子女及其配偶	乳名大名都可以叫	儿子、儿媳、女儿、女婿	
父之姐妹	姑、姑姑	姑母		孙子女			
姑母之配偶	姑夫	姑父		重孙子女			
祖父之兄弟	大爷爷、二爷爷			玄孙子女			
祖父之姐妹	姑奶奶			曾孙子女			
外祖父之兄弟	大姥爷、二姥爷			七代孙			
外祖父之姐妹	姑姥娘			八代孙			
伯父之子女	哥哥、弟弟、姐姐、妹妹						
姑、舅、姨之子女	表兄弟、表姐妹，可直呼哥弟姐妹						
兄弟姐妹	哥哥、姐姐、弟弟、妹妹	兄弟姐妹					

续表

关系	当面称呼	书面称呼	旧时称呼或俗称或对外称呼	关系	当面称呼	书面称呼	旧时称呼或俗称或对外称呼
兄弟姐妹之配偶	嫂子、姐夫、妹夫、他姑父、他婶子（兄弟媳妇）						

来往　也称往来、走动。宗族亲戚间来往也极其繁琐。大略归类，可分为红白事（又称公事）来往、节日来往、平时一般来往、特殊聚会等几部分。

来往

红白事，又分为“贺”“吊”两部分。贺礼种类有贺婚礼、庆生礼、祝寿礼，现在又有升学礼、乔迁礼（也叫温锅）等。吊礼（含盒礼），仅限于丧葬祭奠仪式。

节日往来多于姻亲之间，其实质就是送节礼。节日间的亲戚往来有许多规矩和禁忌。一般讲究你来我往，你不来我不往。

平时来往，乡间人认为亲戚朋友之间要常走动，不走动时间长了就生疏了，平时来往互通有无，遇事相帮。远行归来遍访亲友，赠送带来的外地礼品，告诉在外情况，打听家乡人事，有病有灾，及时探望慰问等，均为平日来往。儿女结婚后，亲家间一般并不经常相会，见则必须礼节周全。特殊聚会，近年有发展的趋势，如同学聚会、老乡聚会、战友聚会等等。

生活习俗

饮食习俗 上冶民间日常饮食多为一日三餐，农闲季节，冬季因天短，劳动量少，也有一日两餐的。部分老人习惯一日两餐。农忙季节，为赶农活，农村一般都习惯地头送饭或自带干粮在地头进食，民间俗称“垫饮”或“垫补”。改革开放前，老百姓日常主食主要有：糊涂（稀粥）、煎饼、饼子、窝窝头。遇荒年歉收，贫苦人家只能以野菜、胡萝卜、南瓜、糠麸之类充饥。细粮为石磨小麦面粉做成的高桩馒头、大圆馒头、烧饼、油饼、水饺、面条等。菜类主要有渣豆腐（也叫豆沫子，大豆碾碎后加青菜熬煮而成）、咸菜、辣椒、大葱等。煎饼卷渣豆腐、卷大葱是上冶农村最常见的吃法。

压碾

上冶人还有爱喝汤和喝糊涂的习惯。几乎每餐必喝，当地人认为喝汤和喝糊涂肚里舒坦，俗称“如可”。当地宴席一般是“十大碗”（参见婚嫁习俗）。上冶民间在吃饭坐席时，有许多讲究和禁忌。一般农家上菜吃饭时先男后女，先老后少，尊者坐上首，卑者坐下首，女眷一般不陪男客。吃饭时不大声说话，讲究吃不言睡不语，男人吃饭狼吞虎咽，女人吃饭细嚼慢咽。不能拿筷子敲碗沿，往碗里盛饭时勺子不能往外翻。斟酒倒茶讲究酒要满、茶要浅。坐席上鱼应头朝东，肚朝北，俗称头枕东海怀抱鱼，吃完上面不能说翻过来，叫正过来。水饺在锅里煮裂了叫挣了，馒头裂花叫笑了等等不胜枚举。

居住习俗 农村建房选址讲究向阳背阴。富家建房讲究富丽堂皇、高大气派。旧时一般农家建房就地取材，平原地带为土木结构，山区丘陵地带为木石结构，均为草房。喜欢独门独院。一般正屋（又称堂屋）三间，东西厢房两间或一间。围院墙、筑门楼、设影壁。

水湖村传统民居

出行习俗 上冶有“三六九往外走，二五八要回家”的习俗。出远门探亲、求学、做工等一般要挑选较吉利的日子。春节后第一次出远门，讲究的人家还要烧火纸、放鞭炮，以图一路平安顺利。出门时不说不吉利的话。赶集或做生意时路上遇见野兔主破财，遇见办白事的（棺材）主发财，撵着猪、牛、羊赶集卖，路上不能喊“回来”。上冶有俗话，“大哥王八二哥贼，三哥是好人”，出门在外遇人问路要叫三哥，不能叫大哥、二哥。叫三哥也显得对方人丁兴旺。

20世纪80年代老人出行

生活禁忌 孕妇忌食兔肉，传吃了兔肉生兔唇儿，俗称豁子。孕妇禁看怪相，听怪声，跨扁担，跳绳子，谓犯者生怪胎。家中有患麻疹的小孩，忌生人进家，门口常悬红布以示警告。生小孩的人家，忌生人进门，更不准入产房。中年人忌说41岁，而说40或42岁，谓41岁为“鳖命年”或“属驴”。老人忌讳说73岁和84岁，有谚语“七十三,八十四，阎王不叫自己去。”老人寿至百岁，只说 99 岁，忌称百岁。已出嫁的女儿，“辞灶”后忌在娘家住宿，也不能在娘家过春节。同时还忌在娘家生小孩。探望病人，须在清晨或上午，忌下午探视。身亡异地者，尸体不能进内宅，灵柩需在宅外安放。未成年男女死亡，谓“少亡”，不准进祖茔。只能找其他地方掩埋。大门口忌向着墙角和屋山，谓出门碰墙角，于家庭不利。身服重孝者，忌入办喜事之家。更忌入新房。家遇丧事，3 年不贴红对联。借用熬药砂锅，只借不还，待主家用时自取。除夕夜，忌说不吉利的话。探亲访友忌农历初一、十五出门。老人串门或探亲，忌久住。有“七十不留宿，八十不留座”之说。借用水桶后，忌担空桶还主家。菜刀忌放在碗上。洗过的衣物夜里不可晾在屋外。衣服不可穿在身上时就进行缝补。

上冶镇志

SHANGYEZHENZHI

美食特产

MEISHITECHAN

上冶大集丸子汤

美食

上冶美食主要分面食、水食及各种菜式。面食品种有高桩馒头、煎饼、锅饼、锅贴、马蹄烧饼、长火烧、酥火烧、烤牌、花卷、馄饨、蒸包、油条、馓子等。水食品种以豆腐、豆汁、凉粉为多。东岭全羊、上冶狗肉、传顺烧鸡等别具特色。

高桩馒头

“上冶的馒头——高桩的”，这是当地流传的一句歇后语，多用来形容一个人在别人眼里或心目中的地位高人一等。这句歇后语来源于上冶独有的一种风味食品——高桩馒头。

高桩馒头又名签子馒头，因插于竹签之上蒸制而成、外形高挑而得名。因其形似做工用的锥子，在当地，也有一种“锥子把馒头”的土叫法。高桩馒头上粗下细，顶部半圆形似锥柄，底部有眼形似锥身。又因其制作过程中不断掺入生面粉，蒸出来的馒头硬而筋道，层次感强，叫做戗面馒头。其制作历史已逾 300 多年。

相传清初康熙皇帝一次到山东微服私访，行至上冶。走了一天，又饥又渴，来到一农户家。见农妇用荞麦面、高粱面、栗子面混合蒸出来的长形的窝头，热腾腾的，散发着一股浓浓的香味。康熙咬了一口，感觉很是香甜，竟一气吃了四五个，连夸：“真乃山乡美食！”康熙回京后念念不忘，就令御膳房也蒸那种窝窝头。谁知口味远比不上农妇蒸的，只得派御厨来山东寻找那农妇求教。于是，这种细高的混合面窝窝头，便传开了。

后来，上冶有位姓李的师傅，在传统高窝窝头的基础上，改用小麦粉、豇豆粉和栗子粉制作。再后来，李师傅的后人因嫌栗子价格贵，就干脆只用小麦面粉做高桩馒头，居然做出来的馒头色香味并不比原来的逊色多少。于是，高桩馒头传遍整个沂蒙山区。

高桩馒头

高桩馒头的制作工艺比较复杂，由和面、揉打、撮型、上签、上锅蒸制等工序组成。

做传统高桩馒头的第一步是制作“面引子”。面引子的作用类似现在人们居家常用的“酵母粉”，用来使面粉充分发酵。蒸出来的馒头质地松软，内部呈蜂窝状，就与面引子的使用有关。面引子由放酸的小米汤加面粉混合而成。

接下来，将一部分面粉兑水拌匀掺入“面引子”，搅成糊状，俗称“发老面”。至面发酵后，取适量食用碱放入盛有少许清水的碗中至完全溶化成碱水，将碱水均匀泼洒在盆中的老面上，搅拌均匀，再倒入剩余的面粉，加水后反复用力揉搓。一定时间后，用刀切开面团，观察断层面，如果均匀地布满了许多孔，大的如黍粒，小的如谷粒，说明面揉好了。

下一步，便是搓形。将揉好的面团用手做成一个个苹果大小的“面剂子”，重约二两半，四个头一斤。有经验的馒头师傅左手捏住面剂子，右手掌心向左，不断用力挤压，一转眼的工夫，高桩馒头的馒头坯便制作完成了。

装锅是门技术活，需要用双手将制作好的馒头坯抱住，轻轻插于形似梅花桩竹签的笼箅上。如果用力过度，醒好的馒头坯就会被压实，蒸出来就像死面的。往竹签上插时，需要竖直向下，不偏不倚，这样才能保证底孔位于馒头的正中。

经过旺火蒸制 15 分钟，文火蒸制 5 分钟后，稍停 5 分钟，待馒头适度冷却，一锅热气腾腾的高桩馒头便出锅了。蒸出的馒头质地松软，富有弹性，洁白如玉，松软而又筋道，甘甜可口，别有一番独特风味。正是：“呛入生面梅桩武，笼箅气蒸筋道足！”

高桩馒头，因为其香、韧、嫩、劲的好口味而受到当地民众的欢迎。同时，因其具有高挑的外形，一直以来，在当地无论家里来了客人还是红白公事都用高桩馒头当主食，取对客人尊重、抬举之意。

清末民初，上冶街的高桩馒头在周边城乡名气日甚，流传至今。

煎饼

煎饼是沂蒙山区特有的传统食品，也是上冶人民的主食。煎饼卷大葱，一咬嘎嘣脆，是沂蒙山区的特色吃法。上冶自古就有“家家支鏊子，户户烙煎饼”的习俗。旧时煎饼用料主要是小麦、谷子、高粱、地瓜干等。用石磨磨糊，用铁鏊子手工烙制的“连麸子”煎饼，深受欢迎。“村村有石碾，家家有石磨，户户有鏊子”。现在已经用机器、电鏊子等代替了过去的铁鏊子。有了白面煎饼、小米煎饼、玉米煎饼、杂粮混合煎饼等多个品种。各村已有了专业生产煎饼的专业加工厂。煎饼并被精美包装，在各大商场、超市销售，也被外国友人当作礼品，漂洋过海，成为外国人喜爱的食品。

烙煎饼

上冶全羊汤

上冶全羊汤是沂蒙山区的传统风味名吃，以肥而不腻，膻而不腥，汤汁清淡，肉质软嫩而闻名。黑山羊、红山羊、白山羊皆可做汤，但以黑山羊为正宗。

蒙山山上泉水众多，植被茂密，有金银花、何首乌、连翘、拳头参、穿地花、桔梗、百合、马齿苋、金针等中药材及野菜，饲草资源丰富。上冶养羊历史悠久，各家各户都养羊，少的三、五只，多的几十、数百只，采用纯自然放牧方式，任其自由觅食，或者统一交由羊倌上山放牧。羊倌多为上了年纪的老汉，背着铺盖卷，挥鞭驱赶着羊群，跋涉于蒙山深处，有时几天、甚至十几天才回家一次。

羊汤

羊是纯食草动物，特别是黑山羊，吃草特别讲究，上山专吃新鲜干净的青草；只要被人踩踏过的，它就嫌脏不肯吃，更不要说被化肥、农药污染过的了。羊肉之所以味美，正是因为它饿了食百草，渴了饮山泉，吸收了中药材、山野菜、天然矿泉水的营养成分，是典型的有机食品，所以有人把蒙山黑山羊称作“百草丹”。

上冶有“吃伏羊”的乡俗，喜欢在三伏天吃羊，据说可以防治百病。特别是婴幼儿，四五个月开始添加辅食前，都要喝全羊汤“膻肠子”。当地民谣有“六月六，吃羊肉”之说，每年农历六月初六，是家家户户吃伏羊的日子。此时麦收刚过，农事稍闲，刚从三夏大忙季节中忙碌完的百姓，有的自家宰羊，有的几家合伙宰羊，庆祝好年景，顺便犒劳一下自己。家家美味，户户飘香，充满丰收的喜悦。

上冶全羊汤的做法很多，包括蒸、煮、煎、炒、熏、炖、煨、涮、拌、炸等200多种做法，原料以羊肉为主，兼及羊鞭、羊肝，很少用到其他内脏。上冶全羊汤用羊，以饲养2年左右、常年活动在山上、重量在80斤以上、“捶”（将睾丸破坏）过的公羊（羯羊）为最好。宰杀后，把羊肉切成大块，漂洗干净，对内脏的加工要经过烫、刮、洗等工序，使之洁净，无脏腥味。熬制时，先加水入锅，待水开后，放入羊骨架和羊肉、内脏，用大火烧开，撇净血沫，然后加入白芷、丁香、陈皮、肉桂、草果、砂仁、豆蔻、生姜、花椒等调料，以除腥膻、提鲜味。煮至九成熟时，将羊骨捞出，将羊肉、内脏、羊血等切碎回锅，小火烧开即成。食用时，可视个人口味，加入食盐、食醋、味精、芫荽、辣椒粉、胡椒粉等佐料。主食则以锅饼、烤牌等硬食为宜。

上冶羊汤馆

上冶全羊汤制作颇为讲究。用土灶、大锅，不用小锅；用玉泉水，不用自来水；用木柴，不用煤炉、液化气灶。吃羊一般在伏天至秋天最为适宜，因为山羊经过春夏两季的饲养，膘肥肉嫩，宰杀后肉味纯正，鲜美可口。农谚说“三月狗，四月羊，五月牛肉不能尝”，是说农历四月正是羊的发情交配期，羊肉的营养价值最低。

2017 年，上冶有专门制作全羊汤的餐馆 40 余家，以东岭村羊汤最为有名，并注册了“大红二红”商标。临沂、济南、北京等地也有很多上冶人开的全羊汤餐馆。

上冶狗肉

采用当地农家所养土狗，勒杀洗净，加足生姜等调料，大块煮熟，再改刀切成小块。当地狗肉有三种吃法：一是狗肉汤，将切好的肉块切细，用手撕成条状，注入老汤回锅再炖。一种是狗肉凉肴。头天晚上把煮好的狗肉用手撕成小块，放进筛子或盆里，再用干净竹枝反复抽打，致其成为丝条状，然后加入老汤佐料，放在盆里让其自行冷却，第二天即可食用。做凉肴一般选择天气冷、气温低的季节，因其易冷冻成型。三是狗肉火锅。当地人最喜欢冬天吃狗肉，因狗肉性热大补，御寒。数九寒天或北风呼号，或大雪飘飘，朋友三五成群，往狗肉店一坐，一瓶白酒，一盆肉汤，一盘冷肴，几样小菜，直吃得浑身燥热，满头大汗。席间或有人戏谑，“热酒凉狗肉，这罪怎么受”！狗肉虽好吃，但当地有句俗话“狗肉上不了大席”。因此吃狗肉一般是家庭宴会或朋友小聚。婚庆喜宴，重要宾客招待一般不用狗肉。

渣豆腐

又叫“豆沫子”，是上冶一带农家常吃的一道菜。因其香软，易消化，营养全面，特别适合老年人口味。

做渣豆腐的原料很多，农户几乎家家都有。山野遍地到处都是，易采集。白菜、萝卜、胡萝卜、油菜、菠菜、豆角、地瓜秧，各类野菜等都是上好原料。鲜菜、野菜先放在热水中焯一下，干菜放在水里泡开后，再洗净切碎。锅里放进适量的水，把菜放进去，在上面放上一层大豆面，盖上锅盖，慢慢用火熬煮，待豆面熟透后，放入适量的食盐，搅拌均匀即可食用，制作非常简便。渣豆腐用油、葱花炒出来，味道更香更浓。

特产

柳编

上冶镇水湖、国庄一带和平安曲池一带农民自古就有编簸箕笼子的手艺。平日在自家庭院里编织。冬天家家搭起地屋子，在里面既保暖，又防止柳条遇冷变脆。除在家编织外，还有部分手艺人，推车挑担，走村串巷修理簸箕笼子。20 世

姚河村村民扎扫帚

纪 90 年代，利用捞洼地大量种植簸箕柳、白腊条，路边、沟沿种植绵槐。编织品种由簸箕、笼子、粪箕、粪篓传统品种发展到形态多样、精致美观的工艺品，有些产品还出口到国外。现有从业人员 200 余人，年产值 400 多万元。

扫帚

上冶镇姚河村 200 多户农民家家扎扫帚，已有 70 多年的历史，全国闻名的扫帚专业村。以前以一家一户零星生产为主，纯手工操作，劳动强度大，产量低，利润少。从 2000 年开始，政府加大扶持力度，引导各户自愿组建各类扫帚加工合作社，实行规模化生产，集约化经营。2017 年全村已发展各种扫帚加工合作社 20 多家，其中较大规模的扫帚加工厂 4 家，从业人员 300 余人，年生产加工扫帚 300 万把，产值 3000 多万元，产品经销全国各地。

手绣

手绣制是一门古老的技艺，是民间艺术的瑰宝。穿虎头鞋，戴虎头帽，挂香荷包是很多人美好的儿时回忆。“姐儿房中绣荷包，手拿钢针轻上描；上绣星辰共日月，下绣凉船水上漂。”一曲民间小调《绣荷包》唱出了手绣的昔日繁华，如

兴国庄张传珍手绣

今，老艺人逐渐老去，能穿针引线的人已为数不多。

兴国村民间艺人英占平、张传珍是费县民间手绣艺人中的佼佼者，多年来一直坚持艺术创作，将手绣技艺不断创新，作品种类繁多，针法细腻、外形美观、惟妙惟肖、寓意美好、兼具装饰性和实用性，深受人们喜爱并被广泛收藏。

豆黄金豆干

是山东豆黄金食品有限公司独家生产的一种休闲营养食品，原料为纯天然、非转基因大豆，不添加任何色素和防腐剂，被称为可随时吃的黄金蛋白。产品有五香味、麻辣味、鸡汁味、烧烤味、山椒味等多种口味。连续四年获“中国绿色

豆黄金包装

传顺烧鸡包装车间

食品博览会金奖”“第十三届中国国际农产品交易会金奖”。

传顺烧鸡

选用蒙山草鸡，用改良后的祖传秘方加工而成，香味扑鼻，味道浓郁，鲜美独特，营养丰富，真空包装，开袋即食。既可作为名菜上席宴客，又可作为方便食品或外出携带食用，更是逢年过节、探亲访友的上乘礼品。先后荣获“临沂名吃”“泰安金秋美食节特色名吃”等奖项。著名演员朱时茂为其代言：“传顺烧鸡味道鲜，今天吃了想明天”。

奇石

产于镇域西南部丘陵地带，为费县园林石支脉。生成于4亿年前，系石灰石经长期风化而成，具有“瘦、漏、透、皱”的特征，极具观赏价值。上冶园林石储量丰富，多属埋藏型石林。除大型园林石外，上冶还盛产太湖石、鹅卵石、砂石等各种小型观赏石，多见于山沟河滩，民间多有收藏。西沟村11户50余人从事砚台加工，目前已全部被山东银光文创园吸收进行集中制作。

金蛋

上冶镇水湖村生产金蛋、元宝等工艺品已有30多年的历史。20世纪80年代初，农村实行联产承包责任制后，农民有了自己自由支配的时间。上冶镇水湖村、西毕城村、古城村、城南头等村的部分农民开始从南方买来模具，用石膏粉制作泥人等儿童玩具，在农闲时节走村串乡销售，赚取收入补贴家用。后来这些手艺人逐步由农村走进城市，除了制作泥人、菩萨、财神等石膏塑像外，还为部分大中小学校制作各种石膏教具，收入越来越高，外出从业的人越来越多，制作的石膏工艺品品种也越来越丰富。

1990年代初，水湖村有些手艺人觉得出门在外，风餐露宿，撇家舍业，生活艰辛，收入也不稳定，有生意时一天赚上十几二十几元，没有生意时一天一分钱

"非常 6 十 1" 李咏砸金蛋现场

也赚不到，便带回模具，在自家院里制作金蛋。村民孙允兵通过中间商把金蛋碾转卖到北京和中央电视台。中央电视台"非常 6+1""梦想中国"等栏目砸金蛋，引发全国金蛋消费热潮。各种庆典活动、文化娱乐、开业促销、奠基典礼，许多场合都用砸金蛋作为"彩头"；商贾大户，一般市民将金蛋摆放在店铺或家中，以拥有金蛋为自豪。精明的水湖人瞅准了这一商机，于是出门在外的人大都回家开始制作金蛋，原来不会的也开始尝试制作，水湖村从事金蛋加工的人越来越多。

2000 年以后，水湖村的金蛋生产规模日渐扩大，多数家庭参与到金蛋制作中，不少人建起了厂房，实行工厂化生产。一些生产大户，收购散户生产的金蛋集中出售。有些年轻人开始尝试使用电脑、手机利用电子平台接订单做生意，此后电商在水湖村逐渐普及，并影响辐射到周边村庄。

因金蛋制作工艺简单，男女老少都能制作，场地要求不严，家庭院落都可加工，时间弹性大，想什么时候干，就什么时候干。2013 年前后，参与金蛋制作的人员越来越多，部分金蛋产品质量低劣，影响了声誉，造成金蛋滞销。各经营户之间打起了价格战，低价出售、甚至赔本出售金蛋。个别大户积压库存的金蛋，因长时间销不出去，发霉变质甚至长毛，只能销毁。金蛋生产陷入了低谷。

为了扭转金蛋产业的不景气局面，生产大户们反复分析形势，查找原因。大家一致认为，产品质量低劣是造成金蛋生产陷入低谷的主因，要想重振金蛋行业，必须下决心抓好产品质量。于是，他们联合成立金蛋生产合作社，制定统一的金蛋生产标准，严格按标准组织生产收购。此后金蛋生产渐入佳境，加上市场需求转旺，到 2014 年 10 月，金蛋产品定单接踵而至，供不应求。

从 2015 年开始，上冶镇把水湖金蛋作为全镇电商扶贫重点示范工程。镇村两级投入 150 万元，建设水湖村电商服务中心，建立“中国水湖金蛋”网；投资 2000 多万元建设水湖金蛋工业园；金蛋合作社挑选 10 名熟练工人为金蛋加工技术员，指导村民工艺生产；聘请北京电商专家，举办电商实操技术培训班，培训学员 120 名。水湖村金蛋生产进入空前繁荣期，全村 760 户，2600 人，从事金蛋加工制作的已达 670 户，2000 多人。除在校学生、极少数老弱病残和从事其他行业的家庭，几乎家家人人都投入到金蛋产业中。水湖村已有金蛋制作规模以上企业 7 家，中小型金蛋加工企业 80 家。金蛋加工配套企业——纸箱厂 10 家，模具厂 5 家、专用锤子厂 4 家、木箱厂 2 家、金花厂 6 家，大型运输车辆 150 辆，石膏原料供应商 15 家，村内外金蛋代加工户 3000 多户。形成了原料供应、模具供应、

成品金蛋

金蛋制作、包装、销售、物流运输一条龙的产业链条。

为了进一步提升金蛋产业的竞争力，上冶镇和水湖村两级再次规范金蛋产业的品牌标准，注册了沂蒙水湖金蛋 JM 商标，并积极申请水湖金蛋地理性标志，对产品实行统一包装，统一推介，整合资源，申请成立了中国金蛋行业协会。

2016 年，平均每天从水湖村发往全国各地金蛋 30 多万枚，卡通人物 10 万枚，年产值达 3 亿元，村里资产过千万的大户已有几十家。还有 3 家大户联合在临沂租用沿街商用楼，注册成立“沂蒙金蛋”公司，形成了临沂水湖金蛋“半条街”。

2017 年“水湖金蛋”辐射带动水湖周边 20 多个村 2000 户，以及费城、朱田、梁邱、张庄、胡阳、新庄、马庄、兰山区汪沟和平邑县资邱等许多乡镇 3000 多名农民从事金蛋加工，蒙阴县也派考察团计划引进金蛋生产。水湖村成为中国最大的金蛋生产基地。

金蛋为椭圆形，外涂金色，故称金蛋，亦有少量蓝色、绿色、红色、褚色等。未涂色的称为白碴，下方有口，可站立排放，大小不一，直径从 5 厘米到 30 厘米不等。

制作工艺主要有晃制、晾晒、涂色、装箱等四道工序。制作方法简单易学，妇孺皆可，但质量要求严格，须表面光滑无瑕疵。对场地等生产环境条件无特殊要求，室内、门楼、敞棚皆可进行，只要是雨淋不到就行，晴天室外也可制作。因为手工操作，生产安全性高，无污染。也有用机械生产制作的。

生产用料主要有模具、石膏粉、水。金蛋模具一般为塑料硬壳模具；大型教具、人物塑像为聚乙烯玻璃钢模具；小型卡通人物为乳胶软质模具。

先将石膏粉倒入塑料盆或不锈钢盆等容器内，加水调和成软糊状。一手拿模具，一手持勺舀少许石膏糊倒入模具内，双手上下左右匀力摇晃，所以又叫晃金蛋。但需注意几点，一是动作要快、要匀，晃慢了石膏糊在模具里容易凝固；二是调和的石膏糊一次不宜太多，多了容易在器皿内沉淀凝固，可用完后再和。晃好后的金蛋置于一边。一般一人操作要准备 60—100 个模具。为了保证金蛋外表均匀、圆润，一般要进行第二次摇晃。第二次晃制可少用膏浆，方法同上。待凝固后，将模具拆开，取出金蛋（这时叫白碴）放置在竹片、木棍扎成的架子上或水泥地面上晾晒。

涂色，一般在生产大户的厂房内外进行，由专人操作。有醮、泼、喷等几种方法。醮是将涂料放在盆或桶内，把金蛋放在涂料内醮色后立即捞出晾晒。泼，是把涂料泼在专用架子的金蛋上。喷，是用专用喷雾器往金蛋上喷洒涂料。

把涂过颜色晾干后的金蛋装入包装箱钉牢，入库待售或装车发货。

水湖金蛋除少量摆摊销售及展销外，全部产品都通过网上销售。一是金蛋制作公司通过网页在电商平台上直接销售。还有一种模式即通过电商中介销售，当地也叫“砸干棒”。电商中介一不用自行加工制作金蛋，二不用收购金蛋，只用一部手机即可完成金蛋交易，在手机网页上发布信息，找到买主后，接下定单，再到水湖金蛋网页上寻找货源，由供货方发货。

水湖电商示范村

上冶镇志

SHANGYEZHENZHI

方言民谣

FANGYANMINYAO

孙枫玲撕纸作品《葫芦架下》

方言

上冶方言系以北方语言为基础，由原生态的土著方言、古音字、外来方言、官方语言等融合而成。

上冶方言有独特的发音特点，如“书、叔、数”等字，音同“福”；“水”音同“飞”，声母 sh 读作“f”；“麦”“策”“色”韵母读“ei”；“街”“鞋”“崖”等字韵母读“i–ai”。比较典型的如上冶声母读“f”的字中，有段方言绕口令：他二叔（fu），扛着锄（双唇音），上南湖，耪秫秫（双唇音），半路遇上个小老鼠（双唇音），他二叔举起锄，去砸小老鼠，小老鼠，出格出格（双唇音）爬上树（fu）。全段 41 个字，上冶方言就有 15 个字。

词汇具有鲜明的地方特色。动词、形容词十分丰富，名词、副词独特，带有浓郁的乡土气息和生活气息。有着很强的表现力，是一种宝贵的民间语言资源。

语法上呈现出以下特点：动词—形容词—副词重叠，如砸巴砸巴，匀乎匀乎，地豆子，雨点子等等。方言是地域文化的一部分。上冶方言很多体现出当地人勤劳、质朴、仁厚、刚正、诚实、尚义、爽直、幽默的特点。随着社会的发展，方言也逐渐被普通话代替。上冶方言中部分词汇、语法正面临消失和湮灭。

形容类

须绿、须绿绿——很绿

红莹地——有些红

白生地——有点白

焦黄——很黄

黄洋地——有些黄

黑木乎地——有些黑

黢黑——很黑

稀甜——很甜

甜木索地——脸皮厚

酷辣——很辣

苦不剂地——苦

酸不溜地——酸

多沉、多沉沉——很沉

老鼻子了——很多

稀来易——不多、很平常

响事了——很多

响晴——晴天

开天——晴天

臊当地——动作快

慢抽筋——慢

柴——脾气犟，口气硬，性情凶蛮横不讲理

板正——做人正直，作风正派。

稀好——很好

怪坏——很坏

不咋地——不大好

冰凉——很凉

突热——很热

水不唧地——水分多

干不拉地——较干燥

脏不来呆地——形容较脏、不干净

行为类

潮拜——缺心眼

少页子肺——缺心眼

瞎心眼子——坏心眼

逗嘴——接吻

扒扯——从大堆东西中边扒拉边寻找

掂对——掂量

耳视——注意

曲吃——哽咽

哭吃——把物体上粘贴的东西刮下来

步撵——步行

通腿——两人分头同床而眠

有窝就算——做事不讲究

迂莫——不利索、不干脆

葬拢人——坑人

武鲁——粗鲁

武鲁——有功夫、利索

实诚——心眼实

二级眼、半吊子——缺心眼、办事不着边

不照调——不按常规办事

有窝就算、懒歪——不讲卫生

天文时令类

月黑头——又黑又阴的夜晚

雾露天——时断时续的毛毛雨天

巴子、冷子——冰雹

勺子星——北斗星

雨星地——空气潮湿，下毛毛雨

呱啦雷——响雷

五黄六月——夏天

多咱——什么时候

头来——开始

麦口——麦收时节

张着网子割麦——麦收最紧张的时候

一展——一会儿

末晚——最后

白夜——白天

往晌——晚上

嘎根——从此以后

今门儿——今天

起根儿——从来

热咕嘟地——热且闷

夜来——昨天

依来——原来

早起来——早晨

地理类

汪汪头子——池塘

湖洼子——田地

林地——坟地

当庄——同村

脸前里——面前

滑溜蛋——鹅卵石

周旮旯——周边周围

坷垃头子——土块

窠埚——坑

旮旯子——器具缝隙处、院角僻静处

动物名称类

姐溜龟子（猴子）——蝉脱壳之前

布鸽——鸽子

长春（轻声）——蛇

扁嘴——鸭子

土蜇子——蟋蟀

蝎鳝——黄鳝

乖子——蝈蝈

和蟆蝌腿子——蝌蚪

家雀子——麻雀

蝎虎子——壁虎

姐溜——蝉

迷儿沟——泥鳅

毛猴子——狼

花老母外子——雌青蛙

蛾了蛛子——蜘蛛

曹鱼壳子——鲫鱼

植物名称类

加薯、红薯——地瓜

棒子——玉米

秫秫——高粱

柞——植物收割后留在地里的根部

果子——花生

舌春苗——苦菜

黏抢子——苍耳

生产活动类

下湖、上地——去田地

家什——工具

压薯——种地瓜

打尖脚——建地基

八根系子——木架托子

拉拢沟子——种地的

电锅——发电机

房屋器具类

宅子——住宅

屋当门——室内地面

覆棚——顶棚

门欠子——门槛

抽匣子——抽屉

马杌子——长板凳

称谓类

达达——父亲

家里的——妻子

外头的、当家的——丈夫

两桥——连襟

贵客——女婿

大伯头子——丈夫之兄

马子——土匪

眼子包——吃亏的人

老末——最后一名

老油子——老练油滑之人

能豆子、小能豆——爱出风头的人

长 (zhang) 脸了——增光、有面子

身体部位类

皮锤——拳头

业勒盖——额头

眼木眵——眼屎

河心眼子——嗓子

脊娘骨——脊梁骨

胳勒直——腋窝

脚可棱子——深脚印

疾病医疗类

有症、不舒坦——生病

着人——传染人

蛤蟆威、痄腮——腮腺炎

苍蝇屎、雀子屎——雀斑

疗浆——口疮

一伐子——流行性感冒

槽心木烂——腹内不适，胃酸

衣服穿戴类

截布——买布

挎袋挎兜——衣袋

鞋可棱子——鞋

鞋掖跟——缝在鞋后跟处用于提鞋的布

饮食起居类

喝茶——喝开水

家宁——煎饼

多得——死面饼、窝头

盐味、么就——下饭菜

糊涂——稀饭、稀粥

么喝——汤食

忌讳——醋

暗宿——不吃饭就睡觉

黏乎套子——棉絮

驴蹄子烧饼——一种形似驴蹄的烧饼

盖地——被子

扎小夹——扎小辫

布衬溜子——旧布条、布块

垫饮垫饮——饭前少吃点东西

打个麻勒眼——打盹

骨喽子巴跌——摔倒

哑喉咙破嗓——嗓子哑

琉璃崩崩儿——形容很娇贵、易碎

缺子——几层旧布糊好干后做鞋用

各备——苘、麻等糊一定厚度做鞋用的

文体活动类

来牌——打牌

来房——玩一种名叫跳房子的游戏

峁悠——陀螺

玩把儿戏——表演武术、魔术

信皮子——信封

乌娄哇——唢呐

摸瞎鱼、藏眼蒙——捉迷藏

光光镲子——钹

秫秸茎——笙（竹管乐器）

当当匙儿——打奏的一种铜制小乐器

民谣

上冶民谣说唱源远流长。这些民谣简洁明快，幽默风趣，朗朗上口，世代传唱，经久不衰，成为当地不可或缺的风俗文化。民谣内容充满生活气息和民间智慧，涵盖教育幼儿、启迪心智、生活习俗、生产要领、伦理道德等多个方面，对人们思想情感的培养，行为习惯的养成，语言美感的熏陶和开朗乐观的人格塑造都有潜移默化、无可替代的作用，是一种宝贵的民俗和民间语言资源。

上冶民谣分为儿童游戏歌谣和成人民谣两个部分。儿童歌谣又分为两种，一是乡间老年妇女带孩子时逗孩子玩，当面教年龄较小的孩子说唱谣；二是年龄稍大的孩子结伴玩耍时的游戏谣。

儿童歌谣

炸果子

炸、炸，炸果子，炸一个我吃了，
炸两个我卖了，石榴开花我戴了。

拉钢拉锯

扯大锯，拉大钢，下来麦子和面汤，
你一碗，我一碗，咱俩喝得通红的眼，
你一勺，我一勺，咱俩喝得通红的脖，
没有了，没有了，提溜小罐又走了。
还有点（儿），还有点（儿），提溜小罐又回来。
到了半路绊倒了，拾个羊屎蛋，
搁高了，老鹰叼了，搁矮了，老鹰踩了。

小米豆

小米豆一嘟噜，俺上南山摘绿豆。
摘了绿豆喂小牛，喂了小牛拉石头。
拉了石头盖新房，盖了新房娶媳妇。
娶了媳妇抱娃娃，抱了娃娃喊爸爸。

小豆柞

小豆柞要发杈，王二姐要出嫁，
陪送箱陪送柜，陪送花鞋十二对，
娘一双爷一双，留着两双压箱柜。

花椒树

花椒树耷拉枝，上边坐个小麻妮，
手也巧脚也巧，两把剪子一起铰，
左手铰的牡丹花，右手铰的灵芝草，
灵芝草上一对鹅，扑棱扑棱过江河。
江河这边是你家，江河那边是俺家，
铺上褥子晒芝麻，芝麻芝麻你别炸，
听听大哥二哥说的什么话。
还有一种唱法：……铺上褥子晒芝麻，一碗芝麻两碗油，
俺给大姐梳油头，头上戴个大凤冠……

小槐树

小槐树槐又槐，槐树底下搭戏台。
人家的媳妇都来了，俺的媳妇还没来。
说着说着也来了，骑着马拿着鞭。
穿着花鞋露着尖，谁做的，娘做的。
逮着您娘够受的。

尾巴长

黑老鸹尾巴长，娶了媳妇忘了娘。
把他娘扔到山沟里，把他媳妇背到炕头上。

溜河崖

小家雀，溜河崖，洗洗手，插花鞋，
一插插到晌午歪，王母娘娘来送饭。
送的什么饭？送的牛肉包，一咬一个亚不腰。

小老鼠（一）

小老鼠，上灯台，偷油喝，下不来，买个馍馍哄下来。

小老鼠（二）

小老鼠，上灯台，偷油喝，下不来，喊妈妈，妈不在，叽哩骨碌滚下来。

小巴狗

小巴狗，带铃铛，叮叮当当到集上，
买菠菜、买白菜，买个馍馍就回来。
也会走，也会摇，也会擀饼下面条。

小牛犊

小牛犊，跑得快，抹抹桌子摆上菜。
孩他娘，提酒来，叫他姑家两口来。
你一盅我一盅，咱俩喝得迷登登。
你一勺，我一勺，咱俩喝得通红的脖。
你一碗，我一碗，咱俩喝得通红的脸。
你一瓶、我一瓶，咱俩喝到大天明。

小蚂蚱

小蚂蚱，路旁生，扎个翅，扑楞楞，
一飞飞到南京城，南京城里好收成，
一棵麦子打半升，磨的面白生生，
蒸的馍馍香烘烘，吃到肚子里饱撑撑。

一二三四五

一二三四五，上山打老虎。
老虎一撅腚，打着老百姓。
老百姓扛铁锨，挖个窝子埋汉奸。

小家雀

小家雀抖抖毛，拉着棍，抱着瓢。
要点饭，娘瞧瞧，奶奶一把打掉了。

拙老婆

拙老婆，干打滚，撵着汉子去买粉。
买来粉，不会搽，撵着汉子去买麻。
买了麻，不会搓，撵着汉子去买锅。
买了锅，不会刷，撵着汉子去买鸭。
买了鸭，不会喂，撵着汉子去买柜。
买了柜，不会锁，砸巴砸巴烧了火。
可叫这个拙老婆气死我。

喂饭歌

搁老搁老冷冷，小狗等等。
热热小狗歇歇，凉凉小狗尝尝。

炸得鬼子哇哇叫

某某哨，真胡闹，嘎乎嘎乎去睡觉，
汉奸来了他不管，鬼子来了不知道。
现挖泥，现捏炮，炸得鬼子哇哇叫。

摔泥碗歌

南乡的，北乡的，听他（您）老爷放枪的。
南来的，北往的，听他（您）老爷放响的。

拾子歌

抓碗来，一个来，抓起一个俺拾着。
一方对，对方来，对个头，头一个递两个。
石头路上卖眼药。对个二,二字指，鹞子弯。
妹妹办绢十二天。磕个三,三三娘，好心肠。
河里发水洗衣裳。磕个四,四字槐，槐花四，
一个铜钱八个字，嗑个五,五月五，打天鼓，
天鼓一打二十五。

穿花歌

卖锁啦，什么锁？黄金锁。
怎么开？铁打钥匙倒着开。
您的门楼几丈高？万丈高。
俺骑白马，您带洋刀。洋刀快，切老菜。
老菜老，切红袄。红袄红，切紫绫。
紫绫紫，切麻衣，麻衣麻，切板茶。
板条板，切花碗，花碗花，切牛夹。
牛夹牛，切狗头，狗头狗，切粪篓。
粪篓粪，打到南边走一阵，南边是您什么人？
是俺哥哥丈人家，姓什么？姓穿，穿穿莲花俺看看。

成人民谣

成人民谣，有尊老敬老，传承“孝文化”的老来难；有教人修身养性的忍字歌；有教人家庭和睦、团结的《十大劝》。上冶属老革命根据地，战争时期踊跃参

军支前，民间创作了许多革命民谣，歌颂共产党、八路军，抒发人民群众的革命斗争热情，宣传妇女解放和《婚姻法》。

老来难

老来难，老来难，劝君莫把老人嫌。
当初只嫌别人老，如今轮到我面前。
千般苦，万般难，听我从头说一番。
耳聋难与人说话，差七差八惹人烦。
眼睛花，不如光，见风流泪擦不干。
人到面前看不准，常拿李四当张三。
年轻人，笑话俺，说我糊涂又装憨。
亲友老幼人人恼，儿孙媳妇个个嫌。
牙又掉来口流涎，硬物难嚼囫囵咽。
一口不顺就咽住，卡在嗓门噎半天。
真难受，颜色变，眼前生死两可间。
儿孙不给送茶水，还说老人口头馋。
鼻涕多来擤不完，常常流在胸膛前，
茶盅饭碗人人忌，席前陪客个个嫌。
头发少，头顶寒，凉风吹得脑袋酸。
冷天睡觉常戴帽，扯被蒙头怕风钻。
侧身睡翻身难，浑身疼痛苦难言。
盼明不明睡不着，一夜小便七八遍。
怕夜长，怕风寒，时常感冒病来缠。
年老肺虚常咳嗽，一口一口吐粘痰。
儿女们讨厌咱，说我邋遢不像前。
老得这样还不死，你还想活多少年，
脚又麻来腿又酸，行动坐卧真艰难。
扶杖强行一二里，上床如同登泰山。
无心气，记性完，常拿初二当初三。

想起前来忘了后，颠三倒四惹人烦。
老人苦说不完，仁人君子仔细参。
对待老人莫嫌弃，人生哪能总少年。
日月如梭催人老，人人都有老来难。
人人都要敬老人，尊敬老人美名传。

忍字歌

忍字高来忍字高，忍字头上一把刀。
哪个不忍把难招，唱上一段供参考。
我说这话你不信，咱把古人聊一聊。
姜尚能忍把鱼钓，活到八十又保朝。
苏秦能忍锥刺股，六国丞相他为高。
伍员能忍要过饭，挨门乞讨吹玉箫。
韩信能忍钻胯下，登名拜将保汉朝。
张良能忍汉不保，脚踏祥云任逍遥。
朱买臣能忍把柴打，官居太守乐陶陶。
吕蒙正能忍寒窑守，头名状元独占鳌。
几位古人忍性大，富贵都从忍上熬。
也有古人不能忍，下场可悲命难逃。
庞涓不忍斗孙膑，马陵道前把难遭。
严荣不忍摆阴阵，千年道业如烟消。
霸王不忍乌江死，盖世英雄一旦抛。
李白不忍贪美女，死在江心顺水飘。
罗成不忍乱箭射，临死马踏淤泥河。
吕布不忍戏貂蝉，白门楼前人头掉。
周瑜不忍三口气，死到巴丘撇小乔。
石崇豪富不能忍，万贯家业一笔消。
奉劝诸君想一想，哪个不忍能常活。
当朝皇上若能忍，万里江山坐得牢。

朝郎驸马也要忍，金枝玉叶陪伴着。
文武大臣也要忍，不怕乌纱戴不牢。
市农工商也要忍，哪个不忍就出错。
学生能忍寒窗苦，不愁金榜独占鳌。
农民能忍勤劳动，不愁丰收打粮多。
手艺能忍勤艰苦，不愁四海财名标。
生意能忍要和气，招财进宝利润高。
穷也忍来富也忍，各行各业都忍着。
穷人能忍不愁富，吃苦耐劳莫心焦。
富人能忍家业保，高枕无忧睡得着。
父母能忍儿女孝，儿女能忍孝名高。
兄宽弟忍双为贵，莫听别人胡造谣。
夫妻能忍恩爱重，鸡毛蒜皮莫计较。
妯娌能忍家不散，免得丈夫把心操。
当家能忍家昌顺，一年四季多操劳。
亲戚能忍常来往，免得争吵动干戈。
结交朋友也要忍，胡编乱哄合不着。
伙计买卖也要忍，坑拐弄空翻脸多。
出门在外也要忍，免得生地起风波。
酒色财气四个字，哪个不忍就出错。
酒后无德肯惹祸，劝君千万要少喝。
贪色多了损身体，野花不采是正条。
无义之财可别取，贪财常把祸害招。
闲事尽量少去管，少生闲气身安乐。
装聋作哑不为傻，得过且过寿限高。
刁钻滑溜不为好，人不知道天知道。
天也不亏好心人，好事坏事尽你做。
善恶到头总有报，早早晚晚都找着。
忍字为高一小段，留给众人做参考。

十大劝

一劝世人孝为本，黄金难买父母恩。
孝顺生的孝顺子，忤逆养的忤逆人。
我说这话你不信，看看你们村上人。
老猫枕着屋脊睡，一辈一辈往下轮。
为人不把二老敬，世上你算什么人。
二劝媳妇孝公婆，孝敬公婆好处多。
给你看门又干活，还是你的看娃婆。
孝敬公婆免祸灾，以后能把孝名落。
我说这话你不信，将来你也当婆婆。
三劝公婆莫心偏，闺女媳妇都一般。
闺女不过常来往，媳妇常在你面前。
又做饭来又生产，铺床叠被把饭端。
虽说闺女对你好，能在面前孝几天？
四劝兄弟要互敬，你们本是同胞生。
兄要忍来弟要敬，有点家产不要挣。
有事互相多关照，要学桃园三弟兄。
千万别信谗言语，信了谗言坏事情。
五劝众人莫好强，争抢好斗惹祸殃。
众人都要想一想，百忍百让万年扬。
大家想想世上人，霸道之人不久长。
六劝夫妻要恩爱，恩恩爱爱过一生。
和睦家庭人人敬，莫叫二老挂心中。
七劝妯娌要想和，和睦妯娌多欢乐。
家中活儿抢着干，互相关心知冷热。
人情来往一块办，同守公德孝公婆。
要是拌嘴把脸翻，吵吵闹闹怎生活。
有事两家不相问，亲戚邻居都指责。
八劝嫂嫂和姐妹，你们本是一门客。

常在一起多和气，家中老少乐呵呵。
谁走娘家都一样，嫂嫂姐妹差不多。
九劝青年男女生，读书学习下苦功。
在家要听父母劝，在校守规敬先生。
一心一意来学习，考场争取第一名。
十劝广大青壮年，打架斗殴莫上前。
三拳两拳人打坏，拉拉扯扯去见官。
打得轻了给人治，包工养伤花你钱。
打死人命要治罪，绳捆索绑关进监。
娘又气来爹又叹，妻子老小泪涟涟。
你要听了我的劝，勤俭持家香又甜。
多打粮食多挣钱，多卖余粮多存款。
利国利己做贡献，万古千秋美名传。
你要不听我的劝，祸到临头后悔难。

十二个月表花名

正月里什么花先开先败，什么人手拉手同下山来？
正月里迎春花先开先败，祝英台梁山伯同下山来。
二月里什么花白头到老，什么人背书箱游走世界？
二月里老瓜花白头到老，孔夫子背书箱游走世界。
三月里什么花满院粉红，什么人在桃园结拜弟兄？
三月里桃杏花满院粉红，刘关张在桃园结拜弟兄。
四月里什么花盘龙上架，什么人去进瓜死里逃生？
四月里黄瓜花盘龙上架，有刘全去进瓜死里逃生。
五月里什么花星星落地，什么人在磨坊身受苦情？
五月里麦子花星星落地，李三娘在磨坊身受苦情。
六月里什么花闹闹嚷嚷，什么人造高酒醉死刘伶？
六月里附子花闹闹嚷嚷，有杜康造高酒醉死刘伶。
七月里什么花单根独站，什么人举钢鞭痛打奸臣？

七月里芝麻花单根独站，胡敬德举钢鞭痛打奸臣。
八月里什么花满坡发白，什么人穿白袍前去征东？
八月里荞麦花满坡发白，有薛礼穿白袍前去征东。
九月里什么花满院发黄，什么人过长江救出了君王？
九月里有菊花满院发黄，伍子胥过长江救出了君王。
十月里什么花严霜打死，什么人送寒衣哭倒了长城？
十月里百草花严霜打死，孟姜女送寒衣哭倒了长城。
十一月里什么花飘飘落地，什么人去卧鱼孝敬母亲？
十一月里有雪花飘飘落地，有王祥去卧鱼孝敬母亲。
十二月里什么花门前高挂，什么人上天庭多说好话？
十二月里灯笼花门前高挂，有灶君上天庭多说好话。

刮地风

正月里来正月正呀，青草芽儿往上升哪，哎嗨吆。
天凭上日月那个人凭上心哪哈，人凭上心哪哈，哪哈咿呀嗨。
三月里来三清明呀，桃花不开杏花红哪，哎嗨吆。
蜜蜂儿采花你就花心上动哪哈，花心上动哪哈，哪哈咿呀嗨。
五月里来五端阳呀，杨柳梢儿插门窗……
雄黄儿药酒你就闹端阳呀，
闹端阳呀，
七月里来呀七月七呀，天上牛郎会织女哪，哎嗨吆。
织女嘛本是牛郎的妻呀哈，牛郎的妻呀哈，哪哈咿呀嗨。
九月里来九重阳啊，黄菊花儿开路旁哪，哎嗨吆。
有心肠采来你就没心肠戴呀，没心肠戴，哪哈咿呀嗨。
十二个月来一年满呀，胭脂银粉都办全哪，哎嗨吆。
打打呀扮扮你就过新年哪哈，过新年哪哈，哪哈咿呀嗨。

十二个月

正月里闹花灯开花迎春，祝九红在绣楼两泪纷纷，
想大哥梁山伯同学三载，一路上送小妹并无二心。
怨只怨老爹娘嫌贫爱富，最不该许配给马家成亲，
那马家百万富奴也不恋，梁大哥见一面死也心甘。
二月里龙抬头雷响一声，有番王闯四门胆战心惊，
洪福尽因江山不能长久，靠山河没乾坤凤聚龙登，
从今后刀兵动人人害怕，全不恋金銮殿六院三宫，
满朝里文和武留恋不住，倒不如奔高山奋思黄经。
三月里是清明桃杏花开，赵五娘下东京寻找伯喈，
一路上抱琵琶贫婆一样，俏容颜消瘦的不似裙钗，
奴在家受尽了黄连之苦，婆母死素罗裙兜土筑台，
骂了声蔡伯喈心肠太狠，光尽忠不尽孝身从何来。
四月里四月八立夏交节，高柴女下东洋大海找爹，
淘不尽小勺儿海水一片，高柴女站海边腹内出血，
行孝人自有那老天加护，待海水四散了露出尸骨，
行孝人留慕名万古传书，高柴女个个敬人人高歌。
五月里五端阳人人戴艾，有三人哭紫荆滚落沉崖，
愿许下你不死俺百年不散，到如今你死了这就分开，
有三人哭半天抬头观看，紫荆树发萌芽重谢重开。
六月里三伏天炎天似火，有王祥拉金巴身下山坡，
一来是劝爹娘回心转意，二来是劝世人孝顺公婆，
人老了大福尽死而无怨，人不老强逼死老天寻着，
到后来你老了如此一样，为儿的拉金巴心下如何。
七月里七月七牛郎相会，谢百鸟搭鹊桥泪雨双垂，
一道河阻隔着夫妻你我，但等着七月七相见一回，
七月七见一面不能长久，你朝东我朝西各自归位，
东的东西的西泪落不止，惨坏了河两岸参辰紫微。
八月里初一日雁门关开，王昭君盼刘王泪湿胸前，

现如今王嫱我身在北国，满心里挂念着京都长安，
老天爷保佑俺夫妻相见，王嫱愿舍粮草赈济三年，
拿住了毛延寿报仇雪恨，杀乌猪宰白羊拜谢苍天。
九月里九重阳菊花开放，万善女在江边拆洗衣裳，
有忠臣伍子胥怀抱幼主，闯出了万马营来过长江，
长江水黑滚滚拦住去路，万善女指明路君臣过去，
一纵身跳入江以死明信，久后日得了第修盖庙堂。
十月里小阳春雪花落地，孟姜女送寒衣哭到长城，
在家里二爹娘留恋不住，小玉郎送一程两下分离，
孟姜女见长城抖身下拜，城塌了露出了范郎尸骨，
孟姜女见范郎抱头大哭，又害怕皇王爷走漏天机。
十一月冷如冰寒天数九，有王祥来卧鱼冰开水流，
浇花女哭过麦麦头出土，谭香女哭甜瓜正在三九，
有丁兰刻母像堂前供奉，有百鸟和乌鸦才把恩报，
又回头对妻子细说根苗，怎么着你跟我一去不回朝。
十二月一整年交节换岁，北楼上哭坏了秦氏雪梅，
大哭着狠冤家下世去早，撇妻儿共小妹依靠何人？
王三姐也曾把寒窑去住，整日里荒郊外剜菜受贫，
就等着薛平贵登基坐殿，封了我昭阳院一乃贵人。

爱护老百姓

唐宋元明清，兵匪害民众。
唯有八路军，爱护老百姓。

当兵要当八路军

吃菜要吃菜心儿，当兵要当八路军。
军爱民来民拥军，团结一致杀敌人。

支前歌

春天来了万物都发青，咱们老百姓都来忙春耕。
种好地，收成了，攻打蒙阴城。

送郎参军

大辫子甩三甩，甩到溜河沿，我问朗哥多咱回来。
听着小号吹，同志们站好队，武装整齐打上绿裹腿。
妮啦妮啦你别哭，哭也挡不住，八路行军不准带媳妇。

自由恋爱歌

自由天下自由鸟，自己的女婿自己找。
针连线，线连针，自由夫妻恩爱深。
不拜天，不拜地，敬个礼给毛主席。

小五更

一么一更里呀，月亮刚出山，
廉大嫂想起当年事一端，不由得好心酸。
只因娘家穷呀，没有吃和穿，
十二岁上去团圆，受苦又受难。
早晨五更起呀，晚上半夜眠，
推磨轧碾婆婆还嫌俺，一骂好几天。

二么二更里呀，月亮照东南，
廉大嫂的苦处，说也说不完，越想越心酸。
不会烙煎饼呀，按着鏊子煎，
把手煎得稀糊烂，一哭好几天。

三么三更里呀，月亮照正南，
廉大嫂受气不敢对人言，哑巴吃黄连。

人家说个方，不敢说个圆，
鸡不下蛋婆婆也歪俺，孬事都怨俺。

四么四更里呀，月亮照正西，
廉大嫂的苦处，提也提不得，越说越生气。
日子过好了呀，一定不要俺，
钢刀绳子送到俺面前，叫俺寻短见。

五么五更里呀，本是个明了天，
共产党领导把身翻，
组织妇救会呀，组织识字班，
生产学习样样做模范，人人都称赞。

上冶大集局部

上冶镇志

SHANGYEZHENZHI

传说

CHUANSHUO

镇驻地一角

上冶一、二、三、四、五村的来历

上冶镇驻地有五个村，分别是一村、二村、三村、四村、五村。这五个村原本是一个村——上冶村。

唐朝时人们在这里建一个寺庙，叫作北大寺，寺附近居民不断增多，逐渐形成村落，叫安乐村。不过，那时的安乐村却不安乐，因为东靠紫荆河，每年夏天，河水猛涨，村庄经常被洪水侵袭。明代洪武年间冰雹成灾，村庄被毁，村民只好搬到不远处一个小高地上。村庄的名字也由安乐庄改成上移庄。有时人们也说成是上延。直到现在，本地人在称呼上冶的时候还有两种口音，一种是上移，一种是上延。

上冶镇大礼堂

清兵入关以后，有些村庄改成满族人习惯称谓，上冶村由于人口急剧增长，被划为五个旗。最南端叫红旗，依次向北是蓝旗、黄旗、黑旗。玉美河西岸有几户人家，单独设一个旗，叫白旗。五个旗成为五个单独的小村，土地、人口等都单独管理。

清朝灭亡以后，内地很多村又改回原来的名字，不再用旗称谓。于是，红旗改成上冶一村，蓝旗改成上冶二村，黄旗改成上冶三村，黑旗改成上冶四村，白旗改成上冶五村，一直沿用到现在。

上冶五村

镇

万仓村的传说

上冶镇西南四公里处，有一片黑土地，就像被油浸渍过似的乌黑铮亮、润滑柔绵。这种土地种什么长什么，简直可以用“撒豆成金”来形容。每年秋天，田地里打下的粮食堆积如山，人们建造了许许多多的粮仓。站在村头岭上向下望，上万座粮仓像一个个小蘑菇似的分布在庭院、场院，甚至田间地头。于是，人们给这里起了一个吉祥而美丽的名字——万仓庄。

可是好景不长，就在万仓庄民丰衣足食，过着富足、快乐生活的时候，一场灾难从天而降。一天夜里，突然阴风怒号、电闪雷鸣，瓢泼大雨劈头盖脸地降临人间。大雨下了七天七夜才慢慢停息。雨水把万仓村的土地全部淹没。更加可怕的是，洪水非但没有随着雨水的停息而减少，反而越来越多，越来越猛了。大家定睛一看，水面上涌出了上万股地下泉水。泉水像一群囚徒得到释放似的，撒着欢从底下向外涌。泉水连同雨水吞没了良田，冲走了房屋和粮仓。人们大哭起来，哭声惊天动地，被灶君老爷听到了。灶君老爷就变成一白胡子老头下凡来看究竟，原来这里来了一条顽皮的幼龙，这些冒花泉就是它弄出来的。灶君老爷让村民找来一万口大铁锅，趁夜黑人静，幼龙熟睡的时候，把铁锅扣在泉眼上，泉眼被扣住，就不再冒水了。洪水很快消退了，土地和村庄终于露出水面。幼龙醒来时，它想施展魔法已经来不及了，最后，被困在村西头一个小汪塘里。那座小汪塘后来被称作小龙汪。为了记住这起灾难，也让人们记住万仓村人的壮举，万仓庄改成了万泉庄。

20 世纪 80 年代初，县民政搞地名调查。因方城镇有村名叫万全，就把万泉村又改称万仓村。

水湖村的传说

水湖村的来历与能人孙自恒有关。

据说很久以前，水湖这地方地少水多。孙自恒是第一个来这里住的，然后陆续又搬来几十户人家。孙自恒自己住在离村庄很远水塘边，从不和人说话，也不与人来往。

有一天，两个年轻的村民去赶费县集，走到半路上，看见前面有个人走路很奇怪。平常人们都是迈开大步走路，可这人是脚尖顶着脚后跟走路，而且看上去还不着急，边走着嘴里还哼着小曲。两个年轻人有些性急，就想赶超过去。可也奇怪了，两个人怎么赶也赶不上。最后小跑着赶，累得气喘吁吁，那人照样脚尖顶着脚后跟慢悠悠地走在他们前面，一直到费县城，他们也没赶上。两个人感觉遇到奇人了。

卖完了东西，已经下午了，两个年轻人简单吃了点自带的煎饼，就回家了。没想到，走在半路上，又遇见那个奇人，还是和来时一样，脚尖顶着脚后跟慢悠悠地唱着小曲赶路。两个年轻人知道追赶不上他，就跟在后边不紧不慢地走。走着走着，到了他们村头一片树林旁边，那人突然不见了。两个年轻人里里外外找了一圈，没发现其他人，只有孙自恒在小屋里坐着喝茶，两个年轻人就怀疑孙自恒就是那个奇人。

在村里，两年轻人把路上的见闻一说，村民都不相信，但有个老人说："我感觉孙自恒不是一般的人。从我小的时候，他就在那里住，也就那样，现在我八十多岁了，前几天我见了他，还是我小时候见的样子，一点没变。"

经他这么一说，许多村民都感觉可疑，就拿吃喝来说吧，他从来不种地，吃什么呢？只要从他那里走过的人，就看见他自己在那里喝茶，从没人见他吃过饭。还有更奇怪的，就是无论冬天、夏天，他身上都永远不变地穿着那身衣服。那是什么做成的衣服呢？穿几十年上百年不用洗不用补还穿不脏穿不坏？

大家越说越觉着孙自恒奇怪，就想解开这个谜底。于是，大家推举了两个胆大心细的中年人去监视他，居然发现孙自恒一天没吃一粒米，从早到晚只是喝茶。大家都相信了，知道孙自恒不是一般的人。

有一年冬天，有伙贼人瞄上了这个小村。村民们都对即将到来的灾难忧心忡忡。大家想到了孙自恒，问问他有没有办法。孙自恒没等村民说话就说："你们不说我也知道，有伙贼人要来作乱。不过，大家大可不必惊慌失措，装作什么不知道的样子该干什么干什么。但夜里谁都不能出门，不能闹动静，更不能点灯烧火，一切听我安排。"

这几个村民回村召集大家开会，把孙自恒安排的事安排好。果然，一天夜里，一伙贼人来了，他们直奔小村的方向而来。可也奇怪了，快到小村的时候，他们站住了。为什么？就在他们白天踩过点的方向，平地出现了一片汪洋，原来的小村子不知到什么地方去了。贼人们有些奇怪，悻悻地失望而归。原来这是孙自恒用的障眼法，村子还是原来的村子，在贼人眼里，就成了一片汪洋。

孙自恒救了全村的人，但他自己也暴露了身份。原来，他是个犯了天条的龙，怕老天爷惩罚他，偷偷下凡躲藏了起来。他使障眼法救村民的时候，惊动了天庭值夜班的天将，报告了老天爷，老天爷下令把孙自恒杀了。

孙自恒虽然被杀，龙身子也取走了，但龙头留了下来，就放在他住的房子旁边的小汪塘里。从此以后，那个放龙头的小汪塘就叫龙王头。被孙自恒救的小村也有了正规的名字，叫水湖村。

东、西鸭子沟村的来历

很久以前，有一个青年背着小脚母亲四处讨饭。一天来到一条沟边，由于刚刚下过雨，沟里水流湍急。青年脱去鞋子，要背母亲过河。母亲说：水太深了，咱还是等一等，等有人过来了咱再过吧。儿子怕母亲饿坏了，想赶紧找个地方要点吃的。对母亲说："娘，这个时候过路的人少，万一等到天黑了还不来人，咱就没法赶路了。来，娘，趴我背上。"母亲没再说什么，趴到了儿子瘦骨嶙峋的脊背上。儿子试探着下到沟底，湍急的水流让他打了一个趔趄，母亲紧张地提醒儿子慢点，可话音未落，儿子突然一头栽进了沟里。母亲慌忙大喊救命，也随着儿子跌落到水里。正好有路过的百姓，听到喊叫声赶紧跑了过来。大家七手八脚地把这娘俩救上岸。母亲很快就苏醒过来，可儿子，却任凭人们怎么叫喊就是不睁眼。土大夫过来看了看，说是没救了。母亲大哭道："他那么年轻轻的，呛了几口水咋就死了呢？您行行好，给好好看看吧。"土大夫长吁一口气说："这孩子啊，不是呛死的，是饿死的。我摸了他的胃，里面一点东西没有。"原来儿子为了孝敬母亲，把仅有的食物都给老母亲吃了，自己最后饿死了。

后来不知为什么，人们以讹传讹，都说是在这条沟里母亲把儿子压死了。从此以后，这条沟被人们称为母亲压死儿子的沟，简称压子沟。后来，沟两边有人居住、形成村庄后，就以此沟而起村名为压子沟村。沟东的村叫东压子沟，西边的村叫西压子沟。后来演化为东鸭子沟、西鸭子沟。

仲口屯村的由来

明朝时期，一牛姓人家逃荒来到上冶西南一座岭上。这里河沟纵横，土质肥沃，就在这里安家落户，靠开荒种地过日子。人们习惯称这里为牛家屯。

后来，彭家从外地迁来了。彭家人和牛家人学着做生意，很快发达起来。这时候，牛家却越来越衰落。先是买卖做不下去，后来种地打不到粮食，人口也越来越少。彭家开始大量购买土地，几年过去，附近很多土地都归彭家所有。

这些土地到处是沟壑纵横，给村民行走带来了诸多不便。于是，有人就调侃说："这里是大沟七十二条、小沟多如牛毛。"后来，牛家屯已经没有牛家人了。于是，这里就有了一个新的村名，叫众沟屯或者重沟屯。因为众、重和仲同音，仲口屯村也就出现了。

曹家楼村的由来

上冶镇西有个不大的村子，叫曹家楼。这个村没有一户姓曹的，咋会有曹家楼呢?

曹家楼村处于蒙山之前，整个村庄周围全是平坦而肥沃的黑土地。传说很久以前，一曹家财主看上了这里的土地，花钱买了大片土地建立了一个庄园。

有一年，曹家聘用了一个聪明伶俐的小伙子看护庄稼。小伙子一改往常看护人员昼夜巡逻的习惯，一个人在一棵大树的树杈上设立了瞭望哨。结果，那一年，是曹家在这里建庄园以来，丢失庄稼最少的一年。

小伙子的做法，引起了曹家的注意。于是，曹家就在土地中央地势较高的地方建了一座岗楼。二楼是瞭望哨，一楼可以住人和存储物品。每逢粮食成熟季节，看护人员可以轮流值班。曹家建的岗楼，成了附近最显著的标志物。看护员成家以后，就住在曹家楼附近。在曹家楼附近居住的村民形成的村庄。被称为曹家楼村。

由于战乱和经营不善，曹家实力逐年衰败，只好把土地卖给了许家和杨家。那座楼房，随着土地卖给了许家。土地和楼房都换了主人，可居民几乎没多少变化。许家和杨家继续雇佣原来的看护员和长工，这里的村庄还是原来的村庄，人们还习惯称作是曹家楼村。

打土豪、分田地那阵子，许家跑到外地，隐姓埋名不知去向。杨家也大都跑了，只剩下杨家几个本家留了下米，土地分给了穷人。这里仍然沿用以前的名字，叫曹家楼村。

兴国庄村的来历

兴国庄村名的来历，实在是一种意外。兴国庄原来是个小村，只有十几户人家，叫吴家村，是吴家聚居的地方。可到了明清时期，天下大乱，盗贼、土匪横行，民不聊生。山区的村民纷纷建起了坚固的围墙，依靠围墙和地势抵御这些强盗。对于处于平原地区的百姓，就没那么好的条件了。怎么办呢？人要生存下去，就要想办法适应新出现的困难和问题。他们的困难和问题就是怎么抵御土匪和盗贼。这里没有坚固的围墙，没有一人当关万夫莫开的要塞，只有靠人多势众。可单纯靠吴家村几户人家，遇到盗贼和土匪多，就难于抵挡了。只要有多于坏人的好人，坏人不会轻易来冒犯。

这个问题不光吴家村有，附近的村民都有。于是，附近村的村民经常聚在一起商量了一个良策。就是附近村子的村民全部归拢在一起，组成一个大村，建起高高的围墙，黑白有人站岗。这样一来，遇到紧急情况，依靠众人的力量和坚固的围墙，就能逢凶化吉、遇难成祥了。新组成的村庄有人起了一个好名字——兴归庄。意思是，希望这些归拢在一起的村民能从此兴旺发达。后来兴归庄又变成了兴国庄。一直沿用至今。

彭家林、凌胜村的来历

上冶镇西南、靠近平邑镇的地方，有一个小村叫彭家林村。按照当地风俗，林，就是墓地的意思。一个村庄怎么会叫墓地呢？调查了解后知道，这个村原来就是彭家的一个墓地。这个村子里的人，全都是彭家的守墓人的后代。

明清时期，仲口屯村一带的彭家，已经成了远近闻名的望族。彭家是名门望族，有钱人家也多。对于有厚葬习俗的中国人，为了让死去的祖先在阴间能有好的日子过，下葬的时候总有些名贵的随葬品，而这些价值不菲的随葬品，正是那些盗墓贼冒死搜寻的东西。这样一来，彭家的墓地里，经常有盗墓贼出现，彭家老租的坟基，往往被盗掘得面目全非。于是，为了保护彭家墓地的安全，彭家有钱人出资，安排彭家穷人去守墓。守墓人也要吃喝，族人就把墓地周围的土地无偿给他们耕种。

随着时间推移，那些守墓人有的成家立业，在这里常住了下来，渐渐成了一个村庄，就叫彭家林村。

有人居住就要吃饭，吃饭就需要粮食，要粮食就要种地，种地就要纳粮，可纳粮用什么村名呢？再用彭家林吗？似乎有些说不出口，于是，村民给彭家林村起了一个好听的名字：新立庄。

大约遵了有两辈人，新立庄东侧又来了几户人家，称新庄。一个新庄，一个新立庄，村民都感到别扭。特别是新立庄村民，村民大都是彭家守墓人的后代，总感觉还是叫彭家林村亲切，于是，又改成了彭家林村。这个名字，一直沿用了几十年。

新庄后来因为和费县新庄镇重名，改成了凌胜村，取祝福凌家胜利之意。这个村几乎全是凌姓人家，现在，凌胜村和彭家林村合并，组成了一个新村，叫永兴村。

西毕城村的来历

西毕城，原来写作西鄪城，建于明代成化年间，因位于古鄪城北墙外西头，故取名西鄪城。

鄪国当初在这里建城，是看上了这里肥沃的土地和良好的地理环境。这里东靠浚河，北靠土岭，四周都是沃野良田。有浚河天险，有土岭屏障，易守难攻，可以抵御外来侵犯的强敌。这里有一块神奇的石碑，可以保佑这里出高人、名士。

西毕城村一角

传说这块石碑叫透亮碑，在碑的中间有一块玉石，人们从碑体的这一面能看到另一面。

鄚国从这里消失以后，城池和土地被老百姓占有。建立村庄以后，人们想不出更好的名字，仍然以鄚国城池命名，称鄚城。后来，因为鄚笔画繁琐，1980 年改成了毕城，一直沿用至今。

平安楼、曲池村的来历

很久以前，有一个号称是王御史的人从这里经过，看到这里土地肥沃、水源充足，就把家人安置在这里居住。村庄后有一汪塘，像一个曲曲弯弯的水池，人们称为曲池。王御史就以水池做了村名，叫曲池村。

曲池村村前村后有很多水池，除了村后那个曲池稍大一些，其他水池都比较小。这些水池有一个共同点，就是水池岸边都不归整。按理说，水池在水流的冲刷下，一般呈圆形或者椭圆形，这里的水池没有一个圆形或椭圆形的，全部是狭长而弯曲的形状，有人猜测是古代人挖出的养鱼池？但又没有明确的记载和有力的证据。现在，这些水池仍然作为村民的养鱼池在使用，这里养出来的鱼，口味纯正，异常鲜美。

现在，曲池村和平安楼村合并，组成了平安曲池村，那么，平安楼村又是怎么来的呢？

大约在明清时期，天下大乱，土匪猖獗。有几户逃荒的难民来到这里，建房居住。后又在村子周围建设围墙，在村子四角建了炮楼，安排人日夜轮流放哨。

可是，建了炮楼以后村民还是没睡过一个安稳觉，依旧时常有土匪、流寇骚扰。

日本侵略军进攻沂蒙山区以后，到处烧杀抢掠。村民建的寨墙和炮楼，更成了他们练习射击的靶子。几枚炮弹出去，村民辛辛苦苦建起的炮楼和围墙就被轰塌了。可也就奇怪了，自从把炮楼炸塌了以后，这里一直平安无事。不但日本侵略军没再来过，就连那些土匪、流寇，再也没有过来骚扰。村民了解后知道，原来是日本侵略军投降了。后来共产党打败了国民党，中华人民共和国成立了。村民这才知道，危险是防御不了的，只有国家安定了，老百姓才能过上安定、祥和的好日子。于是，平安楼这个村名就诞生了，一直沿用到现在。

民义庄的传说

上冶镇有个村叫民义村，就是因为这里民风豪放仗义而得名。但附近村民从不叫民义村而是一直叫小麦庄，这是什么原因呢?

传说这里建村之前，是当地一个大地主一片肥沃的好地。每年，这里都出产最好的小麦，逢年过节、招待亲朋，都用这里出产的小麦制品，被称为吃麦地。这里只有地主一家和一户长工住在这里。人们都很羡慕，就称为这里叫小麦庄。时间长了，小麦庄就叫了起来。

不过，住在这里的人并不都能吃上小麦，那个长工就是如此。他不但吃不上小麦，就连粗茶淡饭填饱肚子都很困难。长工和母亲相依为命，住在两间破草房里。长工没白没夜地替地主扛活，到头来还是食不果腹、衣不遮体。屋漏又逢连阴雨，母亲突然病了。长工是个孝顺的孩子，宁愿自己饿肚子，也要省吃俭用给老母亲治病。老天有眼，这件事被路过这里的文曲星看到了，就想帮助他。

有一天，长工外出给母亲抓药，由于一天没吃饭，两眼冒金星。他来到村后河边，掬起一杯河水解渴。突然，一须发雪白的老翁过来问路。长工热情地把老人送到岔路口、看着老者向前走。老头走了几步又回来了，对长工说，我看你是个善良的孩子，我告诉你一个秘密，小麦庄后河中间，有一块大石头。大石头上有一个小窝，叫攒金窝。每逢夏天发洪水的时候，小窝里就会有金子。你把金子取出来，够你娘俩一年的用度。

长工以为老头在说胡话，也没当回事，每天照样干活，给母亲抓药，想办法填饱肚子。地主看到长工要照顾生病的母亲，干活也不大出力，狠心把他辞退了。长工没有了生活来源，只好靠挖野菜、捡破烂维持生计。

夏天，连日降雨，长工不能出门，娘俩都饿坏了。长工就出去找点吃的，他撑着虚弱的身子，来到了河边，汹涌的河水阻断了去路，他望着河水哭了起来。突然，白胡子老头的话像警钟一样把他敲醒。长工找到那块大石头，石头像一头水牛卧在河中央，和汹涌的洪水在搏斗。长工瞪着眼等着，一直到了下午，天快黑的时候，洪水才慢慢降下去，大石头终手露出水面。长工蹚水过去，在大石头上．寻找石窝。突然，长工眼前一亮，在大石头顶端，一个浅浅的石窝里，出现了金灿灿的金子。老头的话居然是真的。长工赶紧把金子挖出来，用衣襟包好。第二天，长工用金子换回了一年所需的粮食和衣服，还留下一部分金子，给母亲抓药。长工和母亲过上了好日子。母亲在长工的悉心照料下，病也渐渐好了。

长工生活的变化，让地主知道了，以为长工偷了他们家的东西。带着人过来兴师问罪。长工只好实话实说。地主开始不相信长工的话，但在一次洪水过后，地主真的捡到了金子。地主于是许诺，长工和母亲的衣食都由他来供应，但攒金窝，是他家的了。长工知道胳膊扭不过大腿，只好同意。地主得到了金子却并不满足，感觉一次就那么一点，实在太少了，他想一夜暴富。于是，在一次大雨来临之前，地主悄悄带着钢凿把攒金窝凿深了一块。可是，让地主失望的是，大雨过后，攒金窝里一点金子都没有了。地主得不到金子，就说长工骗人，狠心地把长工娘俩赶走了。

后来，在兵荒马乱的年代，地主一家变卖家产和土地远走高飞，这里只有几个穷人耕种。他们靠这里肥沃的土地繁衍生息，人口越来越多，村庄越来越大，但村子一直没有确切的名字，附近村民都习惯地称这里为小麦庄。

再后来，在登记村名时，有人感觉小麦做村名似乎有些不合适，知道这里的村民为人仗义、勇猛顽强，于是取名民义庄。

刘官庄的传说

上冶镇最西南端，有一个村庄叫刘官，与平邑县地方镇隔河相望。

传说很久以前，这里住着一穷一富两个孩子。穷孩子父母早亡，靠给别人放牛度日。富孩子家资殷实、衣食无忧。富孩子本性善良，经常接济穷孩子。穷孩子侠肝义胆，富孩子单独出外的时候，穷孩子就成了保镖和护卫。闲暇时候，两个孩子在一起玩，成了无话不谈的好朋友。

有一天，富孩子去找穷孩子玩，路上遇到一个童颜白须的老人拦住了他的去路，并且说：南河里有一个渰子（深水潭），里面有一条石龙，石龙张着嘴。你把祖宗的尸骨装进瓦罐，明天一早潜水放进石龙嘴里，就能保佑你将来当大官。天机不可泄露，这事只能一个人悄悄进行，不能让外人知道。

老人说完眨眼不见了，富孩子知道遇到神仙了。不过，富孩子并没有立马去实施，而是继续去找穷孩子。富孩子找到穷孩子后，把路上遇到的事给他说了。穷孩子说：老人说天机不可泄露，你给我说了，你就不怕不灵了？

富孩子说："我情愿不当官，也要和你在一起。你也找个泥罐，装上你祖上的尸骨，明天一早也放到石龙嘴里。要当官咱一起当。"

穷孩子说："我不识字，家里也没钱，咋能当上官呢？"

富孩子说："你那么善良，一定能当上，你就按照我说的办吧。"

富孩子家里多的是泥罐，祖坟都是青砖垒砌，掏个洞就钻进去了，很容易就找到了祖辈的尸骨。穷孩子没有多余的泥罐，只好把自己唯一一个盛水的泥罐清洗好拿来用。穷孩子来到墓地，由于年代久远，泥土板结，挖起来很费劲。整整一夜，穷孩子才把父母的坟墓挖开，等穷孩子装好父母尸骨，太阳已经出老高了。

富孩子天刚亮就来到了渰子，等不来穷孩子，他抱着泥罐一个猛子扎下去，果然看到一条石龙张着大嘴卧在水底，他赶紧把泥罐塞进去，浮出了水面，又等了一会不见穷孩子就回家了。穷孩子来到渰子，也是一个猛子扎到水底，可睁眼一看，傻眼了：石龙紧闭嘴唇，像睡着了似的。穷孩子只好把泥罐挂在石龙角上浮出了水面。

两个孩子从此更加友好。长大之后，遇上战乱，他们一起组织起一支武装，富孩子因熟读兵书，负责指挥。穷孩子武艺高强，负责带兵冲锋陷阵。两个人珠联璧合，势力范围逐渐扩大，最后成立了一个小国家。富孩子做皇帝，穷孩子当元帅。富孩子治国，穷孩子保国，一直到死。富孩子当了皇帝以后，把家搬走了，把家产和土地作为封地赐给了穷孩子。穷孩子死后葬在自己的封地里，后人称挂角元帅。

后来，挂角元帅的后人因战乱搬走了，刘家搬来居住，因这村出过大官，就称刘官庄。

上冶北村的传说

上冶镇北部有个3000多人的大村叫北村。地处镇驻地北叫北村，是顺理成章的事，北村村名的来历的确如此。可北村人因何迁居于此呢？据说与这里的一座土地庙有关。

传说王莽做了皇帝以后，战乱连连。王莽虽贵为皇帝，照常要御驾亲征。有一年，王莽带领大军到岑山附近。由于地形不熟，误入敌军圈套，被打得落花流水。王莽在卫兵的拼死掩护下只身逃出敌阵，捡了一条命。只是因天黑慌不择路，跑到了现在北村东北角一石崖上方。看到前面没有去路，赶紧转身。可也巧了，一根树枝戳到脸上，王莽站立不稳，仰面跌落土崖。石崖虽然不是很高，但也有十几米。硬生生掉下去，不死也得成残废。王莽大叫一声说，天灭我也。闭上了眼睛。

可就在王莽绝望透顶的时候，感觉有人从身后拽住了龙袍，自己也不再下坠了。借着淡淡的月光再仔细一看，原来是石崖上有一个树桩，龙袍挂在树桩上，把王莽吊在了石崖上。王莽不由窃喜，没想到一个不起眼的树桩成了他的救命恩人。可王莽高兴了一会就转化成了担心：树桩离崖顶有三四米高，上也上不去；下面有十几米，下，也下不得。还不敢乱动，怕一乱动扯断了龙袍。后来，当地的老百姓就把悬崖叫作“挂莽崖”。

王莽一直盼望着出现奇迹，可吊了一天一夜，也没见一个人影。本来被敌兵追赶已经耗光了他所有的气力，又一天一夜水米没打牙，王莽已经支撑不住了。不由喃喃地喊：救命啊！救命啊！谁若救我，封他为天下第一宰相，处于一人之下万人之上。

挂莽崖

王莽的话没有人听到，却被神听到了。这尊神就是住在镇北土地庙里的土地爷。

土地爷走到石崖这里，一眼看见王莽像一根腌黄瓜悬在半空。赶紧走上去，把王莽拉上了石崖。王莽已经严重脱水，奄奄一息，但还没忘了救命恩人，于是问道；救驾者何人？

土地爷说，此处土地。

土地爷又端来清水，献上香客施舍的果蔬。王莽吃饱喝足，精神振奋，千恩万谢，踏上了征程。王莽没有食言，回去以后就让大臣拟旨加封。可大臣问，封他什么官呢？考虑再三，王莽说，神仙我管不着，可神仙住的庙宇能管着。就封他住的土地庙为天下第一土地庙，并诏令天下，只有北村土地庙才能加盖官帽。

上冶镇北村土地庙被封为天下第一土地庙的消息发布以后，全国各地的百姓都来祭拜。土地庙周围，天天人头攒动、络绎不绝，逐渐地土地庙周围出现了许多流动商贩，有卖香和纸钱的，有卖吃的喝的。后来又出现了客栈和大车店，再后来，部分菜农也搬来居住。他们利用土地庙周围肥沃的土地种植蔬菜，供应客栈、大车店和上冶镇居民。渐渐地，这里成了蔬菜产区和商贾云集的富庶之地。随着人口的增长，这里成了一个村，就是现在的北村。

大青太村的由来

上冶镇大青太村，是一个三面环水一面靠岭的村庄。

大约在明清时期，有一户姓麻的人家逃荒来到这里安家落户。后来，于家、刘家、吴家陆续搬来，形成村庄以后，村子就以第一个来到这里的麻家取名，叫麻家庄。

麻家庄村西北方向有块土地，是附近土地的制高点，叫状元地，传说是太白金星亲授。凡是吃了这个土地里出产的庄稼的人，都有希望中状元。果然，村里陆续有人中秀才、举人和进士，吴家还有人做了四品官。

后来，战争不断、土匪横行，麻家庄开始麻烦不断。为了抵御土匪袭扰，村民于是集全村之力修建围墙。可围墙再坚固，抵挡不住炮火轰炸，围子屡屡被攻破，财物被掠夺，村民被杀戮，麻家庄成了麻烦庄。八路军来了以后，人们又过上了清静、太平的日子。村民把麻家庄改成了清太庄。清太庄有状元地护佑，一直人才辈出。

后来，因为清太庄东南方向有一个村叫小青太，虽然清太庄的清和小青太中的青不是一个字，但很多人都写成一个字。又因为清太村人口多，小青太村人口少，很多人习惯把清太村说成是大青太。后来，有人干脆把清太村改成了大青太。这个村名，一直沿用至今。

九女坟的传说

费县上冶一带是季氏王的王国，为了防止外来侵略，派了许多军队把守，还养了一群身大如燕的蜂兵。如果有敌人侵略，就敲铜锣，蜂王就带着蜂兵飞来攻击敌人。这样季王很放心，经常到外国游玩做客。

据传说，孔子带领军队来攻打鄪城，季王吓坏了，急忙跑到城楼上，拿起铜锤"咣咣"地敲起了铜锣。霎时，从东北"呜呜"地刮来了一大片黑云。一个磨盘大的蜂王带领一群大黄蜂，铺天盖地的飞来了，围着城墙转了一圈，照着鲁国的士兵身上、头上、脸上又咬又蛰。围城的士兵吓得"嗷嗷"地趴在地上打滚，捂着头跑了。季王的军队乘胜追赶，大获全胜。

季王有九个女儿，她们不习女红，专习武艺。季王对她们非常宠爱，尤其是小女儿，从小惯得没样。

这一天，季王准备到齐国去，临走对九个闺女千嘱咐、万嘱咐，在家好好读书做针线，不要到处去，更不要到城墙上去玩，还吓唬说要是不听话，回来把他们一个个都活埋。

季王一走，把这几个闺女可高兴坏了，也不念书了，也不做针线了。她母亲也管不了，叽叽喳喳的，到处乱跑，各处都逛够了。小公主说："趁着父王不在家，咱们何不到城楼上去玩玩，看看远方的景致？"好哇，姊妹九个齐声响应，一齐往城楼上拥。城门守卫说什么不让上。小公主生气了，板着脸训斥说："你这人真是多管闲事，再不让路，等父王来了，我叫他撤你的职！"守卫知道，季王平时最疼爱小女儿，得罪不起，就打开城门。九个闺女一拥而上，在上面转了一圈，又到了城楼顶上。他们看到有个大铜锣挂在墙上，很好奇，小公主就拿起旁边的大铜锣锤，照着铜锣"咣咣"地敲了起来。没想到，霎时从西北飘来了一大片黑云，"呜呜"作响。原来住在山里的蜂王听到锣声，以为有了军情，就带着群蜂飞来了，围着城墙转了一圈，没发现敌情又飞回去了。九公主一开始看到黑压压的群蜂很害怕，等蜂子走了，感到很好玩，小公主又举起锣锤，"咣咣"地敲了几下。山里的蜂王又带着群蜂飞来，围着城转了一圈，没有敌情就返回去了。

季王在齐国做客。中午时分，正在与齐王饮酒作乐，就觉得左眼不跳右眼跳，左耳不疼右耳疼，还隐隐约约听着像有锣声，赶快骑上马往家奔。回家听守卫一说，气得暴跳如雷，知道鄪城守不住了，下令连夜搬家，把城搬到祊河边上。他把人排成一溜长队，一砖一瓦的往前传，他的人多，一夜之间筑起了新城，就是现在的费县城南。

新城建好了，这九个闺女怎么处置呢？不能再让她们惹事了，季王执意要把她们活埋。王后苦苦哀求，就想了个折中的办法，叫人砌了一个大坟墓，足有二、三百平方米，里面布置得像宫殿，吃的用的玩的样样都有，还在四周遗留上一些气孔，一个石门，就让九个女儿住在里面了。季王的意思想叫他的九个女儿安稳地待在宫殿里，不再惹是生非，过个一年半载以后，再放她们出来。可当时忘了放引火的东西，九个公主从小衣来伸手饭来张口，不知道做饭吃，没多久就饿死了。这里就成了名副其实的“九女坟”。

那一窝蜂兵，传说躲到了平邑县西南山上的蜂山里去了。据说每到阴天或下雨时，从山里走，还能听到蜂子的“嗡嗡”声。

吴氏家族历史传说

吴冠英，国朝（即清朝）乾隆三十三年戊子科中得武举人，时年 45 岁，官临清卫守备。吴韶年，国朝（即清朝）乾隆五十七年壬子科中得武举人，时年 40 岁，官临清运千总。吴冠英和吴韶年是亲叔侄关系，吴冠英是西鄪城村三支祖吴廷美的第八代孙，吴韶年是九代孙。吴冠英是吴韶年的三叔，吴韶年是吴冠英二哥吴钧的次子。吴冠英的长子吴甲年，官临清考监大使，何年官临暂无史料考证。据说他们中有当四品官的。

吴家先族人，自西鄪城分支移居上冶一村——吴纪茂的老宅院。随着吴冠英和吴甲年、吴韶年父子叔侄三人，先后中得武举并获得功名，在老家上冶一村盖楼房两座，分前楼和后楼，在大青太庄新建庄园一处——吴家庄园。后来，该村又有一户吴姓来到吴家庄园西边定居，且辈明显大，人们为了好区分，建国前，将居住在庄西边的吴家叫西吴，将居住在庄东边的吴家叫东吴，所以吴家庄园又叫东吴庄园。东吴庄园建造时，在村南浚河北岸自建砖瓦窑（洪水季节冲刷时，窑基呈现）烧制，青石条子从浚河上游城南头村附近船运而至，杉杆自江南马车运来。庄园分中心四合院，周围配房，大小院落六个，从中心四合院向外走依次是大门、二大门和三大门，当地称前大门。所有房屋全部是青砖青瓦，屋上所有镶嵌的哈巴狗子全部张嘴，也就是哈巴狗子张嘴兽。据说所有哈巴狗子张嘴兽的房屋，按照当时的社会制度，必须是家中有做官的并且做官做到相当大的官员，有一定功名的人家，否则将面临杀头。

吴韶年去世后，墓地选在了大田庄乡大王庄村后，动用众多人马，能工巧匠，兴修大青太庄至大王庄的送葬路，沿路修大小桥梁十八座（桥梁至今在大王庄部分存在），该棺为

三套棺。文化大革命初期笔者幼时目睹墓地除了坟子大和立碑外，坟子周围摆满了用青石雕

刻成的桌椅板凳饮食餐具样样俱全。战乱时期国民党部队动用一个营的兵力将套棺移动了近一华里路，因太重就地放弃，随后二次埋葬。文化大革命中期，将吴韶年的坟墓破坏，大田庄乡五圣堂联中十几间教室的门窗全部用其棺木做成。

吴韶年的爷爷吴国秀葬在大田庄乡五圣堂行政村吴家林自然村吴家老林，有碑可考。其父吴钧现无法考证。其长子吴玉堂葬在大青太庄东吴老林，有碑可考。

过去吴家四合院的正堂屋有清朝当官的画像，战乱年间因为生活所迫，用其做了鞋样卖鞋卖了，家中还挂了好多匾，其中有一个匾是朝廷送的，其用木头雕刻镶嵌上匾的字，陆续的都被破坏了，也没保留下来。（附西鄄城吴氏家族功名）

一世：

二世：

三世：

四世：四川遵义县典史：吴洪义，

五世：

六世：监生：吴鹏，

七世：监生：吴国秀，吴国振，吴国用，

举人：吴冠英（临清卫守备）

八世：监生：吴钧，吴铎，

生员：吴冠军，

文庠生：吴汉章，

武庠生；吴冠东

修职佐郎；吴冠经

盐运司：

九世：监生：吴继年，吴延年，吴彭年，吴青年，
生员：吴永年，吴勇旂，吴韶年，吴芳年，
盐大使：吴甲年
盐运司：吴乔年，
州同：吴甲年，
庠生：吴丰年，
廪膳生：吴连城，
武举人：吴韶年（临清卫千总，授天津卫守备未赴）
十世：监生：吴渠堂，吴品方，吴玉堂，吴纪堂，吴桂堂
把总：吴琴堂，吴元，
庠生：吴雅堂，
廪膳生：吴一鹗，吴一凤
咨正：吴品正，
游击：吴印堂，
贡生：吴宭堂
從九：吴清堂，
十一世：监生：吴宗圣，吴宗程，
典籍：吴宗礼，
庠生：吴宗贤，
殿军哨官：吴成春，
十二世：

官辞三的传说

官辞三，民辞四。意思是当地民间有一个风俗，农历腊月廿三做官的家人辞灶，农历腊月廿四民间辞灶。相传大青太庄东吴家族有一先祖，在中国东部沿海做水兵官，有一年腊月二十三晚上，到了该辞灶的时候了。水兵请示水官说：“该

辞灶了吧？怎么辞？”水官说：“人家放鞭，我们放炮。”于是官兵们就朝东海最远处，连放三炮，正巧炮弹落在日本来偷袭侵略的船上，该船随后沉入大海。该事件，逐级上报，到了皇帝那里，皇帝了解并证实此事后。皇帝下圣旨：官职连升三级。既大青太庄东吴家族在中国东部沿海做水兵的先祖官职连升三级。从此该家族每年辞灶时间都选在腊月二十三，逐辈相传一直延续到现在。

镇海侯传说

西鄪城三支祖吴廷美子孙繁衍，其分支相继先后迁移到上冶一村，又迁移到大青太庄等等。相传其中一位吴氏家族先祖成员，官职为镇海侯。一次清朝康熙皇帝去江南巡视，路过此地，召见在当地为官和部分家籍是当地的文武百官。召见时皇帝在上就坐，文武百官在下跪拜，皇帝在上看到下面有一人，与众不同远高别人，指着说道，那位是谁，怎么不跪拜。报告老爷，我就在跪着，皇帝仔细看了看，确实在跪着，康熙皇帝说道：“那还是侯项”。于是皇帝封其官职为镇海侯，从此在官场和当地流传至今，吴家曾有一位祖先官职是清朝康熙年间的镇海侯。

七十二口浇花井

季桓子井其实是一个大口井，据说这是费县最早的灌溉用井，历史上确实没有更早的记载了。为了取水方便，古代人多生活在河流两岸，但取地下水并不多见。费县这个地方不同，它是原始社会时期东夷部落首领伯益的封地，而伯益发明了井，费县在两千多年前挖井就不足为怪了。

据古城村民介绍，古城原有七十二口浇花井，季桓子井是其一，也是目前唯一可见的古井，当地人叫这口井为“八角琉璃井“，说是下挖 10 米才能见到那八个角，井是一层一层的，上面放着季桓子养的花，季桓子原来如此爱花，七十二口浇花井，虽说有些夸张，足可以说明当时的古城是个美丽的大花园。

研究史前历史，对中西方文化都比较了解的学者苏三到费县考察，在季桓子井旁边。我给她讲一层层的季桓子井，七十二口浇花井，以及“我为花狂“的季桓子，她很惊讶，说中东地区的井就是这样一层层下去的，在费县听说这样的井，非常意外。她走过许多地方，没有发现像费县这么爱花的，家家都养花，大小集市上都卖花，费县人对花如此的挚爱让她很不理解，我们当地人看似很平常，而她说是一个很奇特的现象，而欧罗巴人酷爱花草，这之间会不会有什么联系？还需进一步考证。

康熙戏諭“李国嫂”

蒙山前有个蔡庄村，明朝时有李姓先民在此安居，村落北依小山叫鸭罗山，东依古鄪城，西栏浚河，村南是沃野良田。李氏一族，以憨厚淳朴为家风，忠厚传家，辛勤劳作，数百载安居此地，生活殷实。

相传康熙南巡归来，路径沂州。有一天行将至此，队队人马，八旗列列，州官道员，鸣锣开道，村中街巷顿时混乱，南来的，北往的，挑挑子的，但但子的，抬水的轧碾的，小货郎担，卖豆腐的，一哄而散。正巧一个农妇刚换了块豆腐托在手上。当时农家妇女都裹着小脚，走不动，又赶上人群混乱，走的迟缓了些，躲避回避不成，开路先锋官厉声吆喝，那农妇心急如焚，恳求护驾官员说：“求官爷把俺从墙头上递回家吧，千万别冲了圣驾”。几个卫兵对了对眼光，异口同声说：“妙！妙！！”于是就把农妇抬举着上了墙头。没料想手脚还是迟了。说时迟那时快，“龙驾”已来到跟前，只听传令官喊“住手！”，康熙帝问明缘由，心中万分高兴，此地穷乡避壤，妇孺之辈这般尊驾，实为大清之福，随信口而言，“身骑墙头大马，手端白玉印，乃国嫂也”。在旁的众官员见况，忙指教农妇下“马”谢恩。农夫在军爷的扶护下，下“马”后慌忙跪在地上，说了声：“谢主隆恩”。有道是君口无戏言，信口“国嫂”理应为真，农夫婆家姓李，于是，蔡庄有个“李国嫂”便传遍了蒙阳大地。

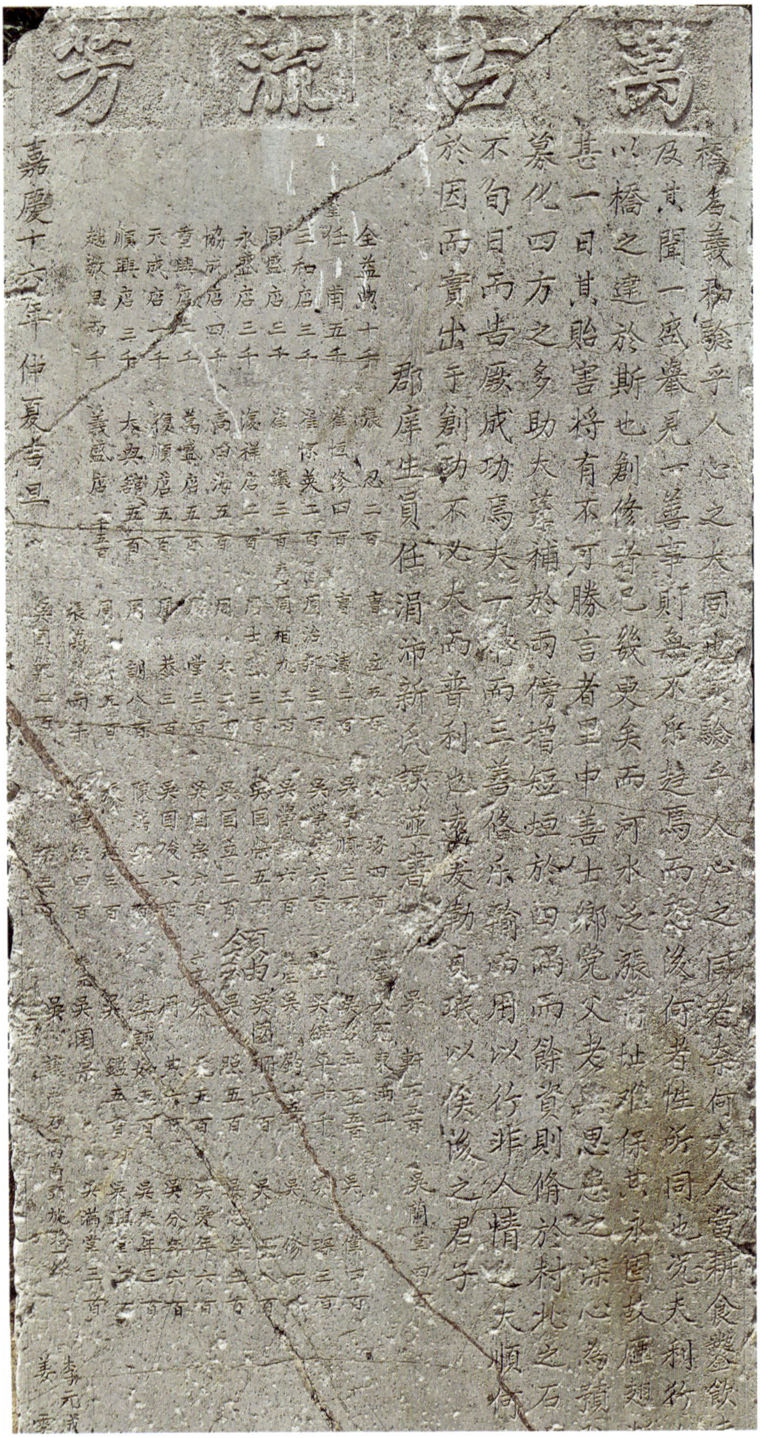

西鄭城义和桥功德碑

上冶镇志

SHANGYEZHENZHI

■

沿革

YANGE

费县上冶镇人民政府
费县上冶镇人民武装部
中国共产党费县上冶镇委员会

历史沿革

上冶镇历史悠久，早在四五万年前这里就有人类活动。在上古时期为东夷部落首领少皞近畿之地，舜、禹时为伯益封地，夏、商两代属徐州，西周初年属青州。

西周大分封时，鄪地被封为同姓（姬姓）伯爵诸侯国。鄪在今上冶镇南部古城、西毕城、宁国庄一带。大致在周宣王（前 828—前 783）时代，周王室改封鲁懿公之孙（费无极）为费伯，建费国，为鲁国的附属国。春秋初，费国沦为鲁国的一个邑。

故城遗址

鲁僖公元年（前 659），费邑成为鲁国季氏私邑。鲁襄公七年（前 566），季武子的费邑宰南遗开始在费地筑城，后经几代人的经营，至孔子生活的时代，费邑成为鲁国最强的邑。鲁定公十二年（前 498），鲁国大司寇孔子主持“堕三都”，摧毁费邑城垣，不久又被修复。

鲁元公二年（前 427）以后，季孙氏据费邑自立为费国。

上冶镇汉墓群挖掘现场

齐威王（前378—前320）时，费国一度被齐国吞并，后复国。

公元前255年，楚国灭费国。公元前223年，秦国灭楚国。秦朝分天下为36郡，费邑地属薛郡。

汉高祖六年（前201）设费县，属东海郡，鄪国故都成为费县的治所。同时，这里还是东海郡都尉治所驻地。东海郡所属38县，郡治在郯城，郡都尉（郡军事长官）驻军费县，成为东海郡军事中心。东汉光武帝建武六年（30）郡都尉治所迁至郡城。

北魏孝文帝太和二十年（496），费县县治南迁祊城。县治在上冶697年。

北魏至清，上冶均属费县。

清朝末年，上冶属费县西北隅上冶社，下辖上冶村、翟家村、仲口村、东埠子、岑北崖、北村、田庄、堂子、黄土庄、牛岚、紫荆关、王家村、陈家庄、任家寨、曹家宅子、挂线山前、埠后、青太、民义、万全、东毕城、西毕城、毛峪、乔庄共24个村。

1912—1940年，属费县一区（城关）上冶乡。

1940年6月，属费北县上冶区，辖今上冶镇全境、大田庄乡全境、费城街道西北部浚河南岸的部分村庄。

1946年1月，费北、费东两县合并为蒙山县，上冶为蒙山县五区。

1952年3月18日，蒙山县撤销，上冶划归费县，为费县十一区，辖牛岚、王庄、渐富、青云、齐鲁、玉泉、兴仲、上冶、里仁、埠后、万全、刘官、水湖、城南、鄪城、毛峪、西柳、曹车、韩庄、员外庄共20个乡。

1955年9月费县十一区改为上冶区。1958年3月撤区改称上冶乡。

1958年9月成立上冶人民公社，把浚河南岸的毛峪、西柳、曹车、韩庄、员外庄等5个乡划给垛庄公社。1962年从店子公社划入张庄和石沟2个乡。

1963年4月，上冶公社改称上冶区，1968年10月又将上冶区改为上冶人民公社，下设五圣、青云、渐富、上冶、兴国、万全、蔡庄、张庄、石沟9个管理区。

1976年3月，将北部五圣、青云、渐富3个管理区27个村划出成立五圣公社；南部仍称上冶公社，下设上冶、兴国、万全、蔡庄、双邱、张庄、石沟7个管理区。

1984年6月，撤销人民公社，改称上冶区。

1985年9月，张庄、石沟管理区划归新设立的南张庄乡；上冶区改称上冶镇，下设上冶、北村、兴国、万仓、蔡庄、双邱6个工作区，至今建制未变。

镇政府驻地上冶。据天宝十七年北大寺碑文记载，上冶村建于唐代天宝年间，称为安乐村。明代洪武年间北大寺观音堂毁于冰雹，又往南延高处重建，因此改为上延，后演化为上冶。清朝康熙年间，由于村内人口急剧增长，村民居住区域扩大，为便于管理，按满族人的习惯将上冶村划分为五个旗：玉美河东由南到北依次是红旗、蓝旗、黄旗、黑旗，玉美河西为白旗。“中华民国”建立后，把上冶村一分为五，将红旗改为上冶一村，蓝旗改为上冶二村，黄旗改为上冶三村，黑旗改为上冶四村，白旗改为上冶五村，一直延续至今。

20世纪90年代的上冶镇驻地一角

组织沿革

抗日战争时期，中国共产党在上冶开始建立组织机构。在费北县委的领导下，上冶分区委组织、带领人民群众进行艰苦卓绝的抗日武装斗争，成为鲁南最早赶走日本侵略者的区乡之一。1945 年，全区有党员 31 人。

解放战争时期，上冶区委在恢复生产、土地改革、参军支前、对敌斗争、支援新区等工作中，均走在全县前列。1949 年，全区有党员 124 人。

中华人民共和国建立初期，上冶区委认真贯彻党的过渡时期的总路线，对农业、手工业和工商业进行社会主义改造和建设。1962 年贯彻“调整、巩固、充实、提高”八字方针，上冶区委整顿机关和农村基层组织，精简部分干部，轮训党员 300 名。

“文化大革命”运动开始后，全区党组织陷入瘫痪，党员停止组织生活。1970 年底，上冶各级党组织逐渐恢复。1976 年 10 月—1980 年 11 月，县委对上冶公社领导班子进行调整。公社党委对各村党支部进行整顿，对历次运动中的冤、假、错案进行平反昭雪、落实政策。1984 年上冶区党委按照干部革命化、年轻化、知识化、专业化的要求选拔一批年富力强的干部，平均年龄在 35 周岁，高中以上文化程度占 50%。到 1986 年底，党员人数 1516 名，党支部 45 个。

1986 年以来，上冶镇召开党的代表大会 10 次，党委书记先后有：周金云、颜景芳、张庆选、朱玉良、郑连胜、刘西江、许永江、王全平、许庆秋、于国宏。镇党委坚持“围绕发展抓党建、抓好党建促发展”，大力推进党的建设，以争创“五个好”基层党组织为目标，深入开展“三级联创”活动，丰富组织建设内涵，进一步加强农村班子和党员队伍建设，使党组织的凝聚力和战斗力得到显著增强。全镇呈现出政治稳定、社会和谐、经济发展、事业进步、人心思上的大好局面。上冶镇委先后荣获“临沂市‘五个好’乡镇党委”“临沂市先进基层党组织”等荣誉称号。

至 2017 年，上冶镇党委下辖 1 个企业党委，50 个党支部，1976 名党员（女党员 216 人）。其中镇直支部 16 个，农村支部 34 个；镇直党员 423 人，农村党员 1553 人。党员本科学历者 98 人，专科学历者 256 人。

中国共产党费北县上冶分区委员会

（1941 年 2 月—1945 年 8 月）

该分区委曾一度称一四分区委

书　记：杨　群（1942 年夏离职）

　　　　王　云（1942 年 8 月任职）

副书记：杨　诚（1945 年 4 月任职）

费北县上冶分区委

（1945 年 8 月—1946 年 1 月）

1946 年 1 月，该区划归为新成立的蒙山县

书　记：王　云

蒙山县上冶分区委五区委

（1946 年 1 月—1949 年 9 月）

书　记：王　云（1948 年 12 月离职）

　　　　张正一（1948 年 8 月—1949 年 2 月）

　　　　杨万彬（1949 年 6 月任职）

副书记：华传文（1948 年 11 月—1949 年 7 月）

蒙山县上冶分区委五区委

（1949 年 10 月—1952 年 3 月）

书　记：杨万彬（1950 年 8 月离职）

　　　　杨守家（1951 年 8 月任职）

副书记：崔友义（1950 年 6 月—1951 年 9 月）

费县十一区委

（1952 年 3 月—1955 年 9 月）

书　记：杨守家（1952 年 9 月任职）

副书记：贾中户（1952 年 9 月任职）

崔自勤（1953 年 3 月—1954 年 2 月）

刘淑仁（1953 年 10 月任职）

蒋安仁（1953 年 4 月离职）

汪时礼（1955 年 4 月任职）

费县上冶区委

（1955 年 9 月—1958 年 3 月）

书　记：杨守家（1955 年 2 月离职）

卢廷吉（1956 年 4 月—9 月）

孙明德（兼，1956 年 12 月离职）

副书记：刘树仁

上冶乡委

（1958 年 3 月—1959 年 4 月）

第一书记：胡建隆（1958 年 9 月—12 月）

第二书记：赵志高（1958 年 9 月任职）

副 书 记：刘树仁

于　池

吴士全（1958 年 8 月任职）

张玉启（1958 年 11 月—1959 年 2 月）

上冶人民公社委员会

（1959 年 4 月—1963 年 4 月）

第一书记：胡建隆（1960 年 2 月离职）

赵志高（1960 年 3 月—1961 年 1 月）

王克彬（1961 年 9 月任职）
书　　记：王宗鲁（1961 年 9 月任职）
副 书 记：吴士全
宁福增（1959 年 12 月任职）
于兴海（1959 年 12 月任职）
杨维新（1959 年 12 月任职）

上冶区委

（1963 年 4 月—1966 年 5 月）

书　记：王克彬
副书记：王宗鲁
丰玉宗
纪祥义（1965 年 3 月任职）
刘德修（1965 年 10 月任职）
陈开方（1966 年 4 月任职）

上冶区委

（1966 年 5 月—1971 年 6 月）

书　记：王克彬
副书记：王宗鲁
丰玉宗
纪祥义
刘德修
陈开方

上冶公社革命委员会的核心领导小组

（1970 年 1 月—1971 年 6 月）

组　长：王克彬
副组长：刘玉本

陈开方

上冶公社党委

（1971 年 6 月—1976 年 10 月）

书　记：王克彬（1976 年 2 月离职）

汉旭德（1976 年 2 月任职）

副书记：刘玉本（1976 年 2 月离职）

纪祥义

孙根源（1973 年 12 任职）

花连生（1976 年 8 月任职）

上冶公社党委

（1976 年 10 月—1984 年 6 月）

书　记：汉旭德（1977 年 6 月离职）

雷英杰（1977 年 9 月—1978 年 7 月）

张凤廷（1978 年 8 月任职）

副书记：纪祥义（1978 年 8 月离职）

孙根源（1977 年 6 月离职）

王景元（1976 年 11 月离职）

花连生（1980 年 12 月离职）

田玉堂（1980 年 2 月任职）

凌在琛（1980 年 12 月任职）

杨志军（1980 年 12 月任职）

邢守义（1980 年 12 月—1982 年 3 月）

张玉佩（1982 年 3 月任职）

上冶区委

（1984 年 6 月—1985 年 8 月）

书　记：张继文

副书记：张玉佩
　　　　周金云（1984 年 12 月任职）
　　　　甄宝玉
　　　　殷子立（1984 年 12 月离职）
　　　　路昌瑜（1984 年 9 月任职）

上冶镇委

（1985 年 9 月—1987 年 10 月）

书　记：张继文（1986 年 9 月离职）
　　　　周金云（1986 年 9 月任职）
副书记：路昌瑜
　　　　王如堂（1986 年 9 月任职）
　　　　张全仁（1987 年 2 月任职）

（1987 年 11 月—1990 年 5 月）

书　　记：颜景芳（1988 年 8 月—1990 年 5 月）
副 书 记：张全仁（1988 年 8 月离职）
　　　　　王如堂（1990 年 6 月离职）
　　　　　李殿军（挂职，1987 年 12 月—1989 年 7 月）
　　　　　朱玉良（1988 年 8 月任职）
　　　　　侯荣俊（1988 年 8 月—1990 年 5 月）
纪检委员：张洪训（1990 年 5 月离职）
组织委员：杨茂福（1989 年 8 月离职）
　　　　　李正泽（1989 年 8 月任职）

（1990 年 5 月—1993 年 3 月）

书　　记：张庆选（1990 年 5 月—1993 年 3 月）
副 书 记：朱玉良（1993 年 3 月离职）
　　　　　朱景成（1990 年 5 月—1992 年 6 月）

王如川（1990 年 5 月任职）
赵继富（1992 年 6 月—1993 年 3 月）
于宝金（1992 年 6 月任职）
组织委员：李正泽（1992 年 6 月离职）
赵西成（1992 年任职）
宣传委员：于宝金（1992 年 6 月离职）
尚　勇（1992 年 6 月）

（1993 年 3 月—1995 年 2 月）
书　　记：朱玉良（1993 年 3 月—1995 年 2 月）
副 书 记：郑连胜（1993 年 3 月—1995 年 2 月）
王如川（1993 年 4 月离职）
郭忠三（1993 年 3 月任职）
于宝金
张建林（1993 年 3 月任职）
组织委员：赵西成
宣传委员：尚　勇

（1995 年 2 月—1998 年 3 月）
书　　记：郑连胜（1995 年 2 月—1998 年 1 月）
副 书 记：郭忠三（1998 年 3 月离职）
吕月奎（1996 年 1 月任职）
贾俊友（1997 年 4 月—1998 年 3 月）
于宝金（1996 年 1 月离职）
张建林（1996 年 6 月为正乡级）
杨庆鹏
纪委书记：曹明远（1996 年 1 月—1998 年 9 月）
组织委员：赵西成（1996 年 1 月离职）
王跃华（1996 年 1 月任职）

宣 传 委 员：尚　勇（1996 年 1 月离职）
　　　　　　姚东海（挂职，1996 年 8 月任职）

（1998 年 3 月—1999 年 1 月）

书　　　记：刘西江（1998 年 3 月任职）
副　书　记：许永江（1998 年 3 月任职—2000 年 9 月离职，其中 2000 年 2 月—2000 年 9 月主持党委工作）
　　　　　　郭忠三（1993 年 3 月任职）
　　　　　　张建林
　　　　　　吕月奎（1998 年 8 月为正乡级）
　　　　　　李　军（1998 年 9 月任职）
　　　　　　王再育（1998 年 9 月任职）
纪 委 书 记：王跃华（1998 年 9 月任职）
组 织 委 员：王跃华（1998 年 9 月离职）
　　　　　　胡发强（1998 年 9 月任职）
宣 传 委 员：姚东海（1998 年 9 月离职）
　　　　　　毛彦玲（1998 年 9 月任职）
常务副镇长：姚宗德（1998 年 9 月任职）

（1999 年 1 月—2002 年 2 月）

书　记：刘西江（2000 年 2 月离职）
　　　　许永江（2000 年 9 月任职）
副书记：许永江（2000 年 8 月离职）
　　　　张建林
　　　　李　军（2002 年 2 月离职）
　　　　王再育 (2002 年 2 月离职)
　　　　张向东 (2002 年 2 月任职)
　　　　陈士文（兼纪委书记，2002 年 2 月任职）
委　员：王跃华（纪委书记，2002 年 2 月离职）

姚宗德（副镇长，2002 年 2 月离职）
胡发强（组织委员，2002 年 2 月离职
　　　副镇长，2002 年 2 月任职）
孙士界（政法委员、人武部长，2002 年 2 月离职）
曹庆举（宣传委员、统战委员，1999 年 1 月任职）
王庆华（组织委员，2002 年 2 月任职）

（2002 年 2 月—2006 年 12 月）

书　记：许永江（2006 年 12 月离职）
副书记：朱玉祥（2002 年 2 月—2016 年 12 月）
　　　　张建林（2006 年 12 月离职）
　　　　张向东（2005 年 1 月离职）
　　　　陈士文（2005 年 1 月离职）
　　　　唐　恺（2005 年 1 月任职）
　　　　李玉明（兼纪委书记，2005 年 1 月—2016 年 12 月）
　　　　卢宗俭（2005 年 1 月—2006 年 12 月）
委　员：胡发强（副镇长，2006 年 12 月离职）
　　　　王庆华（组织委员，2006 年 12 月离职）
　　　　曹庆举（宣传委员、统战委员，2006 年 12 月离职）
　　　　张美甜（政法委员、人武部长，2002 年 2 月任职）

（2006 年 12 月—2011 年 12 月）

书　记：王全平（2006 年 12 月—2007 年 9 月，2009 年 8 月—2011 年 12 月）
副书记：唐　恺（2009 年 8 月离职）
　　　　臧德厚（2006 年 12 月—2009 年 8 月）
　　　　许庆秋（2009 年 8 月—2011 年 12 月）
　　　　曹庆举（2009 年 10 月—2011 年 12 月）
委　员：曹庆举（纪委书记，2006 年 12 月—2009 年 10 月）
　　　　张美甜（政法委员、武装部长，2009 年 7 月离职）

胡发强（副镇长，2006 年 12 月离职）
王玉华（女，副镇长，2006 年 12 月—2007 年 10 月）
刘　剑（组织委员、宣传委员、统战委员，2006 年 12 月—2009 年 5 月）
赵玉杰（副镇长，2008 年 1 月—2011 年 12 月）
米玉芹（女，纪委书记，2009 年 10 月—2011 年 12 月）
姚传东（政法委员、武装部长、组织委员，2009 年 10 月任职）
黄　新（宣传委员、统战委员，2009 年 10 月—2011 年 12 月）

（2011 年 12 月—2016 年 12 月）
书　记：许庆秋（2011 年 12 月—2016 年 12 月）
副书记：臧德厚（2014 年 3 月离职）
郭　鹏（2011 年 12 月—2014 年 9 月）
赵　峰（2014 年 3 月—2016 年 12 月）
姚传东（2015 年 2 月—2016 年 12 月）
王启金（挂职，2014 年 11 月—2016 年 12 月）
委　员：刘跃付（政法委员、武装部长，2011 年 12 月—2015 年 2 月）
姚传东（纪委书记，2011 年 12 月—2015 年 2 月）
贾俊博（副镇长，2011 年 12 月—2015 年 2 月）
梁继军（组织委员，2011 年 12 月—2015 年 2 月；
纪委书记，2015 年 2 月—2016 年 12 月）
徐广静（女，宣传委员，2011 年 12 月—2015 年 2 月）；
柴士刚（统战委员，2011 年 12 月—2015 年 2 月
政法委员、武装部长，2015 年 2 月任职）
刘　军（组织委员，2015 年 2 月任职）
赵秀法（统战委员，2015 年 2 月任职）
李子充（宣传委员，2015 年 4 月任职）

（2016 年 12 月—　）
书　记：于国宏（2016 年 12 月任职）

副 书 记：杜元良（2016 年 12 月任职）
徐广静（女，2016 年 12 月任职）
王召义（挂职，2017 年 5 月任职）
委　　员：柴士刚（政法委员、武装部长，2016 年 12 月任职）
刘　军（女，纪委书记，2016 年 12 月任职）
王德峰（副镇长 2016 年 12 月任职）
赵秀法（统战委员）
李子充（组织委员，2016 年 12 月任职）
杨友春（女，宣传委员，2016 年 12 月任职）

1941 年 2 月，上冶建立区公所，当时称费北县一区，区域范围为原费县一区上冶乡和四区兴国乡一部分村庄，1942 年 8 月与费北县二区合并，改称为上冶区。1946 年上冶区划属蒙山县。1952 年 3 月蒙山县撤销，上冶划归费县，为费县十一区，1955 年，费县十一区改为上冶区。1958 年 3 月撤区建上冶乡。1958 年 9 月撤乡建上冶人民公社，1963 年 4 月改称上冶区，1968 年 10 月又改称为人民公社。1984 年改称上冶区，1985 年上冶撤区设镇。

费北县上冶区公所

（1941 年 2 月—1946 年 1 月）
区　　长：马鸿奎（1941 年 2 月—1942 年春）
唐嘉伦（1942 年 8 月—1944 年 8 月）
王儒珍（1944 年 8 月—1946 年 1 月）
副区长：张　震（1942 年 8 月—1945 年 4 月）
张惠成（1945 年 4 月—1946 年 1 月）

蒙山县上冶区公所

（1946 年 1 月—1949 年 9 月）
区　　长：王儒珍（1948 年 6 月离职）
张惠成（1948 年 6 月任职）

副区长：张惠成（1948 年 6 月离职）

上冶（五区）区公所

（1949 年 10 月—1952 年 3 月）

区　长：仲继贤（1951 年 8 月离职）

副区长：赵复九（1949 年 10 月任职）

　　　　黄培贤（1952 年 1 月任职）

费县十一区公所

（1952 年 3 月—1955 年 9 月）

区　长：黄培贤（1952 年 10 月—1953 年 6 月）

副区长：赵复九（1953 年 8 月离职）

　　　　庄瑞俊（1952 年 12 月任职）

　　　　张久法（1954 年 10 月任职）

上冶区公所

（1955 年 9 月—1958 年 3 月）

区　长：宁福增（1956 年 10 月任职）

副区长：林清山（1956 年 6 月任职）

　　　　庄瑞俊

　　　　张久法（1958 年 2 月离职）

上冶乡人民委员会

（1958 年 3 月—1959 年 4 月）

乡　长：宁福增

副乡长：孔庆全

　　　　谭善奎（1958 年 10 月任职）

　　　　彭允起（1958 年 10 月任职）

上冶人民公社

（1959 年 4 月—1963 年 4 月）

社　长：孙根源（1960 年 3 月—1962 年 9 月）

副社长：扈自明（1960 年 11 月任职）

　　　　朱昌法（1960 年 11 月任职）

上冶区公所

（1963 年 4 月—1966 年 5 月）

区　长：吴士全（1963 年 7 月离职）

　　　　孙根源（1963 年 7 月任职）

副区长：曹学法（1963 年 5 月任职）

上冶区上冶公社上冶区公所

（1966 年 5 月—1968 年 4 月）

区　长：孙根源

副区长：曹学法

上冶区（公社）革命委员会

（1968 年 4 月—1976 年 10 月）

主　任：刘德修（1970 年 1 月离职）

　　　　王克彬（1970 年 1 月—1976 年 2 月）

　　　　汉旭德（1976 年 4 月任职）

副主任：臧西安（1969 年 10 月离职）

　　　　李保善（1969 年 10 月离职）

　　　　许永杰（1968 年 11 月任职）

　　　　陈开方（1969 年 11 月—1973 年 4 月）

　　　　李连洪（1969 年 11 月—1975 年 9 月）

　　　　邢守义（1969 年 11 月—1975 年 9 月）

　　　　刘德修（1970 年 1 月—1973 年 4 月）

刘玉本（1970 年 1 月—1975 年 9 月）
郭士存（1975 年 9 月—1976 年 2 月）
孙根源（1976 年 5 月任职）
蓝仁举（1976 年 5 月任职）
姚贵举（1976 年 5 月任职）
于兴海（1976 年 5 月任职）

上冶公社革命委员会

（1976 年 10 月—1981 年 3 月）

主　任：汉旭德（1977 年 7 月离职）
孙根源（1977 年 7 月—1978 年 12 月）
田玉堂（1978 年 12 月任职）
副主任：孙根源（1977 年 7 月离职）
田玉堂（1978 年 12 月离职）
郭士存
蓝仁举
葛学礼
姚贵举（1978 年 12 月离职）
于兴海
高凤云（1980 年 3 月任职）

上冶公社管委会

（1981 年 3 月—1984 年 6 月）

主　任：田玉堂
副主任：郭士存
蓝仁举
葛学礼
高凤云

上冶区公所

（1984 年 6 月—1985 年 8 月）

区　长：张玉佩

副区长：蓝仁举

赵传彬

徐德友

路昌瑜

上冶镇人民政府

（1985 年 9 月—1987 年 10 月）

镇　长：王如堂

副镇长：侯荣俊

王兆祥

赵敬良（1987 年 2 月离职）

邢广忠（1985 年 7 月任职）

赵继富（1987 年 4 月任职）

（1987 年 11 月—1998 年 12 月）

镇　长：王如堂（1990 年 6 月离职）

朱玉良（1990 年 6 月—1993 年 3 月）

郑连胜（1993 年 3 月—1995 年 4 月）

郭忠三（1995 年 4 月—1998 年 10 月）

许永江（1998 年 3 月任职）

副镇长：侯荣俊（1985 年 9 月—1988 年 8 月）

王兆祥（1989 年 3 月离职）

邢广忠（1989 年 4 月离职）

赵继富（1992 年 1 月离职）

李永玲（1989 年 4 月—1992 年 6 月）

杨茂福（1989 年 4 月—1992 年 6 月）

陈　海（挂职，1990 年 11 月—1991 年 11 月）
张洪训（1992 年 6 月—1993 年 4 月）
张玉海（1992 年 6 月—1993 年 3 月）
杨庆鹏（1992 年 6 月—1993 年 4 月）
武登亮（1992 年 6 月—1993 年 4 月）
张建林（1992 年 6 月—1993 年 4 月）
高利广（1993 年 3 月—1997 年 4 月）
孙　涛（1993 年 3 月—1996 年 1 月）
曹明远（1993 年 3 月—1996 年 1 月）
陈美英（女，1993 年 3 月—1998 年 10 月）
陈金才（1993 年 4 月—1996 年 1 月）
李　毅（挂职，1994 年 3 月—1995 年 9 月）
郑宏伟（挂职，1995 年 10 月—1997 年 4 月）
尚　伟（挂职，1995 年 10 月—1997 年 4 月）
李　军（1996 年 1 月—1998 年 9 月）
胡长忠（1996 年 1 月—1998 年 8 月）
马云才（1996 年 6 月任职）
姚宗德（1998 年 9 月任职）

（1999 年 1 月—2002 年 2 月）
镇　　长：许永江（2000 年 9 月离职）
李　军（2000 年 9 月—2002 年 2 月）
副 镇 长：姚宗德（2002 年 2 月离职）
陈美英（2001 年 10 月离职）
胡长忠（2002 年 2 月离职）
陈士文（2002 年 2 月离职）
正乡级干部：张文秀（2001 年 10 月任职）
王兆福（2001 年 10 月任职）
副乡级干部：王正民（2001 年 10 月任职）

彭云增（2001 年 10 月任职）
张玉海（2001 年 10 月任职）
陈美英（2001 年 10 月任职）

（2002 年 2 月—2008 年 1 月）

镇　　长：朱玉祥 (2002 年 2 月—2006 年 12 月)
　　　　　唐　恺（2006 年 12 月任职）
副 镇 长：胡发强（2002 年 2 月—2006 年 12 月）
　　　　　王成文（2002 年 2 月—2005 年 1 月）
　　　　　全　水（2002 年 2 月—2008 年 1 月）
　　　　　米玉芹（女，2002 年 2 月任职）
　　　　　姚传东（2005 年 1 月任职）
　　　　　王玉华（女，2006 年 12 月—2007 年 10 月）
　　　　　金常民（2006 年 12 月—2008 年 1 月）
副乡级干部：邢继孝（2004 年 12 月任职）
　　　　　刘善奎（2002 年 2 月任职）

（2008 年 1 月—2011 年 12 月）

镇　长：唐　恺（2009 年 8 月离职）
　　　　许庆秋（2009 年 8 月—2011 年 12 月）
副镇长：赵玉杰（2008 年 1 月—2011 年 12 月）
　　　　米玉芹（女，2009 年 10 月离职）
　　　　姚传东（2009 年 10 月离职）
　　　　孙士栋（2008 年 1 月—2011 年 12 月）
　　　　徐　唯（2009 年 10 月—2011 年 12 月）
　　　　张丽媛（女，2009 年 10 月—2011 年 12 月）
经济发展办公室副主任：杨　宇（2011 年 8 月—2015 年 2 月）
副乡级干部：全　水（2008 年 1 月任职）

（2011 年 12 月—2016 年 12 月）

镇　　长：臧德厚（2009 年 8 月—2014 年 3 月）

　　　　　赵　峰（2014 年 3 月—2016 年 12 月）

副 镇 长：贾俊博（2011 年 12 月—2015 年 2 月）

　　　　　李祥春（女，2011 年 12 月—2015 年 2 月）

　　　　　徐广静（女，2015 年 2 月任职）

　　　　　孙宗庆（2015 年 2 月任职）

主任科员：李祥春（2015 年 2 月任职）

经济发展办公室副主任：姜召玉（2015 年 4 月任职）

社会事务办公室副主任：刘道光（2015 年 4 月任职）

（2016 年 12 月—）

镇　　长：杜元良（2016 年 12 月任职）

副 镇 长：王德峰（2016 年 12 月任职）

　　　　　孙宗庆（2016 年 12 月任职）

　　　　　巩加国（2016 年 12 月任职）

　　　　　周加龙（2016 年 12 月任职）

主任科员：李祥春（女）

　　　　　高永春（女，2017 年 7 月任职）

经济发展办公室副主任：梁继军（2016 年 12 月任职）

自 1987 年以来，上冶镇先后召开了第九至第十七届人民代表大会。

人大工作办公室

主　任：赵继富（1994 年 4 月—1996 年 1 月）

副主任：王兆祥（1989 年 3 月—1992 年 6 月）

　　　　李正泽（1992 年 6 月—1993 年 3 月）

　　　　王兆福（1993 年 3 月—1996 年 1 月）

　　　　张玉海（1993 年 3 月—1996 年 1 月）

人民代表大会

主　席：王立江（1996 年 1 月—2002 年 2 月）
　　　　李中奎（2002 年 2 月—2006 年 12 月）
　　　　王全平（2006 年 12 月—2007 年 9 月）
　　　　陈广侠（2011 年 12 月—2015 年 1 月）
　　　　杜元良（2015 年 1 月—2016 年 12 月）
　　　　黄　新（2016 年 12 月任职）
副主席：王兆富（1996 年 1 月—2006 年 12 月）
　　　　张玉海（1996 年 1 月—2006 年 12 月）
　　　　王成文（2005 年 1 月—2008 年 1 月）
　　　　金常民（2008 年 1 月—2010 年 12 月）
　　　　姜召玉（2016 年 12 月任职）

上冶镇政协工作办公室（于 2002 年 3 月撤销，并设立政协联络员，2012 年 9 月，设立政协工作办公室）

主　任：高峰云（1993 年 3 月—1996 年 1 月）
　　　　张文秀（1996 年 1 月—2001 年 10 月）
　　　　郭　鹏（2012 年 9 月—2014 年 8 月）
　　　　杜元良（2016 年 12 月任职）
副主任：高峰云（1990 年 5 月—1993 年 3 月）
　　　　任吉理（1993 年 3 月—1998 年 9 月）
　　　　朱早善（1993 年 3 月—1993 年 12 月）
　　　　王正民（1996 年 1 月—2001 年 10 月）
　　　　刘成家（1996 年 1 月—1998 年 9 月）
　　　　彭云增（1996 年 1 月—2001 年 10 月）

上冶镇志

SHANGYEZHENZHI

风雅艺文

FENGYAYIWEN

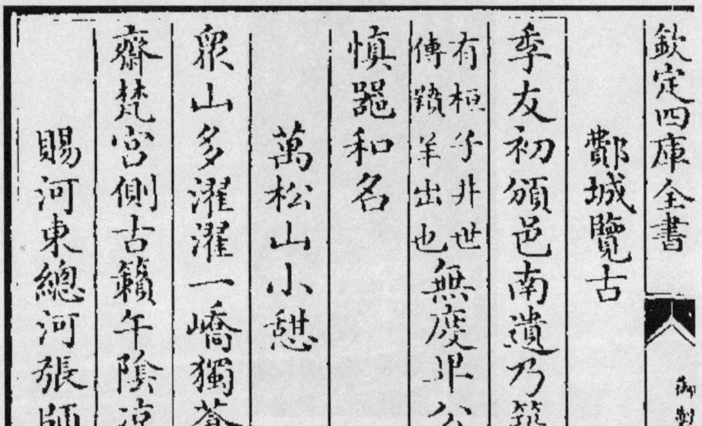
欽定四庫全書　御製詩二集　卷六十七　十五

鄴城覽古

季友初頒邑南遺乃築城庶幾僕文出不改井桓成城中有桓子井世傳羵羊出也無度畢公室有權擅上卿名言思史墨宜慎器和名

萬松山小憩

衆山多濯濯一嶠獨蒼蒼想有靈祇護如看圖畫張清齋梵宮側古籟午陰涼小憩登程去拈毫興已償

賜河東總河張師載

钦定四库全书乾隆《御制诗集二集卷六十七》所载〈鄴城览古〉

古鄫诗存

（见“鄫国文化”编）

题玉泉

周京

徒倚不能去，移樽到水傍。
看云行曳杖，选石坐流觞。
天际没归鸟，林梢挂夕阳。
会心宁在远，此际即沧浪。

注：周京，明沂州人，明嘉靖年间曾任费县县丞。万历十八年，就读于玉泉观北临之玉泉书院，官至礼部主事。

题玉泉观

王焲

环岭叠苍翠，乍疑无路通。
行来一铃语，不断万松风。
道院双扉阖，仙坛丹灶空。
涧阿容结屋，肯更到尘中。

注：王焲，高密人，官聊城教谕。工诗文、善书法。

题玉泉

王焲

远岸沙含润，幽岩石抱灵。
影唯宜鹤照，声直作琴听。
临处晓凭槛，汲来秋满瓶。
一瓯能解暍，会遣漫郎铭。

游古费城北岭寺

王熥

岭无依傍势孤尊，带水屏山开寺门。
晴潦白侵空碛界，春畴绿到远峰根。
层层栝柏依岩屋，历历鸡豚对岸村。
却下西坡归路晚，回头殿角夕阳痕。

羵羊井

王熥

甃石全瞶土半堙，遗碑缶怪记来真。
为羊为狗何关系，谁问他年大野麟。

浚玉泉井重建枕流歌

任毓秀

玉泉之水如碧玉，山灵韫在山之麓。
有时碾碎作珠玑，迸落寒潭百千斛。
尚忆我生十岁时，混混汩汩清满池。
三十年来尽堙淤，沮洳浊秽无沦漪。
海岱诸泉皆济运，岁檄官吏来疏浚。
畚锸未具告工蒇，虚费帑银谁复问。
临泉翼然旧有亭，最宜煮茗听泉声。
废圮唯听父老说，残砖破瓦埋榛荆。
泉西泉北尽荒草，断碣模糊久倾倒。
两岸石甃攲复斜，苍苔满径无人扫。
别有石刻纪往事，剥落尚余野王字。
野王当年早登科，偃骞仕途不得意。
翻然拂衣辞帝乡，归卧林泉作酒狂。
北来特访旧相识，遂谋作亭玉泉侧。

浚玉泉并重建枕流歌碑刻

万历庚戌亭始成，日卧亭中醉不醒。
白眼箕踞看明月，归寓往往夜三更。
我生好事兼好古，泉淤亭坏哪忍睹。
河滨觅得勇泅人，深入泉底淘沙土。
爬剔汰漉一旬后，喷云漱雪还依旧。
并筑新亭泉之阴，遗址可仍非创构。
缭以短垣周四围，植树植竹粗皆就。
溪回净绿绕门阑，山送遥青扑襟袖。
落成之日辛卯秋，颜以旧名题枕流。
泉声灇灇满清听，泉光湛湛凝寒眸。
顿教此地开生面，提壶挈榼供游宴。
兴废反覆皆偶然，独恨古人不我见。
客为泉亭晨夕来，清风入座吟开怀。
亭上高歌答泉响，各须痛饮三百杯。
野王当年若在此，其乐何必不如是。
我欲召君呼不闻，聊酹清樽荐芳芷。
告以泉亭今又新，莫感陈迹苦伤神。
从兹以往百年后，重为君修还有人。
使亭常新泉不息，庶与天地无终极。

游玉泉记

孟润堂

费北蒙南，泉以玉名，方折而玉出耶？抑穆天子检玉之所浚耶？而即以之名观，或因之建亭，游者每侈言之。

余客此咫尺间，踪迹颇疏。非忘也，沧桑递变，而后观颓然，亭杳然，泉则正流已塞，旁溢者仅如罅（xià）漏，不足观已。且尔时旱魃为虐，念切如焚，则又有所不暇及者。或曰浚泉以通天地之气，则雨，既而果雨，且足甚，始疑心之。主人吴子曰：“是不可以不游，且水甘宜茶，而吾辈太平之休征，即以此为觞具也可。”

泉距蒙十里许，横溃岭腰，偪（bī）近河干。其北，则观门外，虬松数十株，参天蔽日，由松道南行不数武，砌石为池，池崖半，洞深黑不可测。前此者，不绝如线，今则汹汹涌涌作喷薄状。入池腹，荡漾徘徊，作停蓄状。蓄极而能通，自浚道以达于河，而又浪叠波层，风旋电掣，作快得所归状。尔时，日丽初晴，天光水影，昭融闪烁。低看水底，沙石映绿，藻点碧苔，色泽重重，璀璨夺目，将所谓玉者是耶？非耶？而四远之云气、山岚，牵惹飞动，可合作摩诘画图一幅，为低徊者久之。

童子以茶熟告，还憩松阴，吴子举杯酬余，且合乡人之偶集者而遍酬之，因之话桑麻，谈阴晴故事，娓娓不倦。迨归欤！归欤，则夕阳倒映矣！游之事于是乎竣。

夫自鸿荒剖判以来，如此泉，如此游者，不知凡几？不游有故，游亦有故，或众或独，付以固然。鼓之舞之，唯其所便，此余之所以为余也。时维盛夏，游目可以消暑，退而述之，则亦第如其物如其情焉而止，至于扬风扢（xì）雅，还以俟诸能者。林涧有知，其尚谅余之陋也夫！是为记。

玉泉枕流亭记

周京

东蒙之阳，饶佳山水，其冈峦回伏，林壑萦纡，在关之前，则烂柯庵最胜。由烂柯折而南十里许，琳宫梵刹，相错其间，而玉泉观最胜。

观在上冶镇迤东数百武，泉流涓涓，迸出岩岫下，渟（tīng）泓曲折，汇而并川。游鳞浮藻，鲜澄可人。

庚戌间，余避嚣入山，假寓寿圣院之僧舍，相去既近，时偕二三同志，徜徉于玉泉之侧，或竟日迟留，或月出忘返，醉则枕石，醒则吟松，白眼箕踞而视。途之人负者休，乘者下，莫不临流就荫，欲去低徊。少焉，阳景西挂，云归鸟还，但闻水声潺潺，而樵歌牧唱，已赓和前村矣。顾其地阒（qù）寂，鲜冠盖之游。其流下注，无灌溉之利，故文人骚客，亦未有过而传之者。余谓梓泽、兰亭，洵多胜事，而箕山有洗耳之河，颍谷有弃蔬之水，亦足映彻千秋，非必鸣玉花间，考钟石上，始为林壑吐气也。

泉之侧宜亭，余乃与同志五瑞曹公廷琪等谋，因地凿石而亭之，引诸泉环注其下。人谋既协，群力斯集，不逾时而亭告落矣。制从坚固，饰陋丹垩，可以待风雨，可以供偃息，暇时一憩止焉。若山增其翠，泉益其碧，长松茂桧，远水遥峰，俱奔赴于杖屦之间，以助其吟眺，而盈盈一泓，遂为东蒙胜概已。

嗟夫，自有宇宙，即有此泉，乃志乘不载，讽咏无述，慁（hùn）辱于田夫，牧竖者，几千百年。兹幸吾辈扬扢风雅，陶写丝竹，自谓与斯泉有夙昔之缘，而又皆寂寞枯槁，嗒然世外之士，岂山水之遇合亦有定数？不但有情者为然耶！必若柳子之自愚，至取溪谷而并愚之，则余负此泉，此泉不负余矣。

今颜其亭曰："枕流"，标其致也，亦以志吾志也。

时万历庚戌孟冬九月记。

重修枕流亭记

王焨

蒙山之麓，亵延数百里，而费邑于其阳，磅礴漭瀁（yǎng）之气，布濩（huò）坌涌；冈阜突怒，溪谷幽折，往往可观。然考其图志，则著名者盖鲜。岂不以地处僻阻，舟车不通，宾旅罕至，而生长其间者，又皆习勤俭，安朴陋，无以夸张而传播之，故多掩抑不彰耶？

岁壬午，余游费之北鄙，馆任生毓秀家。舍后半里许，有玉泉观，背负蒙山，层岭左拥，长溪右带，迤南，则磐陀垂颐，槛泉正出，渟（tīng）涵莹沏。水中圆石的砾如琅琼，五色璀璨，流注西溪，泠泠作环佩撞摐（chuāng）声，观之得名实以此。味尤甘冽，每日将晡，偕童冠，携垆铛，藉草而坐，瀹茗而啜。颇谓宜置小亭，以便憩息。任生曰："亭固有之，名枕流，废不举者久矣。"

嗟夫，物固有遇有不遇如此哉！使移此泉于通都名岳，为一二闻人所赏识，且将登郦氏之注，入陆子之品；而好事者，更相附和，争为闳堂榭、拓垣塘、疏池沼、蓄竹树，踵而增华，岂有极乎？今独蔽翳于榛蔓之墟，狎玩于耕牧之侣，乃至区区一亭，圮数十年而莫为之理，何不幸如之！虽然，内有其至足者，原无待于外也，显晦丰啬之遭，胥淡泊其无欤？曾何能为之轻重哉！

浚玉泉井重建枕流歌

越八年，任生以亭复其旧告，且征言焉，因书昔所感者，以为之记。

重修采莲桥碑记

吴连城（清代上冶人）

水湖村之东，相距半余里，盖有采莲桥云。夫桥名“采莲桥”者何？此地当东西之要冲，沟渠萦回，菡萏四映，第值秋夏之交，夕阳斜照，绿柳垂阴，游人士女，歌吟溪畔，则桥之“采莲”也亦宜。

忆自创修之始，迄今已数百余年矣。夏淋秋涝，石梁渐以倾圮。往来行人，岂能免“望洋之叹”乎！村中父老，敛资修葺。桥之东西，复填石而使之平。自兹以往，瞻葛履之来，庶几霜留人迹；望檀车之逝，依然虹卧夕阳。因援笔而为之记。

《文献存征》序

李恕

《文献存征》者，存之以征吾邑之文献也。盖自上古列国，莫不各有史官掌记时事。故孔子因鲁史作《春秋》，杞、宋无征，宣父不能言之。文献所系，顾不重哉！

费属古邑，载诸《左》《国》，炳若日星。汉魏而后阙焉弗备，遂使数千载之典章文物泯没无传。尚论之际，可胜浩叹。

明嘉靖间，王子圭峰始修《费志》二卷。万历初，杨公果以学博施伯祚、邑人王子慎、魏子其楫、刘子承芳，本《王志》益以时事，作《费县志》八卷。逮明季毁于兵燹，片文只字无有存者。月培汪先生以六朝未坠之硕果，九十余龄之遗耇，伤文献之无征，悼老成之将尽，于是搜括夙闻，作《县志补》四卷，穆庙以前，率本《王志》，隆、万而后，皆属记忆。改革之际，不至澌灭无遗者，皆汪先生力也。康熙己巳间，黄公学勤用王简修新志八卷，然以适值升迁，利在速成，考核之际，不无谬误。又于旧志所载，十删其九。

夫费当凋弊之后，一二遗事，仅落落如晨天之星，若一概从删，则考古者何所稽疑？而尚论者何所折衷哉！恕也忧之矣。于是讨论坟典，搜罗载籍，上自陶唐，下讫今，兹举凡山川之梗概，政令之得失，职官之臧否，人物之淑忒，习俗之淳浇，礼乐之兴革，与夫金石记载之文，陶情写怀之什，凡人之过目即掷者，莫不详门别部，类聚群分。首之以编年，振其纲也；次之以志传，详其目也。疑者析之，误者正之，缺者补之，复者删之，谬者、错者辨之、序之。

集既成，总若干卷，率百余万言，题曰《文献存征》。非敢云书也，亦聊欲存之以征吾邑之文献云尔。书成，邑人高昞与恕为文字交，为作跋。又作《列儒传》《异人传》《英雄传》《义丐传》《义仆传》各十卷。

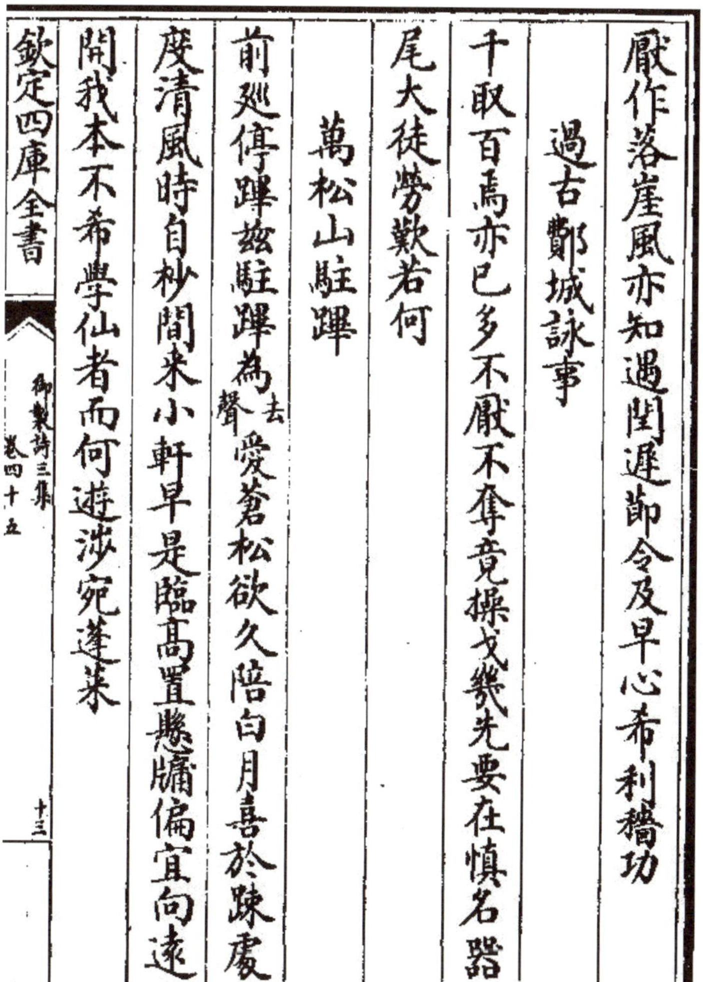
厭作落崖風亦知過閏遲節令及早心希利穡功
過古鄚城詠事
千取百焉亦已多不厭不奪竟操戈幾先要在慎名器
尾大徒勞歎若何
萬松山駐蹕
前廵停蹕兹駐蹕為去聲愛蒼松欲久陪白月喜於踈處
度清風時自杪閒来小軒早是臨高置憑牖偏宜向遠
閒我本不希學仙者而何遊涉宛蓬萊
欽定四庫全書　御製詩三集　卷四十五　十三

钦定四库全书乾隆《御制诗集三集卷四十五》所载〈过古鄚城咏事〉

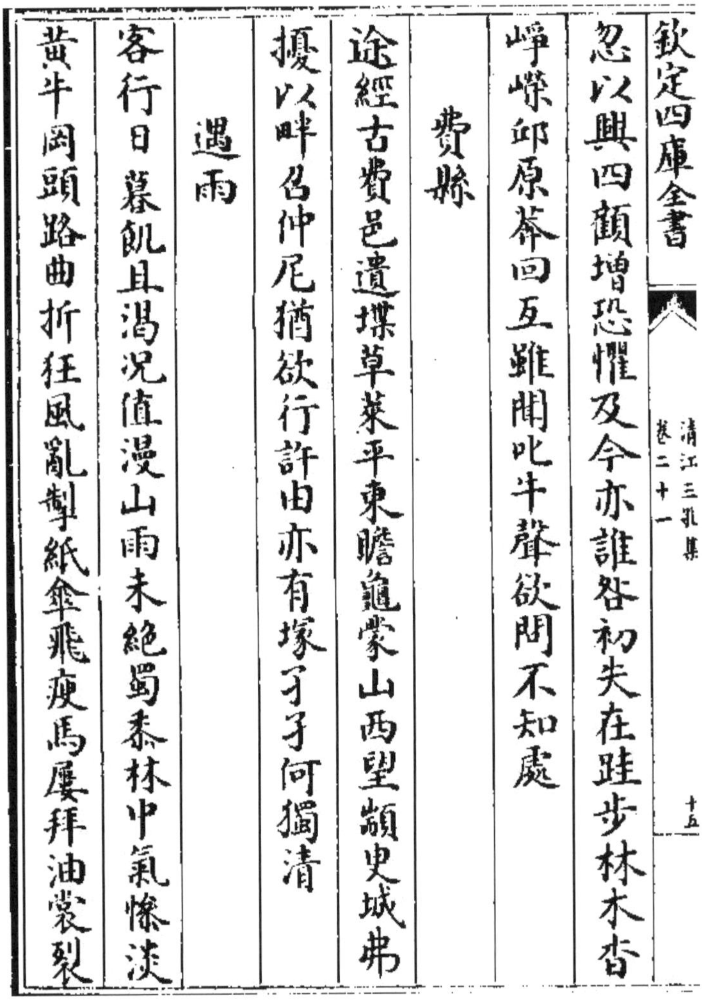

欽定四庫全書　清江三孔集　卷二十一　十五

忽以興四顧增恐懼及今亦誰咎初失在跬步林木杳
崢嶸邱原莽回互雖聞叱牛聲欲問不知處

費縣

途經古費邑遺堞草萊平東瞻龜蒙山西望顓臾城弗
擾以畔召仲尼猶欲行許由亦有塚孑孑何獨清

遇雨

客行日暮飢且渴況值漫山雨未絶蜀黍林中氣慘淡
黄牛岡頭路曲折狂風亂掣紙傘飛瘦馬屢拜油裳裂

钦定四库全书《清江三孔集》宋代诗人孔平仲所作《费县》诗

上冶镇志

SHANGYEZHENZHI

丹青翰墨

DANQINGHANMO

季桓子井石刻

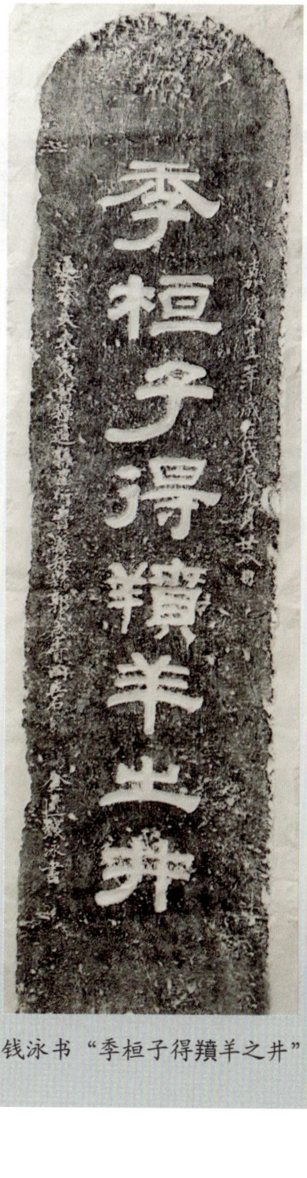

清代无锡书法家钱泳书“季桓子得羵羊之井”碑拓片

清代莱州著名诗人翟云升书枕流亭墨迹

明朝东阿于文定公（于慎行）书写“枕流”

费县知县出示护玉泉观刻石

东岭任毓秀篆书“饮之寿长”

大青太村石刻（奖吴宗路之妻孙氏）

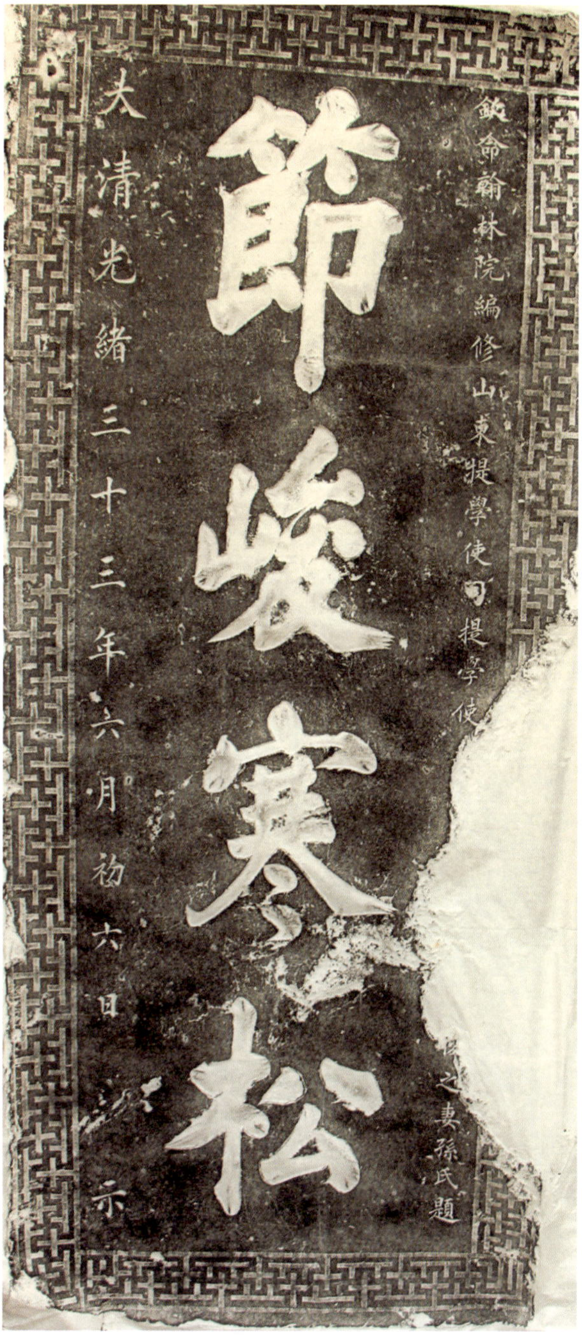

翰林院编修山东提学使赵正印为吴孙氏题贞节碑

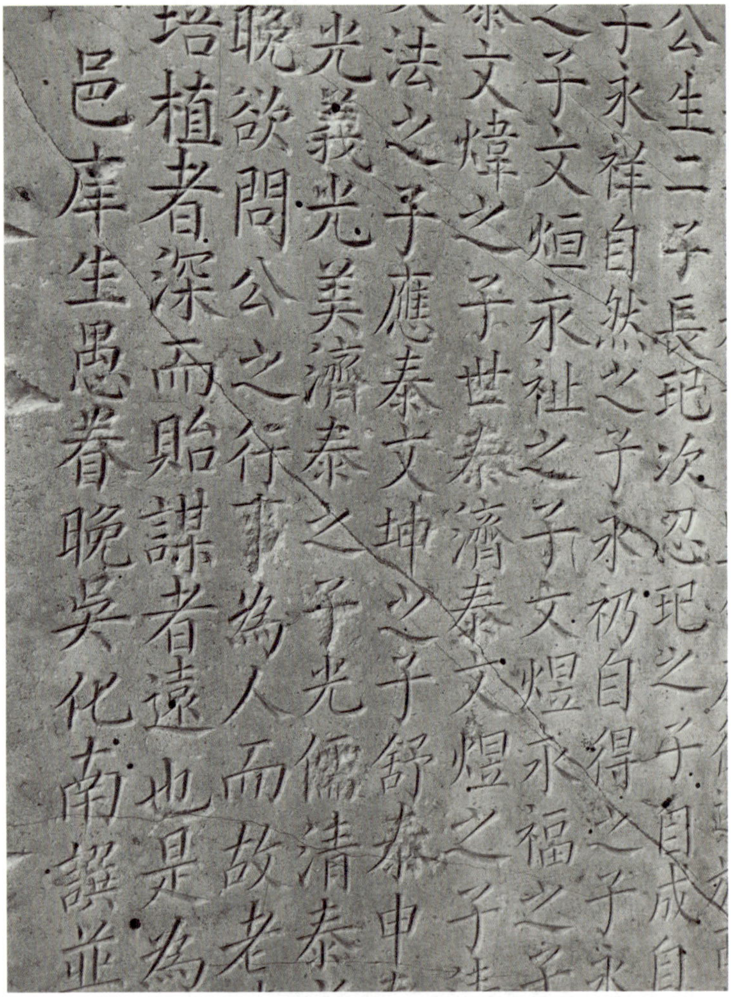

西毕城村吴化南书法石刻

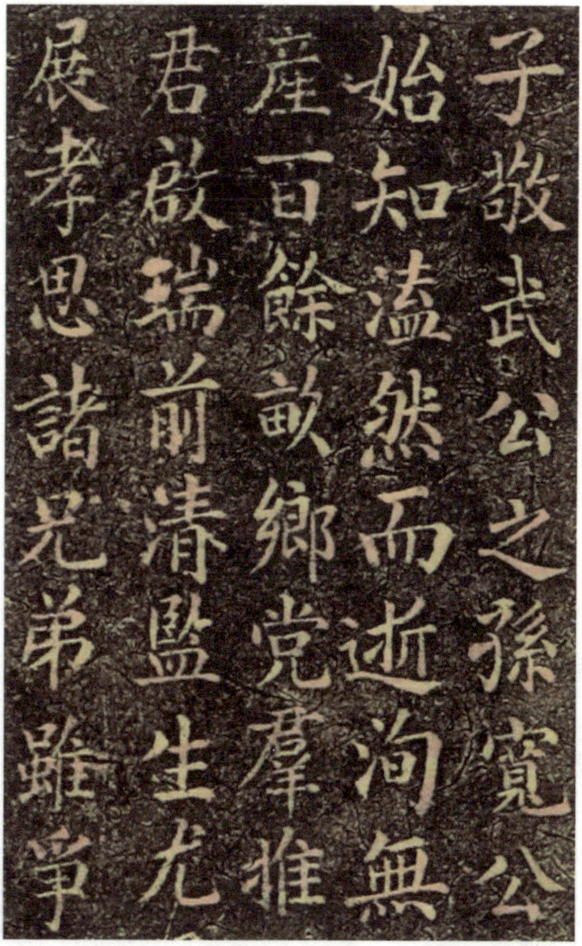

清代上冶秀才兴国庄朱景颐书法

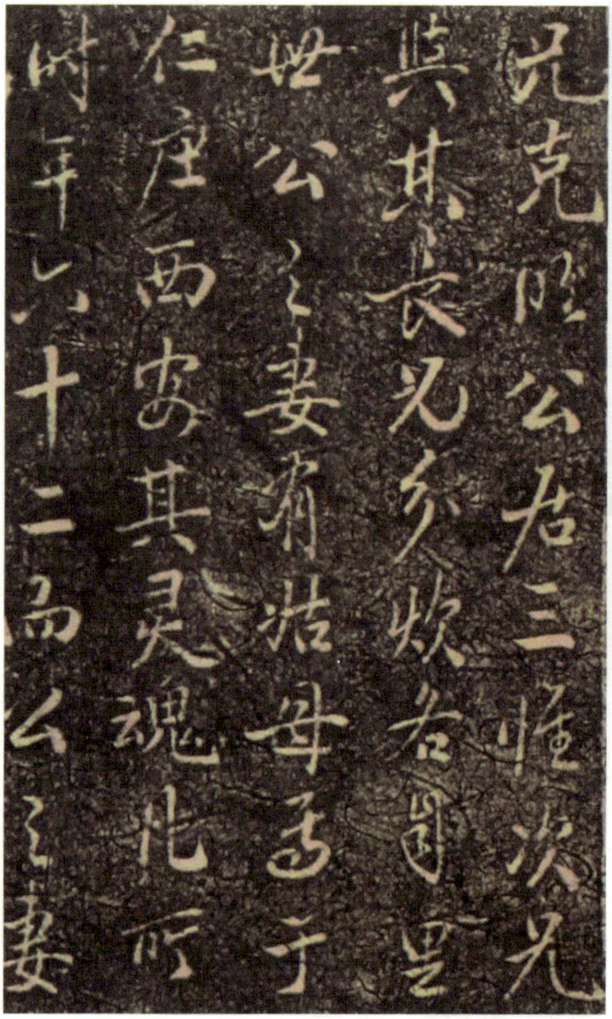

清代上冶秀才兴国庄朱锡恩书法

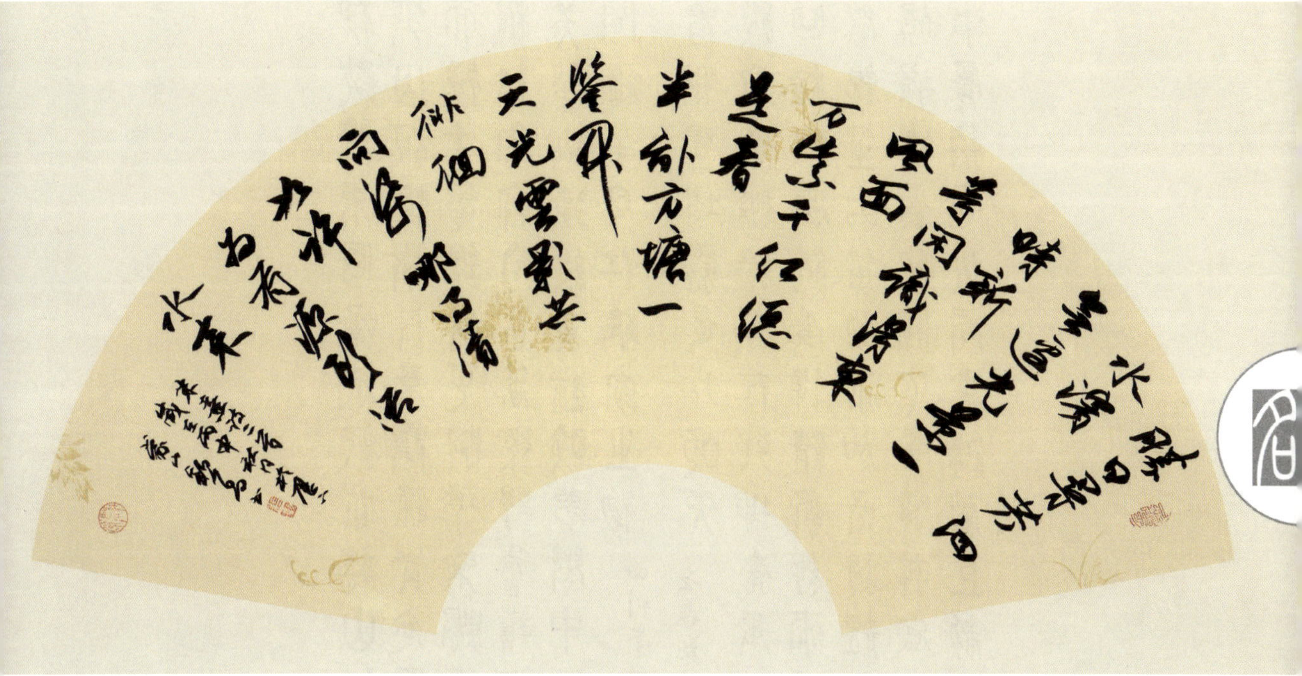

翟家村张颖昌书法作品

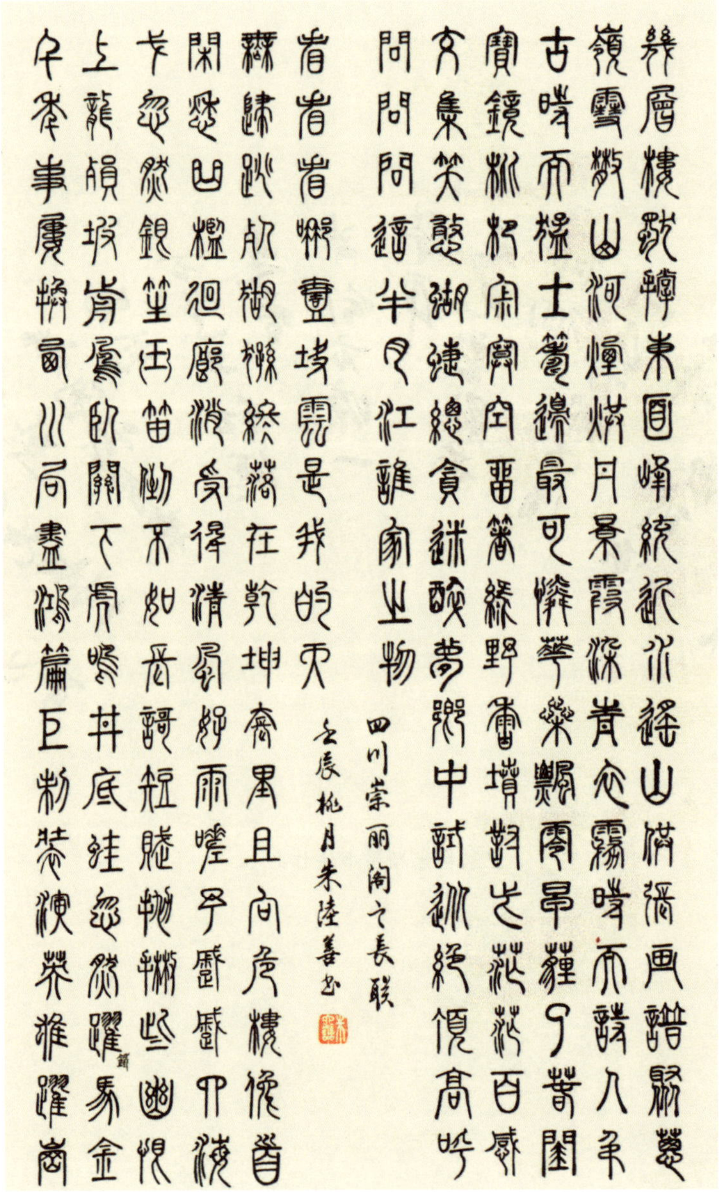

兴国庄朱六善篆书

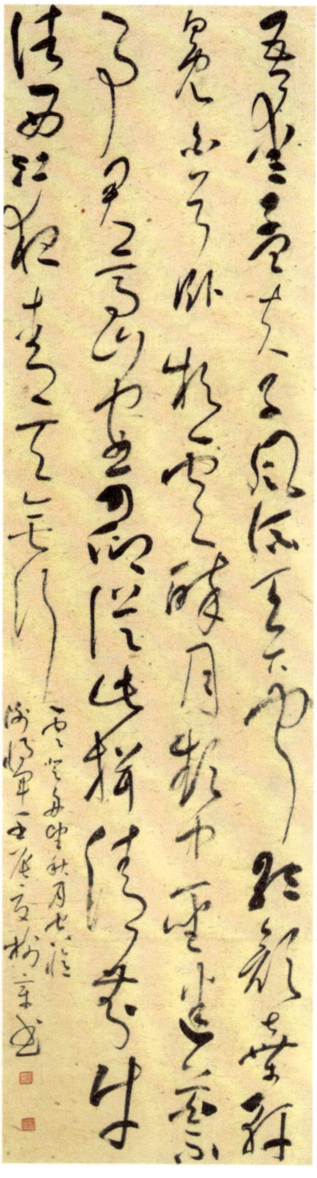

兴国庄闫树章书法

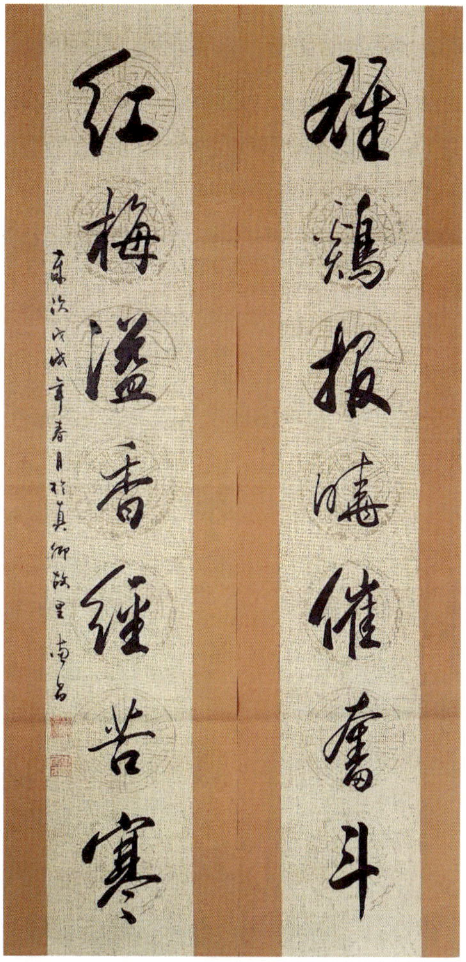

仲口村李德昌书法

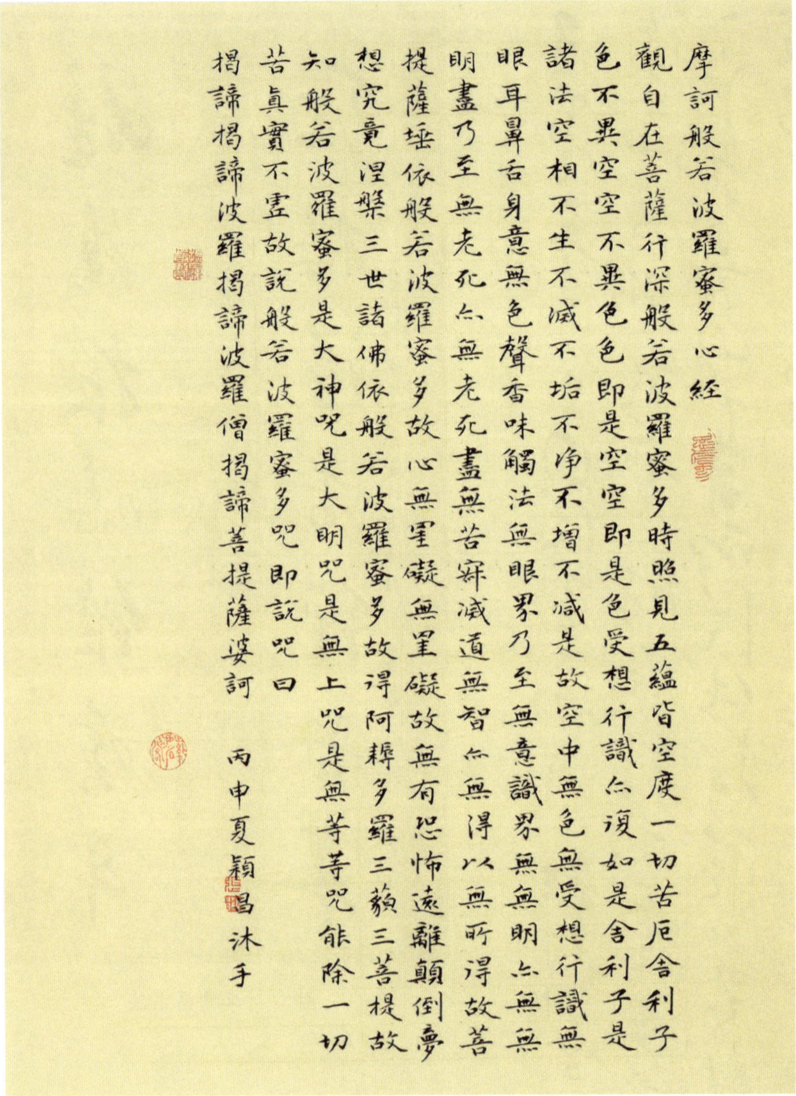
摩訶般若波羅蜜多心經
觀自在菩薩行深般若波羅蜜多時照見五蘊皆空度一切苦厄舍利子
色不異空空不異色色即是空空即是色受想行識亦復如是舍利子是
諸法空相不生不滅不垢不淨不增不減是故空中無色無受想行識無
眼耳鼻舌身意無色聲香味觸法無眼界乃至無意識界無無明亦無無
明盡乃至無老死亦無老死盡無苦集滅道無智亦無得以無所得故菩
提薩埵依般若波羅蜜多故心無罣礙無罣礙故無有恐怖遠離顛倒夢
想究竟涅槃三世諸佛依般若波羅蜜多故得阿耨多羅三藐三菩提故
知般若波羅蜜多是大神咒是大明咒是無上咒是無等等咒能除一切
苦真實不虛故說般若波羅蜜多咒即說咒曰
揭諦揭諦波羅揭諦波羅僧揭諦菩提薩婆訶
丙申夏穎昌沐手

翟家村张颖昌小楷

兴国庄张传森国画

刘官庄杨庆同山水画

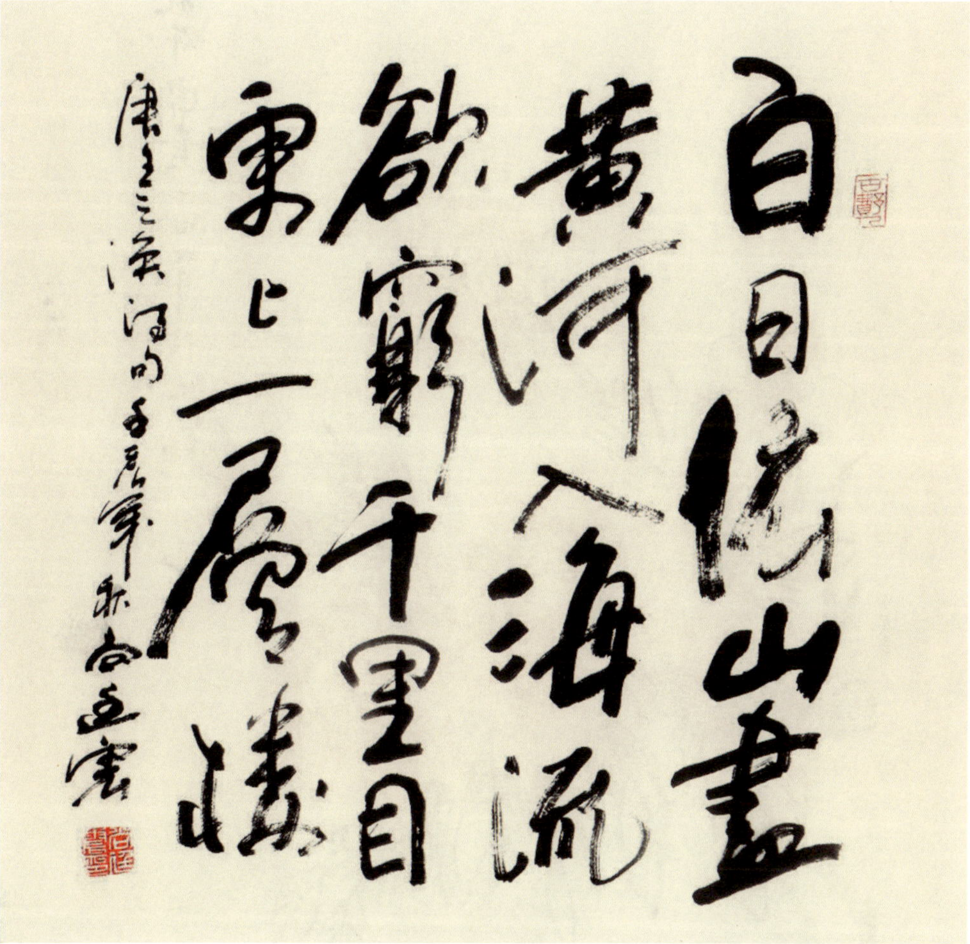

西沟村尚廷震书法

西沟村王法芝作品

兴国庄林化英剪纸

兴国庄张晓梅绘画

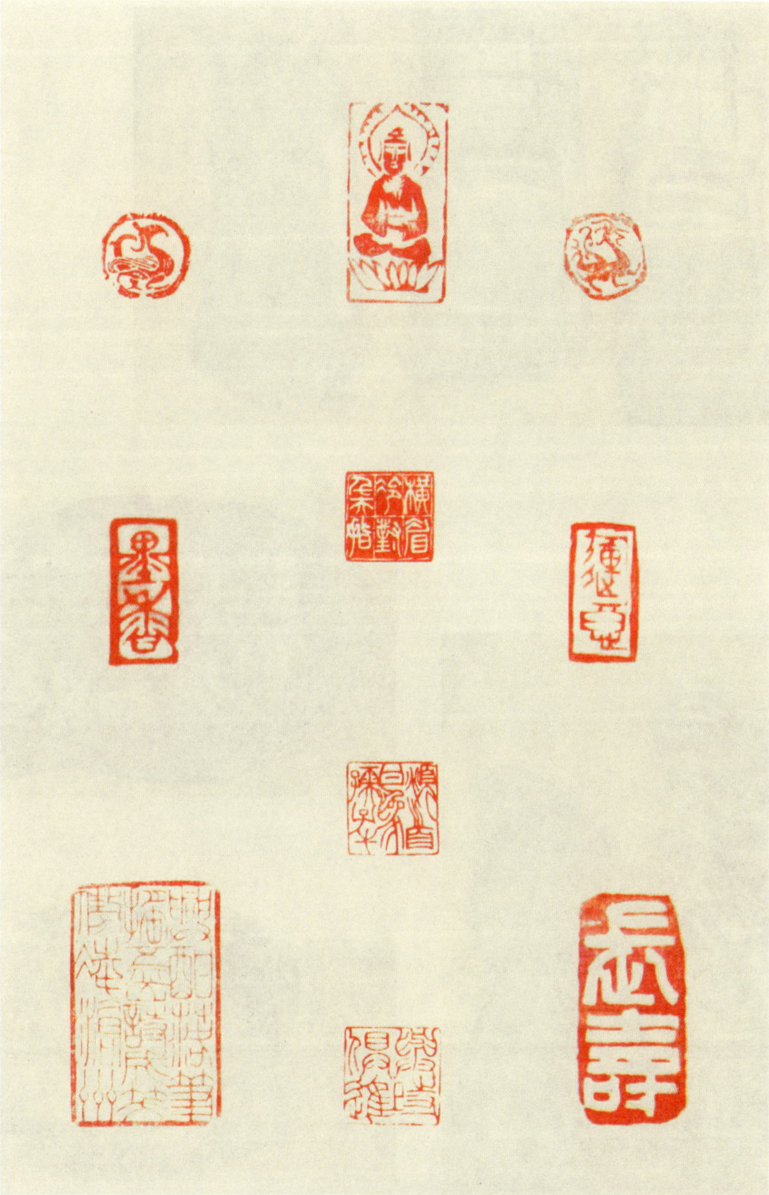

兴国庄英凯篆刻

西沟村王开泉治砚

西毕城村吴继贵摄影作品

紫气东来——上冶水库

附录

FULU

望南城山（志傳曾子侍父處）

古鄫城南聳碧峋卜居養志樂誾誾龍門如擬青雲士吾謂斯山善附人

過古鄫城

食邑有如此應知公室微甚哉過百雉久矣墮三圍野落幾家聚荒榛數鳥飛猶餘胥井在尼父致深譏

萬松山停蹕

停蹕山欣睎萬松春晴滃蔚綠陰濃無多室宇花宮側

钦定四库全书乾隆《御制诗集三集卷十九》所载〈过古鄫城〉

上冶远古简考

中国远古历史的先源大约有三种：以有巢氏为代表发源于古大陆泽周域的“有”文化，初行鸟治；以燧人氏为代表发源于古雷夏既泽周域的“人”文化，初行兽治，是后来夏文化的先源；以太皞为代表繁盛于蒙山周域的“大”文化，初行龙治，是后来华文化和夷文化的先源。

越是久远的，越是缓慢的，一个有巢，也许比他的后代燧人太皞伏羲一直到今天的我们的时间总和还要长。

越是久远的，越是蒙昧的，有巢燧人的历史，依靠的是太皞和伏羲及其后人们的记忆和复述。

中国文明历史的记忆，始于华和夷。

蒙山

蒙山是华夏圣山。

蒙，“象形字典”“乙 6419”从隹从冃。隹，幼鸟象形，初王、鸟族、鸟王。冃，“门”，洞窟，上区、国都。蒙：洞窟幼鸟、鸟族初都。

丘穴未发明之前，原始人野居，洞窟是天然居所。蒙山，鸟族初都的高山。

蒙山之“蒙”始于蒙族，蒙族是古蒙国的祖先，史在易经第四卦《蒙》卦。限于篇幅，此处不译。

蒙山，蒙族鸟君初都居住的高山。

婚合王族、婚合大人的鸟君被称作月。

《屯》：“初九，磐桓利居，贞：利建侯。”（磐族桓族合兵共食建立居族，爻令：合兵共食，攻占侯族。）

磐：《篆典》· 0775 · 明“文徵明”从石从般。石，山崖、山崖女君。般，右军外官卫护的帝国。磐，山崖右军外官卫护的帝国。

桓:《古编》· 0585 · 秦“秦封泥”从亙从木。亙，从二从月，月挂天地、两国月都。木，木方、本族、木王。桓，本族月都、木方亙族。

居:《古编》· 0193 · 春秋“居簋”从古从尸。古，君国婚众，古族。尸，女君、女尸。居：君国婚族女君、尸方古族。

侯，“猴”的本字:《篆典》· 0117 · 一期 1－五期 1 等四形形似，从厂从矢。厂，山崖、旧都。矢，息战主官、交合盟主。侯：崖下盟主、回都盟主。

坎初六卦是易经祖始卦,《屯》是第一卦，初九是第一爻，磐是第一字。磐居就是盘古，而磐居的由来，则在于磐族桓族的婚合。

磐，山崖帝国，山崖般族。

桓，木方亙族，木方月君。

磐桓，蒙山帝国月都，易经第一族，祖始中的祖始。

主述我国地理的第一部作品是《山海经》，西王母是《山海经》的女主角。西王母不是一个人，是一个族。王是王族，母是母族，王母就是王族男性婚合母族女性而成的族群。“西”有两种含义，最初是蒙山之西，今泗水华村水库周域，华渚；后来是西海，今东平湖周域，古大野泽。《山海经》里的西王母是华渚华胥。

西王母居住在“昆仑之丘”。

昆,《古编》· 0546 · 周“昆疕王锺”从比从日。比，比族。日，日都。昆，比族日都、昆族。

仑,《古编》· 0791 ·“存 1 · 477”从圈丨丨丨从亼。圈丨丨丨，同居一国的各部男官。亼，宫宇、庙堂。仑：各部男官居住的君国宫宇、仑族。

丘，“墟”的本字，故都。

氏姓文化是世界通行文化，氏，领队男官，姓，女君奉立的族主。和今天不同，西周之前原始族群的命名氏在前姓在后，即夫族在前妻族在后，作为后代，则是父名加母名。例如“伏羲”，伏羲不是一个人而是一个族，是伏族男性和羲族女性婚合而成的氏族；他们的后代也叫伏羲，父氏伏，母姓羲。

昆仑族始生于何处不可考，但“比”族却是有案可稽的。比，易经坎初六卦的第六卦。释文见下。

坎初六卦是祖始卦，是北方水族（亦即龙族）南下蒙山婚合各族创立新的族群的族群拓展史。昆仑族未必始生于蒙山山里，但在蒙山周域大抵是不错的。

“昆仑丘”，昆仑族的旧都，蒙山。

浚河

其实，华胥也不是一个人，是华胥族。华族的产生易经《大过》有明确的记载：九五，枯杨生华，老妇得其士夫，无咎无誉。（枯族婚合杨族奉立华族，老妇族攻取其族士夫部，旄军进击，人王溃败，抗拒四部君驾盟约。）

枯族即古族，男官古族；杨族即昜族，男官昜族。

昜，《古编》· 0553 · “前 7 · 14 · 1” 从示从日。示，坛下男官、护国男官。日，日都。昜，男官卫护的日都。

和“月”一样，“日”文化是东方华夷的主体文化，对此，《山海经》的叙述最为具体：

大荒南经：“东南海之外，甘水之间，有羲和之国，有女子名曰羲和，方日浴于甘渊。羲和者，帝俊之妻，生十日。”

大荒西经：“有女子方浴月。帝俊妻常羲，生月十有二，此始浴之。”

大荒东经：“有五彩之鸟，相乡弃沙。惟帝俊下友。帝下两坛，彩鸟是司。”

夋，《古编》· 0268 · 战国“长沙帛书”从夊从厶，《甲典》· 0981 · “后下 4 · 7” 从从人从厶，“前 4 · 28 · 5” 从尸从幺。夊，回归前队；厶，单结求婚绳符；人，领队男官；幺，双结许婚绳符。夋：完成求婚的初王前队、奉符求婚的男官婚队、奉持许婚祥符的尸王。

帝俊是《山海经》的男主角。易经中记载“夋”族的有一处，《恒》：

初六，浚恒，贞：凶，无攸利。（浚族（婚合）恒族，爻令：争战，拒绝跟随人王合兵共食。）

浚，夋族大众。

恒，月挂天地、山中月都。

《诗经》是易经的口语版，经中也有对“浚”的表述，限于篇幅，此处不录。

浚河未必是夋族的始源地，但以族名而河名，则是族人息居于此的最深刻的记忆镶嵌。浚河，夋族聚居的流域。

帝，上帝。

上冶

上冶何以“冶”名，众说纷纭，莫知由来。

以冶炼之“冶”释解是讲得通的，上冶虽没有金属矿藏，但冶陶的历史却悠久。老人们有一句古语：“找到黑家井，能买山东省。”又说：“窑汪就是黑家使土的地方。”如此，黑家是窑厂的厂主是确定无疑的。其实，不单单一村的窑汪，二村三村四村都有汪，哪一个不是烧窑用土形成的呢？但很遗憾，无论文献记载还是姓氏排查，上冶到现在没有发现一家姓黑的。

还是看看字源吧。

（一）字形解读

上：《甲典》· 0005 ·“前 7 · 32 · 4”从弧从一。弧，女队、君域。一，丘盖、安居家国、安居女君。上，君域君国、女队女君。

由北及南谓上，由外及内谓上，由低及高谓上，由初及君谓上。

冶：《古编》· 0681 · 周“冶口觯”从台从冫。台，“怡”的本字，从口从人，君国人王婚盟、女君人王婚合。冫，亲卫、亲属。冶：君国里婚合的女君人王及其亲从。

上冶：上方婚族居住的君国、上方女君人王、上方人王君国。

（二）字音解读

原始社会究竟距离我们有多远？一句“娘”，一句“爷”，也许叫了百万年。这些生命力最旺盛普及范围最广的最基础的生活元素，也许就是原始先民给我们遗留下来的几千几万甚至几十万几百万年前的生活原版。

当地百姓口中，“上冶”有三种读音。

1. shang ye：普通话读音，年轻人的全部、中年人老年人的大部口持此音。对应这个读音且比较靠谱的是“上野”。

野：《古编》· 0845 ·“后下 3 · 1”等四形形似，从木从主从木。木木，“林”的异形，各部木王、各部族主、林族。主，从一从丨，立国男官、持国男官。野：各部族主护拥的男官君国、林族男官君国。

上野：上方男官君国、上方林族君国。

城外为野，山外为野。如若君都山里，此地便是第一当门要户。况且地处木方腹地，林族发祥或聚居于此也有可能。此说讲得通。

2. shang yan：老年人的少部、张庄薛庄方城一带、西南铜石周域，多有口持此音。对应这个读音且比较靠谱的是“上燕”或“上匽”。

燕：《古编》· 1278 ·“合 5280”等四形形似，从匕匕匕从月。匕匕匕，各部女君。月，侧区侧居、离国女君、故去女君。燕：统领各部女君的月君。各符复合，二次象形，构成象形翔鸟飞燕。

字义：女国月君、燕族、燕王。

匽：《古编》· 0033 · 周“匽侯鼎”从人从晏。人，领队男官、人方、人王。晏，从女从日，女君日都、女族日都。匽：人方女族日都、人王女君日都。

上燕：上方女国月君、上方燕族。

上匽：上方人方女族日都、上方人王女君日都。

“匽”是费县人弄丢了的一个远古地名，可惜的是《辞源》有“在费县西南”的释解，《山东省历史地理地图》也有此标注，未知所据，不敢妄测。

3. shang yi：土语中对“上冶”的模糊发音，持此音者相当普及。对应这个读音且比较靠谱的是“上益”。

益：《篆典》· 0795 · 一期 1 从皿从氵从皿。皿，公通君域。氵，大众、属众。益：上区公通君域析出进入下区公通君域的大众。

这里的“上区、下区”有两种含义：山里和山外，君域和属域。

上益：族众析出的上方君域、上方益国。

屯

屯，现在叫作“仲口屯”，但在远近普通村民眼里，屯就是屯，自古此称。现在看来，还是回复过去直接称“屯”最好。

乾坤卦是门户卦，坎初六卦屯、蒙、需、讼、师、比是祖始卦，单从时间的先后排列，屯是易经的第一卦。

屯，“村”的本字，易经中的屯，是现今天下所有“村、屯”的始源。

03 屯（震下坎上）

屯：《篆典》· 0019 · 一期 1-3 三形形似，从七从厶、从身从斜。七，上行婚族、远行婚合。厶，求婚初符。身，君域君国。斜，离国男官、争战男官。屯：奉持求婚初符的远行婚族、离国男官婚合的君域君国。

屯：元亨利贞。勿用，有攸往，利建侯。

译：立国人君，庙堂祖先，合兵同食，同令同治。宰杀，通盟，有王跟随人王离国前征，合兵共食，攻占族都侯族。

初九，磐桓，利居贞：利建侯。

译：磐族（婚合）桓族，合兵共食，（共立）居族，爻令：合兵共食、进驻族都侯族。

六二，屯如邅如，乘马班如。匪寇婚媾。女子贞：不字十年。乃字。

译：屯君立都，邅君立都，乘族马族玉婚分裂（分别）女君立都。破族杀戮，庙堂袭祖，迫婚女君，两族对攻。女子族爻令：结宗纳婚甲都年王。乃君纳婚。

六三，即鹿无虞，惟入于林中，君子几不如舍，往吝。

译：即族（婚合）鹿族，攻击虞都，鸟王爻令立都婚合林方中族，君子族高山几地共奉舍都，离都往婚，女君受迫。

六四，乘马班如。求婚媾，往吉。无不利。

译：乘族马族玉婚分裂（分别）女君立都。有王持令征婚对敌，前队离国前征，婚盟。旄军进击，拒绝合兵共食。

九五，屯其膏。小贞：吉。大贞：凶。

译：屯族迫婚月族高王。小族爻令：婚盟。大族爻令：争战。

上六，乘马班如，泣血涟如。

译：乘族马族玉婚分裂（分别）女君立都，大都龙众、子属君域（共奉）连族龙君立都。

没有证据证明今天的屯就是易经屯的初源地，但蒙山周域，直接以“屯”为名的唯有此处。

自屯南去三里许、彭家林村正北一里许有一片高地，名叫突高埠，埠顶曾有古庙，叫三官庙。

三官庙也叫三元庙，祀天官、地官、水官，亦即天元、地元、水元。三官的称呼始于东汉张陵，其实，仔细推敲一下，还是叫做“三元庙”为好，况且排列顺序也不对，应该是地元、水元、天元。

神不歆匪类，民不祀非族，地、水、天的祭祀很有周祀痕迹。

地：《说文》从也从主。也，蛇的象形，蛇族、蛇王。主，立国男官、持国男官。地：蛇族男官君国。蛇都。

水：《古编》· 0628 ·“前 4 · 13 · 5”等五形形似，从乙从氵。乙，远徙、龙队。氵，大众、属众。水：龙队及其大众。水族、龙族。

天：《篆典》· 0254 · 五期 1 从大从囗。大：四军男官、四部男官、大族、大人。囗，丘穴象形，方国、族域。天：大人上行的国域。吴天、昊天。

立屯之前，各族散居，未知其行，唯水龙族南下婚合蒙山地方各部，才有昊天。昊天是东天，诸天之始。

突高埠的三官庙建于何时不可考，但此庙特殊，南人北去礼拜泰山须先行在此拜祭，据说此庙的地位和泰山庙的地位同样高。

这让人想起“祊”。“邴（祊）者何？郑汤沐之邑也。”郑是殷商的后续，地处河南，何以汤沐于祊？祭祀宗祖，不忘其先，道理都是一样的。

仲口

中国，中族女君婚队居住的居区。中，中族。

记录“中”最早并且最为详尽的应该是《山海经》：

“有中容之国，帝俊生中容，中容人食兽、木实，使四鸟：虎、豹、熊、罴。”《大荒东经》。

“东荒之中，有山，名曰壑明俊疾，日月所出。有中容之国。”《大荒东经》

容，《古编》· 0311 · 战国“公朱左㠯鼎”等五形形似，从公从入、从谷从宀。公，公族。入，丘坛象形，宫宇、旧都。谷，公族亲随、君国亲纵。容：公族旧都、谷族君都。

中容就是中谷。谷，巨壑。蒙山东西 120 余里，南北 80 余里，谷壑无数，但地居中腹、密闭四周、空阔形胜的莫过于今天的上冶水库周域。

《易经》里“中”最早出现在祖始卦《屯》：六三，即鹿无虞，惟入于林中。

（译：即族（婚合）鹿族，攻击虞都，鸟王爻令立都婚合林方中族。）

仲，《古编》· 0015 ·“合 4676”等五形形似，从中。中，男官君国、男官女君，中族。

口，《古编》· 0220 ·“佚 286”等两形形似，从凵从一。凵，两侧出口丘穴象形，居区、宫宇。一，丘盖象形，丘盖、安居家国、安居女君。口，君域君国、君国、女君。

仲口，中口，中族君国、中族女君。

屯在蒙山，中亦不远。我们不能断言上冶水库周域就是中容，但以仲口、仲村等靠近山根的村落分布看，中族先民至少在此息居过应当无疑。

比、弗、益、费

比

历史上的确有一个叫“混沌”的族。

混，《说文》从昆从水。昆，比族日都。水，从乙从氵，龙队大众、龙队属众。混：比族日都龙队大众、昆族龙队大众。

沌：《古编》· 0646 ·“前 2 · 10 · 6”从屯从乙。屯，屯族、囤地。乙，远徙、龙队。沌：屯族龙队。

混沌：昆族屯族龙队大众婚合而成的族群。

原始社会初期是群婚制，婚合族群的距离肯定不会很遥远。

《费县志》开宗明义：“费，古邑也，古《尚书》、《说文》皆作“粊”，《史记》作“肸”，唐虞以前当为少嗥近畿之地，在《禹贡》为徐州之域。”

粊：《康熙字典》· 0907 · 从米从比。米，《古编》· 0988 ·“铁 72 · 3”等三形形似，从小从一从小，卫护君国的上下各部男官。比，同行女性、比族。粊：比族上下各部男官君国。比都。

庇，商都之一。《太平御览》卷 83 引《竹书纪年》：“祖乙滕即位，是为中宗，居庇。”古文字学家、考古学家陈梦家《殷墟卜辞综述》认为庇即春秋鲁之费邑，实有见地。

商：《古编》· 0249 ·“合 1239”等十二形形似，从丙从辛。丙，天都之一，丙族、丙都。辛，天干之一，辛族、辛都。商：丙族辛都、丙君辛王，商族。

邴：丙族旧都。今费城驻地周域。

丙族是商族母族，商族立国，回都旧地，可能性是极大的。不过商都庇未必是今天的毕城，倒是今天的费城驻地的可能性更大一些，同时，恐怕这也是“费”城南迁于此的根本原因。

庇：《说文》从广从比，比族宫宇。比都。

08　比（坤下坎上）

比：《古编》· 0052 ·“合 32”从匕从匕。匕，单手护胸女性象形，女性、女君。比：同向随行女性。比族。

比：吉。原筮元永，贞：无咎。不宁方来后夫，凶。

译：婚盟，故国原族四军四方大众婚盟：开穴立国，大众随王。爻令：旄军进击，赶走人王。不族宁族方族来族后族夫族，内部纷争。

初六，有孚比之，无咎。有孚盈缶，终来有它，吉。

译：有王强掳比族，前队离国，旄军进击，赶走人王。有王强掳男女入住的公通君域缶族，联合来族强婚它族，婚盟。

六二，比之自内，贞吉。

译：比族前队离国，抵达胞族龙都内。爻令：婚盟。

六三，比之匪人。

译：比族前队离国，破屠人族。

六四，外比之，贞吉。

译：外官（婚合）比族，前队离国。爻令：婚盟。

六五，显比，王用三驱。失前禽邑人不诫，吉。

译：显族（婚合）比族，王族通盟众国攻击马王。破国，前队追击邑都人王、不族、诫族，婚盟。

上六，比之无首，凶。

译：比族前队离国，攻击兽王，争战。

毕城的毕还有一种写法：“鄪”。

鄪，费国旧都。

费，贝弗切音为“fei”很通顺，而费阜则读为“bi”，总觉得让人不舒服。只有一种解释：这个地方确实叫“bi”，更改不得；这个地方确实是“鄪”，毋庸置疑。

“胇、奟、昲、拂”，音同形近，字义悬殊并不大。

弗

弗，“费、鄪”的本字：《甲典》· 0905 ·“铁 219 · 3”等四形形似，从己从丨丨。己，天干之一，间隔复式丘穴象形，同居不同出：同族男女、己都、己族。丨，木棍象形，权杖、男官、族主。弗：同族各部男官、己都各部族主。

“甲七”文化是世界通行文化，亦即后来西方的“十”字文化。甲，居家夫妻婚合；七，婚队远行夫妻婚合。七，夫族妻族往婚的周期频率。

既然婚合，距离不远。

益

《益》在下经，益的出现要比弗晚很多，但益的影响却远远超过弗，以至于独立成卦专章记载。

42　益（震下巽上）

益：上区下行下区的人众。益族。

益：利有攸往。利涉大川。

译：合族共食，有王跟随人王前征。合族共食，前队归属大川国。

初九，利用为大坐，元吉，无咎。

译：合兵共食，通盟，为族大族奉立女尸，开穴立国，婚盟。旄军进击，人王溃败。

六二，或益之十。朋之龟，弗克违永，贞：吉，王用享于帝。吉。

译：女君婚队（婚合）益族，前队离国，抵达甲都。朋族前队抵达龟族，弗族克胜韦族军列大众。爻令：婚盟，王族通盟，祭祀祖先，女君婚合帝族。婚盟。

六三，益之用凶事，无咎。有孚中行，告公用圭。

译：益族前队离国，通盟争战国事：旄军进击，击退人王。有孚族中族四部行列，告族公族通盟，（结成）君属婚族。

六四，中行，告公从，利用为依迁国。

译：中族四部行列，告族公族跟随，合兵共食，通盟：象族族人王同宗远徙国族。

九五，有孚惠心，勿问元吉。有孚惠我德。

译：有孚族许婚叀族，阴阳和合，宰杀，女君入都，开穴立国，婚盟。有孚族许婚我族德族。

上九，莫益之，或击之；立心勿恒，凶。

译：陷落日都，益族前队离国；护国婚队奉令攻击君都，前队离国。大人立都，阴阳和合，宰杀（盟约）恒族，争战。

费

费:《古编》· 1181 · 战国“新城大令戈”从贝从弗。贝，蚌贝，原始爻符。弗，弗族。费，奉持爻符治令的弗族。

蚌贝文化是世界通行文化。蚌贝爻治是“大”的发明，后起于“人”的结绳治事，但二者并存了很长时间。爻治绳治，是区分二者最明确的标志。

“费”极有可能缘起于伯益。伯益，伯翳、柏益，又叫大费。

伯，本字“白”:《篆典》· 0818 · 一期 1- 五期 2 等四形形似，从圈从一。圈，丘坛象形，君国、国域。一，间隔符号。白：君国中的隔区、国中国。采邑、白族。

翳:《说文》从羽从殹。羽，鸟族各部。殹，从殳从医，领军初王卫护的侧区盟主。翳：领军初王卫护的鸟方侧区盟主。鸟族侧都。

柏：白族男官、木方白族。

伯益：益国白族、益地族伯。

伯翳：鸟方侧都医族族伯。

大费：费地大人、爻治弗族大人。

伯益，费伯或费侯之始。

上冶远古大事记

一、有巢时期：巢民行世，女婚以翎羽为凭，男令以木石为据，始知人工穴居。

二、燧人时期：遂民行世，女婚以结绳为凭，男令以角尾为据，兽治，始知人工取火。

三、太古时期：大人行世，爻符龙队，四肢名军，躯体分属，首面命官，人治。始分日月。

四、水方南下立屯，始立东天昊天。

五、水方南下立比。

六、《易经》里的记载：

1·《同人》：九四，乘其墉，弗克攻，吉。

译：乘族（婚合）其族墉都，弗族克胜工族前队，婚盟。

2·《颐》：六五，拂经居，贞：吉，不可涉大川。

译：弗族统领居族各部，爻令：婚盟，同宗可族归属大人川君。

3·《损》：九二，利贞，征凶，弗损益之。

译：合兵共食，同令同治。上婚争战，弗族损族益族前队离国。

4·《损》：六五，或益之十。朋之龟，弗克违，元吉。

译：女君婚队（婚合）益族，前队离国，抵达甲都。朋族前队抵达龟族，弗族克胜韦族战列，开穴立国，婚盟。

5·《损》：上九，弗损益之，无咎，贞吉，利有攸往，得臣无家。

译：弗族损族益族前队离国，进击，人王溃败。爻令：婚盟，合族共食，有王跟随人王离国前征，攻取臣属，进击家族。

6·《小过》：六二，过其祖，遇其妣。不及其君，遇其臣，无咎。

译：过族迫婚祖族，围击迫婚女君比族。不族跟随迫婚君族，围击迫婚臣族。大人进击，人王溃败。

7·《小过》：九三，弗过防之，从或戕之，凶。

译：弗族过族防族前队离国，随从国队攻击君驾前队，争战。

8·《小过》：九四，无咎，弗过遇之；往厉必戒，勿用。永贞。

译：大人进击，人王溃败。弗族过族围击离国前队，前征厉族，夹击戒族，宰杀，通盟，大众同令同治。

9·《小过》：上六，弗遇过之，飞鸟离之，凶，是谓灾眚。

译：弗族围击过族离国前队，飞鸟族离族前队离国，争战。夫妻立都婚盟胃地，灾都奉立新主。

（附注：《诗经》、《山海经》中多处台、中、屯、比、弗、益的记载，然释译未尽，不敢妄录。）

七、太皞立天于有南，天地通治。上冶属地民。

八、伏羲立天于陈南，天地通治。上冶属地民。

九、黄帝四面，始分五色。上冶属东青。

十、少昊称帝于奄。上冶近畿。

十一、帝颛顼绝地天通，天地分治。上冶属地民。

十二、帝喾五正分治。上冶属日。

十三、帝尧四岳。上冶属羲和东岳。禹、皋陶、契、后稷、伯夷、夔、龙、垂、益、彭祖佐尧，未有职分。

十四、舜帝。益主虞，山泽辟。

十五、“益与禹臣于舜，舜传之禹，荐益而封之百里。”《越绝书》。是为费伯或费侯始。

十六、禹帝，分九州。上冶属徐州。

说明：

一、本文个字释读，字形首取甲骨文，甲骨文无录，渐取金籀篆隶楷等，金文篆书等组符的分解，则回归甲骨字符。

二、个字字形源出：

1·《篆书大字典》 上海书画出版社 盧辅聖主编 2009.12 简记为：《篆典》。

2·《甲骨文书法大字典》 上海大学出版社 马如森著 2010年4月第一版 简记为：《甲典》。

3·《古文字类编》增订本　上海古籍出版社　高明　涂白奎编著　简记为：《古编》。

4·《康熙字典》检索本

参考文献

《山东省费县地名志》
《山东省历史地图集》
《费县旧志资料汇编》
《费县志》
《费县文化志》
《费县农业志》
《中国共产党费县组织史》
《费县军事志》
《费县民俗》
《费县古树名木》
《山东费县姓氏探源》
《费县季氏家谱》
《贵姓何来》
《钱文忠解读百家姓》
《费县历史文化之旅——上冶篇》
《费县有趣的村名传说》
《费县民间故事》
《费县人大志》
《兴国庄首届书画展作品选》

编后记

功不唐捐，玉汝于成，经过数月的辛勤努力，《上冶镇志》已编纂成册，与广大读者见面。

今年4月份，省史志办启动了齐鲁名镇名村志文化工程，为《上冶镇志》的编纂制定了目标任务，也提供了行动指南。在省、市史志办各级领导的关心支持下，费县史志办与上冶镇委、政府共同组建编写队伍，提供必要的后勤保障。编撰人员中有的是退休的老干部、老职工，有的是在职人员。自6月中旬着笔编写，由于时间紧，任务重，每个人都有很大压力。在不到半年的时间里，大家争分夺秒，夜以继日，经历了一番番曲折，克服了重重困难，从征集材料，到坐下整理编写，几易其稿，多方求证，付出很多辛劳。编写过程中，我们坚持实事求是的原则，依据齐鲁名镇名村志文化工程要求，广征细考，明古详今，有别于传统镇志，突出古镇特色，着墨历史人文，努力增强本志的资料性和可读性。

一部成功的镇志，应该做到资料丰富，叙事翔实，文字简练，以反映历史真实面貌的信史而传之后世，才能真正起到“存史、资政、教化”的作用。上冶是古镇，有着两千多年的历史。在材料搜集上难免有挂一漏万、遗珠漏宝。奉请各位知情人士提出修改、补充意见，有好材料、好事例继续提供，以便再版时进行完善。

广大文史工作者和摄影爱好者为镇志的编写提供了大量的文史资料和摄影作品，提出了许多切实可行的意见。藉此《上冶镇志》出版之际，谨向他们以及一切关心支持《上冶镇志》编写工作的吴召勇、杨东霞、王全平、许永江、廉成灿、赵俊臣、葛文峰、高德义、刘金亮、张传芹、吴云富、吴涛、吴远峰等各界人士表示衷心的感谢。

《上冶镇志》编纂委员会

2017年12月